东京梦华录译注

（宋）孟元老 著
王莹 译注

北京联合出版公司
Beijing United Publishing Co.,Ltd.

目录

卷　三

卷　四

卷　五

卷　六

卷　七

卷　八

卷　九

卷　十

前　言

孟元老的《东京梦华录》一书，所记大多是宋徽宗崇宁到宣和（1102～1125）年间北宋都城东京汴梁的情况，其最大的价值在于它俨然是北宋强盛时期的浮世绘与风情画，与张择端的《清明上河图》可谓相得益彰，具体生动地反映了北宋时期社会生活的现实，为我们描绘了这一历史时期居住在东京的上至王公贵族、下及庶民百姓的日常生活场景，是研究北宋都市社会生活、经济文化的极其重要的历史文献，对这一历史时期的民风、民俗、文化娱乐、商业、餐饮业、手工业等方面的真实情况进行分门别类的记载，叙述入微，妙趣横生，包罗万象，无奇不有。这些正史里罕见的零散的文化珍珠，在孟元老手中连缀成美丽的珠帘，令人叹为观止。对于宋史有兴趣的人，乃至对于中国文化和中华古文明有兴趣的人，不读此书，实为一大憾事！这也是此书引起国际汉学界高度重视和关注的原因。二十世纪后半叶，日本的一批汉学家就开始着手对《东京梦华录》进行研究。以京都大学的入矢义高及梅原郁为首的一群汉学家围绕该书出版过若干研究专著。在美国，加州大学伯克莱分校的奚如谷 (Stephen West) 等人也出版过有关《东京梦华录》的专著。日本静嘉堂文库在影印元刊本《东京梦华录》时曾在解题中写下这样一句评语：“从学术研究的角度看，这本书（《东京梦华录》）对于汉学和汉文化的探讨是很有用处的。”看似平实的评价却极为中肯和精准地道出了国际汉学界对此书价值的共识。

在我国，此书自南宋初年在临安刊行以来就备受关注和推崇。谈到北宋晚期的东京掌故，此书即成为最权威的文本。众多名家名著如赵甡之的《中兴遗史》、陈元靓的《岁时广记》以及陶宗仪的《说郛》等,无不对此书加以选录。近代至今，由于此书超高的史料价值，研究者亦是大有人在，且多有考据严谨的佳作。从邓之诚先生开始，一大批学者参与其中，最突出的应是黑龙江大学文学院的伊永文教授。他对此书所做的笺注工作前后横跨二十余年，其工作底本是元代至正刊刻本。但是他并不满足于这个清代黄丕烈所收藏的元刊本,更以邓之诚的《东京梦华录》校本以及日本京都大学的《东京梦华录》译注本作为参酌。他还博涉与《东京梦华录》同期问世的对该书章节有所记录的众多书籍，包括明、清以来多位方家所做的校勘，对该书的研究、校勘历史有全面的把握。客观地说，伊永文教授的《〈东京梦华录〉笺注》应是目前最忠实于原著、最保真的版本。笔者主要以此书里的《东京梦华录》原文文本作为本次译注的工作底本。在具体的译注过程中，亦参照了邓之诚、入矢义高、梅原郁等海内外诸多名家的译注本，兼及台北震旦艺术博物馆馆长张临生于2012年出版的《繁华之城：东京梦华录》等相关书籍。在文风上则力求与孟元老晓畅明白的原文风格保持一致。本书是对《东京梦华录》一书的全文（包括孟元老自己写的“梦华录序”）进行翻译和注释，以期保持原作的叙述风格。

作为一名唐宋文化的专业研究者，笔者对此书怀有深切的热爱。不仅是因为笔者本人生在中原，更因为北宋文化卓绝丰赡的风貌和气质令我向往。正如陈寅恪先生所说:“华夏民族的文化，历数千载之演进，造极于赵宋之世。”英国历史学家汤因比也曾说:“如果让我选择，我愿意活在中国的宋代。”他们所说的宋代，大抵指的是北宋时期，因为北宋在文化艺术上的确取得了彪炳千秋的成就，处处洋溢着盛世繁华。南渡之后，文人的生活不免带着屈辱亡国的破败，时代氛围已是沧海桑田。

从文化史的角度看，北宋是中国历史上的奇迹和异数。靠兵变夺取江山的北宋在开国之初就有衰落的前兆，重文抑武的治国方略，导致了“主势强国势反弱”的政治局面。北宋虽然拥有庞大的军队，军事实力上却不具优势，与辽国和西夏的对抗长期处于下风。经济上表面繁荣，却经常国库空虚，入不敷出。军事上“积弱”，经济上“积贫”，这种奇特的政治、经济、军事等多方面的不平衡发展，使得北宋成为“中国历史上最软弱的一个朝代”。但在科技、文化、艺术方面，北宋可谓登峰造极，成为中国历史上科技最发达、文化最昌盛、艺术最繁荣的朝代之一。中国影响世界的众多发明均于北宋诞生。而《水浒传》中元宵节京城万人空巷、花市如昼的盛况也并非虚构，它真实地发生在公元11、12世纪的开封，当时北宋首都的繁华生活穷奢极侈，举世瞩目。

孟元老记载的就是这样一段璀璨夺目的历史。孟元老，号幽兰居士，生卒年待考。宋代文学家。据《宋会要辑稿》及苏辙等人记述，可知他是孟昌龄的族人孟钺（孔宪易认为孟元老原名孟钺，是孟昌龄的第四子，自幼随父宦游南北；一说孟揆，由清代学者常茂徕经考证推断，孟揆曾为宋徽宗督造艮岳，征发花石纲，穷奢极欲，最后造成方腊起义。可能是孟揆本人心虚，《梦华录》于艮岳却一字不提，明代李濂亦提出过类似的质疑。但邓之诚认为常氏证据薄弱，不足为凭)，崇宁二年（1103）随父到东京，曾任开封府仪曹。生平事迹不详，约于北宋末叶在东京居住二十三年。靖康癸未（1126）“靖康之难”时，徽宗、钦宗被金军虏去北方，山河巨变，宋代的历史从此改写。建炎元年（1127），孟元老离开东京南下，避居江左，不知所终。仅从《东京梦华录》的作者自序中可知，金灭北宋，孟元老南渡，常忆东京之繁华，于南宋绍兴十七年(1147)撰成《东京梦华录》，并自作序。《东京梦华录》所创立的以笔记描述城市风土人情、掌故名物的新体裁，为以后《都城纪胜》《梦粱录》《武林旧事》《如梦录》《续东京梦华录》等书所沿用。

通过他的自序，我们可以了解到，书中的内容皆是作者亲历。在对盛世的怀念中，力透纸背的家国之恋、乡关之思、山河之痛，萦回在文字中，一如陈与义笔下“一自胡尘入汉关，十年伊洛路漫漫。青墩溪畔龙钟客，独立东风看牡丹”的意绪。

八百多年前的孟元老，令人感动地选择了用最接地气的表达来实现对历史文化的传承，八百多年后的我们，理应将这种精神传承下去。不管我们的努力现在看来多么微薄，终会在未来得到反响。

王莹

2014年4月

梦华录序

仆从先人宦游南北[①]，崇宁癸未到京师[②]，卜居于州西金梁桥西夹道之南[③]。渐次长立，正当辇毂之下[④]，太平日久，人物繁阜，垂髫之童[⑤]，但习鼓舞[⑥]，斑白之老，不识干戈，时节相次，各有观赏。灯宵月夕，雪际花时，乞巧登高[⑦]，教池游苑[⑧]，举目则青楼画阁，绣户珠帘[⑨]，雕车竞驻于天街[⑩]，宝马争驰于御路[⑪]，金翠耀目，罗绮飘香。新声巧笑于柳陌花衢，按管调弦于茶坊酒肆。八荒争凑[⑫]，万国咸通。集四海之珍奇，皆归市易；会寰区之异味[⑬]，悉在庖厨。花光满路，何限春游，箫鼓喧空，几家夜宴。伎巧则惊人耳目[⑭]，侈奢则长人精神。瞻天表则元夕教池[⑮]，拜郊孟享[⑯]。频观公主下降，皇子纳妃。修造则创建明堂[⑰]，冶铸则立成鼎鼐[⑱]。观妓籍则府曹衙罢[⑲]，内省宴回[⑳]；看变化则举子唱名[㉑]，武人换授[㉒]。仆数十年烂赏叠游[㉓]，莫知厌足。一旦兵火，靖康丙午之明年[㉔]，出京南来，避地江左[㉕]，情绪牢落，渐入桑榆[㉖]。暗想当年，节物风流[㉗]，人情和美，但成怅恨。近与亲戚会面，谈及曩昔，后生往往妄生不然[㉘]。仆恐浸久[㉙]，论其风俗者，失于事实，诚为可惜，谨省记编次成集，庶几开卷得睹当时之盛。古人有梦游华胥之国[㉚]，其乐无涯者，仆今追念，回首怅然，岂非华胥之梦觉哉！目之曰《梦华录》。然以京师之浩穰[31]，及有未尝经从处，得之于人，不无遗阙。倘遇乡党宿德，补缀周备，不胜幸甚。此录语言鄙俚，不以文饰者，盖欲上下通晓尔。观者幸详焉。绍兴丁卯岁除日幽兰居士孟元老序[32]。

注释

①仆从先人宦游：仆，本书作者礼貌性地自谦而称自己为“仆”。先人，指作者的父亲。宦游，指他父亲因谋官或工作调动而迁徙。

②崇宁癸未：宋徽宗崇宁二年，即公元1103年。

③金梁桥：当时开封城内的一个地名。

④辇毂：指皇帝的车舆。

⑤垂髫：指儿童。髫，古时孩提不束发而下垂的头发。

⑥但习鼓舞：不做别的事，而把时间都用于学习击鼓和跳舞。

⑦乞巧登高：乞巧是指农历七月七的乞巧节；登高是指农历九月九的重阳节。

⑧教池游苑：指当时的琼林苑和金明池。

⑨绣户：指华丽的门窗。

⑩天街：都城里的大街。

⑪御路：与“天街”的意思相同。

⑫八荒争凑：指边陲各地的人们都争着向帝国的首都靠拢。荒，边陲。凑，集中、聚集。

⑬寰区之异味：指普天下的山珍海味。寰区，普天下。
⑭伎巧：指制造精美的物品。
⑮瞻天表则元夕教池：到了元夕，在金明池就能看到皇帝。瞻天表，指能见到皇帝的仪容。元夕，元宵灯节。
⑯拜郊：即郊祀。孟享：每年的孟春、孟夏、孟秋、孟冬，帝王都要到祖庙去祭祀礼拜，谓之“孟享”。
⑰明堂：即大庙，取名于“向明而治”之义。
⑱鼎鼐：本指两种烹饪用的容器，后用作国家权力的象征。
⑲妓籍：指籍属教坊的歌妓，是谓官妓。本文指那些歌妓们。府曹：地方官府里与歌妓的管理事务相关的一些职能部门。本文指这些官署里的执事人员。
⑳内省：指宫里。
㉑唱名：在殿试结束后，由太监呼名，宣登第的进士觐见皇帝。
㉒换授：根据每人的才能分别授予官职。
㉓烂赏叠游：指漫无目的地游览，或到同一地域反复旅行。
㉔靖康丙午：靖康元年。靖康，宋朝钦宗皇帝的年号。
㉕江左：长江下游以东的地区。
㉖桑榆：指晚年。
㉗节物风流：指不同季节的美好景观和物产状况。

㉘妄生不然：毫无根据地持否定态度。

㉙浸久：随着岁月的流逝（而淡忘）。

㉚华胥之国：典故出自于《列子》，黄帝有一天昼寝时梦见自己游于华胥氏之国。

㉛浩穰：熙熙攘攘，人来人往。

㉜绍兴丁卯：这里的“绍兴”二字是宋高宗的年号，“丁卯”是绍兴十七年。岁除日：即除夕。

译文

家严因涉仕途而转徙各地，我跟从他走过很多地方，在宋徽宗崇宁二年我到了京城。那时我们的家安顿在城西边金梁桥西夹道南的一个地方。我就在那儿成长。我们家在皇城里，多年来一直过着太平宁静的日子。那时处处人丁兴旺，物产富庶，儿童们整天就是在那里学击鼓、学跳舞，而年岁大的人们早就把往昔的战乱岁月忘得一干二净。一年四季都各有不同的景观。元宵、中秋等节日，江北冬天的无垠白雪，江南春、夏、秋的花好月圆的氛围，农历的七月七和九月九，这一切都令人感到美不胜收。在琼林苑和金明池那一带，到处都是漂亮的楼阁建筑，装饰得富丽堂皇。在大街的边上，每隔不远便停有装饰华贵的马车。骑着高头大马的人们来回在大路上奔驰，人和马都打扮得耀眼夺目，当那些衣着华丽的人们从你身边走过时，便有一阵香风向你袭来。那些柳荫覆盖和道旁植满花草的街道两边的房子里，频频传出歌声和笑声。茶座和酒楼里到处都是器乐的演奏声。远居于边陲地带的人都向往着帝都，世界各国都想派出使者来和我们的国家交流沟通。市面上常能见到世界各地出产的珍稀物品。在大的酒楼、饭馆里有各种各样的出自世界上不同地域的山珍海味。不论哪条街都有各自的特色，一年四季都有可看的东西。每到夜间，在一条街上总会有几家在那里大摆宴席招待客人，箫鼓喧天，热闹非凡。市场里出售的各种做工极其精巧的产品，绝对会让你惊愕非常。那种奢华的程度定会让你瞠目结舌。你若想一睹圣上的仪容，那就不妨在上元夜到金明池。每到郊祀和春祀的时候你会很容易看到公主出嫁的庆典，王子娶亲的大礼。你若想见识见识巍峨的大型建筑物，那就不妨去京城的东南近郊，看看那座后来才修建起来的明堂。你若想看看皇朝铸造业的成就，那就不妨去看看那些皇室的鼎鼐。你若想看看歌妓们的文艺表演，那么就等主管妓籍事务的官员们下了班或在他们度假的时候，抑或等到宫中宴会结束之后，这时歌妓的演出就要登场了。你若想看看庄严肃穆、气势恢宏的典礼仪式，那就去看看诸如举子唱名那类的仪式，或是武人换授之类的典礼吧。我这几十年来是在东游西荡中度过的，有些地方还反复去过。一旦我出去游览，玩起来就没个够。没料想突然间兵灾火光就降临了。在“靖康之变”的第二年，我离开京城向南方迁徙。为了逃避战火，我到了长江下游的东部一带。那时我的心情很是不好,孤单寂寞。我在那一带一直住到晚年,常常独自回忆起当年京城里一年四季的风物景观,人与人之间的种种友善往来。回想起这些,我感到怅然若失!近来,我和一些亲戚朋友谈到京城的往事,他们中年轻一点的都不大相信我说的那些往事。所以我就想:随着岁月的流逝,晚辈们就不能知道当年京城里生活的种种实景了。如果湮没当年的那一段历史,实在让我感到遗憾和惋惜。因此,我就坐下来静心澄虑地把那些往事加以回忆,然后把这些回忆写成一本回忆录。后人们在看我这个回忆录时能或多或少地想见当年京城的风采。古书里记载:黄帝昼寝,梦见华胥国里种种美妙情景,那些梦境使黄帝感到很欢乐,但是当他从梦中醒来却感到惆怅。我在写这个回忆录的时候,便沉浸在往事的欢乐中,就像黄帝进入华胥国一样。等我写完回忆录之后,就好像黄帝从华胥国的梦中醒过来,难免感到怅然若失!我给我的这本回忆录起了个书名,叫《梦华录》。当年的京师太大了!有很多地方我自己并没有去过,有很多京师里的东西我并没有亲眼见过,但在我的书里对它们都有记载。这些记载是从别人那里听来的。这些听来的故事难免在内容上有所偏颇或不真实不全面之处。但愿将来京师的耆宿故旧能对我书中缺失或错误的地方进行校正和补充,那样我便会感到无限荣幸和感激。我写这本书用的多是俚俗不文的词语,故意不采用华丽的辞藻，为的是让不同类型的读者都能读懂。希望读者们能理解我的用心。

写于宋高宗绍兴十七年除夕

幽兰居士孟元老

卷　一

东都外城

东都外城[1]，方圆四十余里。城壕曰护龙河，阔十余丈，濠之内外[2]，皆植杨柳，粉墙朱户，禁人往来。城门皆瓮城三层[3]，屈曲开门[4]，唯南薰门、新郑门、新宋门、封丘门皆直门两重，盖此系四正门，皆留御路故也。新城南壁[5]，其门有三：正南门曰南薰门；城南一边[6]，东南则陈州门，傍有蔡河水门；西南则戴楼门，傍亦有蔡河水门。蔡河正名惠民河[7]，为通蔡州故也[8]。东城一边，其门有四：东南曰东水门，乃汴河下流水门也[9]，其门跨河，有铁裹窗门，遇夜如闸垂下水面，两岸各有门通人行路，出拐子城[10]，夹岸百余丈[11]；次则曰新宋门；次曰新曹门；又次曰东北水门，乃五丈河之水门也[12]。西城一边，其门有五：从南曰新郑门；次曰西水门，汴河上水门也；次曰万胜门；又次曰固子门；又次曰西北水门，乃金水河水门也[13]。北城一边，其门有四：从东曰陈桥门；乃大辽人使驿路[14]。次曰封丘门；北郊御路[15]。次曰新酸枣门；次曰卫州门。诸门名皆俗呼。其正名如西水门曰利泽，郑门本顺天门，固子门本金耀门。新城每百步设马面、战棚[16]、密置女头[17]，旦暮修整，望之耸然[18]。城里牙道[19]，各植榆柳成阴。每二百步置一防城库，贮守御之器，有广固兵士二十指挥[20]，每日修造泥饰，专有京城所提总其事[21]。

注释

①东都外城：这里所谓的“东都”指北宋的都城，当时称汴京（即今河南开封）。汴京的外城在周世宗时便已筑成，至宋神宗时则加以扩展。北宋时把外城改称为“国城”，也称“外城”。外城的里外为版筑夯土墙。

②濠之内外：指濠的两边各自的外侧和内陂上。

③瓮城：瓮城的形状或圆或方，视地形而定。它的高度与厚度和大墙同。但瓮城上会开一扇门。在瓮城外还要凿壕。瓮城的功能在于加强城的防御。离大城约三十步（旧时营造以五尺为一步），加筑圆弧形的壁垒，开着多层的门。整个壁垒的形状像个瓮，故称之为“瓮城”。

④屈曲：指瓮城的门或偏在其左，或偏在其右。

⑤新城：此处指外城。南壁：南面的墙。

⑥城南：南城墙。

⑦惠民河：蔡河流过汴京，和东京百姓的生活关系密切。闵河、双洎河以及溟河均注入蔡河，所以它可以通舟楫。闵河在汴京与蔡河相汇后即称为惠民河。

⑧蔡州：今河南汝南。

⑨汴河：也称汴渠。宋时通济渠向东流向的河段被称为汴河。到南宋时与金人约定以淮河为界，此后就废了汴河的航运。再往后，汴河河道逐渐为泥沙淤积。

⑩拐子城：修筑在汴京城的各城门外用以拱卫城门的各成直角的对立垣壁。北宋时这种构筑称为拐子城。

⑪夹岸：贴着河的两岸。

⑫五丈河：该河东流于定陶，与济水相交。河面宽五丈，遂名为“五丈河”。

⑬金水河：原名为“京索河”。它的水源始出于河南荥阳的黄堆山祝龙泉。京索河流过中牟后的河段被称为“金水河”。金水河被引至汴京城西，在那里流入一个横驾于汴河之上的巨大木槽，大木槽的另一端是一个闸门。水从闸门流出后进入人工渠，然后向东注入五丈河。

⑭大辽：即当时在北方的辽国。

⑮北郊御路：每年夏至，皇帝要到都城的北门外行祭祀礼，称为北郊大祭礼。北郊御路就是专为此典礼所设的大路。

⑯马面、战棚：均为防御工事。“马面”者乃城墙加筑若马头状建构，可储粮，上凿可供发射弩箭的孔。马面的定制按“旧制六十步立一座，跳出城外，不减二丈。阔狭随地利而定，两边直觑城脚。

其上皆有楼子，所用木植甚多”。另外这种楼子需用兽皮挂搭。“战棚”者乃古代城堡攻守战中使用的活动装置。它的构造是用长木附于女墙之上。形状上大体类似敌楼，但可以离合，设之，顷刻可就之事，以备战时之需。

⑰女头：即“女墙”。之所以称之为女墙，是因为“言其卑小，比之于城，如女子之于丈夫也”。女头也叫短墙、短垣、堞等。

⑱耸然：形状高大。

⑲牙道：即合乎官府厘定的规格的路。

⑳广固兵士二十指挥：“广固兵士”颇类似现今军队里的工兵部队，专门从事土木营造。宋代的部队建制从大到小分别是：厢、军、指挥、都。每个都含百人，每五都为一个指挥。一个指挥由一个指挥使和一或两个副指挥使统领。二十指挥则相当于一万士兵。

㉑京城所：广固部队的总部叫“修治京城所”，简称为京城所。

译文

东都外城的城周达四十余里。有一条护城河，其通常名称是“护龙河”。河宽十余丈，每个岸的内外侧都种植杨树和柳树，河的背景是白色的城墙和绛色的门户。东都外城只有被特许的人才能通过城门。在各个城门的外侧都筑有瓮城三层。但大多数瓮城的门并不都正对着城门。其中只有南薰门、新郑门、新宋门、封丘门这四个城门是正对着城门开设的，而这四个城门的瓮城都只有两层，而非三层。其原因是：这四个城门不但都是正门，还都留有专供皇帝御驾出入的御道。东都外墙的南城墙上共有三座城门：其正南的城门称“南薰门”，在外城南城墙东南方的城门称为“陈州门”，紧挨着这个城门的是“蔡河水门”。南城墙西南方的城门叫“戴楼门”，在这个城门的旁边是另一个“蔡河水门”。蔡河的正式名字是“惠民河”，之所以被称为蔡河是因为它通往蔡州。外城的东面城墙上共有四座城门：在这道城墙的东南方是“东水门”，它是汴河流向其下游的水门。“东水门”是横跨于汴河上的，它的城门整个用铁皮包裹起来，看上去像个很大的窗栅。每到黑夜降临，这城门便如同一个闸门一样沉入河水里。在汴河的两岸则分别立有门以供人通行。出了城拐角处的角门，便可以看清汴河两岸的距离约合百十丈。从东水门向北去是“新宋门”。继续往北就是“新曹门”。最北端则是“东北水门”，从这个水门流出的水就注入五丈河。外城的西面那一道城墙共开有五座城门，若从那一道城墙由南向北数过去则分别是：“新郑门”；接着是“西水门”（西水门是迎接从汴河上游流下来的河水的闸门）；接着往北则是“万胜门”；之后再往北是“固子门”。外城西面那一道城墙的最北端是“西北水门”（此水门乃金水河的水门）。外城北面那一道城墙建有四座城门，从这道城墙的东端往西端数则分别是："陈桥门"（通过这座城门的道路是专设的供辽国使节进出汴梁的通道）；之后是"封丘门"（每年夏至皇帝到都城的北门外去行祭祀礼所走的御路）；接着是"新酸枣门"；这道城墙的最西端是"卫州门"。以上说到的所有这些城门的名称统统是民间给这些城门起的通俗称呼，而不是它们的正式官名。所谓正式的官名，比如："西水门"的官名应叫"利泽门"，"新郑门"的官名应叫"顺天门"，"固子门"的官名叫"金耀门"，等等。整个东都外城的外侧墙面上每隔百步便建有一个马面和一个战棚。在所有外城上部都稠密地建起了女墙。外墙上的全部防御工事终日有广固士兵巡查，及时修缮。外城高大雄伟，在外城之内的各条官道两侧都遍植榆树和杨柳，而且都已成荫。在外城内，每隔二百步便设有一个防城库，在库里备有守城驱敌的各种军事装备和器材。整个外城工事的保养维修由一万广固部队的士兵担任，他们无一日可以懈怠。这个广固部队的总指挥部便是"修治京城所"。

旧京城

旧京城方圆约二十里许①。南壁其门有三：正南曰朱雀门，左曰保康门，右曰新门。东壁其门有三：从南汴河南岸角门子，河北岸曰旧宋门，次曰旧曹门。西壁其门有三：从南曰旧郑门，次汴河北岸角门子，次曰梁门。北壁其门有三：从东曰旧封丘门，次曰景龙门，乃大内城角宝箓宫前也[2]。次曰金水门。

注释

①旧京城：今河南开封之原始地域最初划定于唐代。当时称为“汴州”。到梁时始把唐之“汴州”建为“东都”。至后唐时，东都的名号被撤销了。然而到了后晋时，唐之“汴州”旧址复被称为东都。至宋朝则沿称唐之“汴州”为东都。它的所有城门的名字在前后的若干个朝代里也几经变易。在宋时，汴梁旧京城本身的名字也有若干个，或称为“里城”，或称为“阙城”，等等。此旧京城的城周长度为 20 里加 155 步。

②大内：指旧京城内整个皇宫。

译文

旧京城的城周的长度大致是二十里。它南面的城墙上共开有三座城门，正南的称为“朱雀门”，左首的称为“保康门”，右首的称为“新门”。旧京城东面的城墙上也开着三座门。沿着这道城墙的南头向北走，首先经过汴河南岸的“角门子”；接着是“旧宋门”，这个城门是在汴河的北岸；接着往北走就到了“旧曹门”。旧京城西面的城墙上也有三座门，从这儿往城墙的南头数，第一个城门就是“旧郑门”；接着是汴河北岸的角门子；

继续往北走就是“梁门”。旧京城北面的城墙上也是三座城门：沿着这道墙从东往西走，第一个城门叫“旧封丘门”；在这道城墙偏西处的城门叫“景龙门”，它的位置恰在宫墙墙角的宝箓宫前；这道城墙最西头的城门叫“金水门”。

河道

穿城河道有四。南壁曰蔡河[①]，自陈、蔡由西南戴楼门入京城缭绕自东南陈州门出[②]，河上有桥十三：自陈州门里曰观桥，在五岳观后门。从北次曰宣泰桥，次曰云骑桥，次曰横桥子，在彭婆婆宅前。次曰高桥，次曰西保康门桥，次曰龙津桥，正对内前。次曰新桥，次曰太平桥，高殿前宅前。次曰粜麦桥，次曰第一座桥，次曰宜男桥，出戴楼门外曰四里桥。中曰汴河，自西京洛口分水入京城[③]，东去至泗州入淮[④]，运东南之粮，凡东南方物，自此入京城，公私仰给焉。自东水门外七里至西水门外，河上有桥十四：从东水门外七里曰虹桥，其桥无柱，皆以巨木虚架，饰以丹艧[⑤]，宛如飞虹，其上下土桥亦如之；次曰顺成仓桥，入水门里曰便桥，次曰下土桥，次曰上土桥，投西角子门曰相国寺桥，次曰州桥，正名天汉桥。正对于大内御街，其桥与相国寺桥皆低平不通舟船，唯西河平船可过[⑥]，其柱皆青石为之，石梁石笋栏楯[7]，近桥两岸，皆石壁，雕镌海马水兽飞云之状[8]，桥下密排石柱，盖车驾御路也。州桥之北岸御路，东西两阙[9]，楼观对耸[10]；桥之西有方浅船二只，头置巨干铁枪数条，岸上有铁索三条，遇夜绞上水面，盖防遗火舟船矣。西去曰浚仪桥，次曰兴国寺桥，亦名马车衙桥。次曰太师府桥，蔡相宅前[11]。次曰金梁桥，次曰西浮桥，旧以船为之桥，今皆用木石造矣。次曰西水门便桥，门外曰横桥。东北曰五丈河，来自济、郓[12]，般挽京东路粮斛入京城[13]，自新曹门北入京。河上有桥五：东去曰小横桥，次曰广备桥，次曰蔡市桥，次曰青晖桥、染院桥。西北曰金水河，自京城西南分京索河水筑堤[14]，从汴河上用木槽架过，从西北水门入京城，夹墙遮拥[15]，入大内灌后苑池浦矣。河上有桥三：曰白虎桥、横桥、五王宫桥之类。又曹门小河子桥曰念佛桥，盖内诸司辇官、亲事官之类[16]，军营皆在曹门，侵晨上直[17]，有瞽者在桥上念经求化，得其名矣。

注释

①蔡河：蔡河亦称蔡水。后周的世宗即位之初，曾从汴梁城东引出汴河水入注蔡河，目的是为了通漕运。到了宋初，乃自汴梁城西南郊的闵河水横穿城区而流入蔡河。在宋太祖时，闵河改称惠民河，因之百姓就把蔡水称为惠民河。

②陈：指陈州（今河南淮阳）。蔡：指蔡州（今河南汝南）。缭绕：作萦绕状向上升起。

③西京洛口：在宋朝时汴州被定为东京，洛阳在汴州的西面，故称洛阳为西京。“洛口”是指洛水流入黄河的河口。当年这个洛水入黄河的河口是在今天河南巩义的东北方。

④泗州：地处汴河与淮河交汇处，所以成为交通枢纽。由于河道不断变化，因此其辖境也屡屡变迁。在民国初期设为泗县，一直沿用至今。

⑤丹雘：朱色颜料。雘，一种矿物，有红色和青色两种。把它粉碎后可直接做颜料用，也可以掺入油漆等以供使用。

⑥西河：指河南境内以滑县至浚县为中心并向南和向北各扩延十余里的地带。

⑦石梁：用长条石雕成的横梁。石笋：形状高大、用长条石雕成的石柱。栏楯：指宫殿、庙宇、石桥等的临边之饰，也为防行人坠堕。栏，即“槛”。纵者为“栏”，横者为“楯”。

⑧海马：据《山海经》，是一种“北海内兽，状如马，又善走”。

⑨阙：古代在坟墓、宫殿的门口立起的一对石柱。

⑩楼观：巍峨的建筑物。

⑪蔡相：指蔡京。

⑫济、郓：在本文里，“济”指当年的济州，相当于今山东巨野。“郓”指郓州，相当于今山东东平。

在本文里此处字面上指的是这两个地点，实则是指南济水在济、郓这两地的流域。在宋时曾从汴梁接引金水河以济南济渠，而流出的河道被称为五丈河。

⑬般挽：转埠运输。般，通“搬”。京东路：北宋十五个区划之一，其辖区包括宋州（河南商丘南部地区）。粮斛：各种粮食。

⑭京索：请参看“东都外城”条目中的注⑬。

⑮遮拥：掩藏保护。

⑯内诸司辇官、亲事官：内，指大内，即宫中。诸司，指皇宫之内管理整个宫殿区内生活的行政职能部门。辇官，指掌管内诸司各单位车辆、物品的保管、调配、分发的官员。辇，天子的车驾。亲事官，其任务是保障皇宫内的安全以及掌管皇帝的警卫、仪仗和侍从。

⑰侵晨：拂晓。直：通“值”，值勤，当班。

译文

穿京城而过的河道共有四条。南面是蔡河，它的水源来自陈、蔡两地域，到了汴梁便挨着南城墙流至京城西南的戴楼门，拐入京城里，然后曲折蜿蜒，经由京城东南的陈州门而流出城外。蔡河在京城里的河段上共有十三座桥。在陈州门里面的那座桥叫观桥，该桥在五岳观的后门；从这条河段的北头数起的第一座桥叫宣泰桥；接着是云骑桥；顺次下去是横桥子，在彭婆婆宅前；接着是高桥；下一座桥叫西保康门桥；接着是龙津桥，此桥正好与大内的前门相对；龙津桥之后是新桥；接着是太平桥，在高殿前宅的前面；接着是粜麦桥；此桥之后的那座桥的名字是“第一座桥”；接着是宜男桥。然后蔡河的河道就出了戴楼门，在这座城门外的桥叫四里桥。汴河在京城里的河段上游，是当时洛阳的洛口处分出的一条支流。这条支流穿过京城后其河道转向东，一路流往泗州，而后在泗州注入淮河。这条河道担负着从东南方向来的粮食漕运，通过这个漕运把粮食运往京城方向。出自东南的土特产也是经由这个漕运输往京城方向的。京城里的官与民之一切所需全仰仗着这条河道上的漕运供给。从东水门外七里到西水门外的这一截河道上共有十四座桥。若从这一河道的东面数起，那么第一座是虹桥，它的具体地点是在东水门外七里。虹桥是一座没有桥柱的桥，全部是用巨木悬空架建而成的。整座桥都是用朱色颜料涂饰，远看似天上出现红色的虹。在该桥近处的上下小土桥也一概涂饰红色。虹桥之后是顺成仓桥。该河道入水门后的第一座桥叫便桥。接着是下土桥。再下去是上土桥。当该河道流至西角子门，在西角子门处有一座桥，其名字是相国寺桥。在它之后的桥名叫州桥(州桥的正式名字是天汉桥)。州桥是与大内御街正相对的。天汉桥和相国寺桥的桥身都建得较低矮，所以这两座桥下都无法通行大一点的船，只能通行西河当地的平底船。这两座桥的桥柱全是用青石建造。桥上的石梁、石柱、石栏杆乃至桥身与河岸接壤处的石壁上全雕刻着海马、水兽、飞云等图像，桥下则密集整齐地排列着石柱，这是因为这座桥是皇帝的御路。州桥北岸御路的东、西两侧耸立着高大的阙柱和一些硕大的建筑物。在桥的西面有两只方形的浅底船，在其船头上安放着几条十分粗长的铁枪。在岸上则摆放着三条铁索。每到日落后这些铁枪便被绞离船只而悬于水面上，这是为了避免枪内偶然遗留有火药于夜间燃着而烧毁方船。从这儿再往西去便是浚仪桥。下一座桥是兴国寺桥（此桥也叫马军衙桥）。再下一座是太师府桥（它在蔡京宅前）。接着是今梁桥。再下去是西浮桥（这是因为此处原先是以船为桥的，但到宋时则已全用木、石来建造了）。下一座桥名叫西水门便桥。此处出了城门外的那座桥名叫横桥。流在京城东北面的河水叫五丈河。此河的源头在济、郓那一带，此河道成为把京东路所辖地区出产的粮食转运入京城的漕运道。这条河道是从新曹门的北面流入京城里的。该河道在京城里有五座桥：向东面数过去的第一座是小横桥；第二座叫广备桥；第三座叫蔡市桥；第四座叫青晖桥；第五座叫染院桥。流在京城西北面的是金水河。在京城的西南筑了堤坝以便京索河的水分流开去。在汴河上方建起一个横跨汴河的巨大木槽，以引京、索河的水进入京城内。引入城里的水的水道两边都建有夹墙来保护水道里的水，这水就径直流入宫中以灌满后苑的池塘。在金水河上有三座桥，分别称为白虎桥、横桥、五王宫桥。此外，在曹门有一座桥，它的名字是小河子桥，但人们有时也叫它“念佛桥”。这桥之所以得念佛桥之名是有个小故事：在皇宫内各官署任职的那些辇官、亲事官们往往都居于设在曹门的军营里。他们每天拂晓时就得进宫去当差，进宫必须经过小河子桥。他们过这桥时都会见到一个盲人在该桥上念佛化缘。因此，这座桥就有了念佛桥这个名字。

大内

大内正门宣德楼列五门[①]，门皆金钉朱漆，壁皆砖石间甃[②]，镌镂龙凤飞云之状，莫非雕甍画栋[③]，峻桷层榱[④]，覆以琉璃瓦[⑤]，曲尺朵楼[⑥]，朱栏彩槛，下列两阙亭相对[⑦]，悉用朱红杈子[⑧]。入宣德楼正门，乃大庆殿，庭设两楼，如寺院钟楼，上有太史局保章正测验刻漏[⑨]，逐时刻执牙牌奏[⑩]。每遇大礼，车驾斋宿[⑪]，及正朔朝会于此殿[⑫]。殿外左、右横门曰左[⑬]、右长庆门。内城南壁有门三座，系大朝会趋朝路[⑭]。宣德楼左曰左掖门，右曰右掖门。左掖门里乃明堂[⑮]，右掖门里西去乃天章、宝文等阁[⑯]。宫城至北廊约百余丈。入门东去街北廊乃枢密院[⑰]，次中书省[⑱]，次都堂[⑲]，宰相朝退治事于此。次门下省[⑳]，次大庆殿外廊横门。北去百余步，又一横门，每日宰执趋朝[㉑]，此处下马，余侍从台谏于第一横门下马[㉒]，行至文德殿，入第二横门。东廊大庆殿东偏门，西廊中书门下后省[23]，次修国史院[24]，次南向小角门，正对文德殿。常朝殿也。殿前东西大街[25]，东出东华门，西出西华门。近里又两门相对，左、右嘉肃门也。南去左、右银台门。自东华门里皇太子宫入嘉肃门，街南大庆殿后门、东西上阁门[26]；街北宣祐门。南北大街西廊面东曰凝晖殿，乃通会通门，入禁中矣。殿相对东廊门楼，乃殿中省六尚局御厨[27]。殿上常列禁卫两重，时刻提警，出入甚严。近里皆近侍中贵[28]。殿之外皆知省、御药幕次[29]、快行、亲从官、辇官、车辂院、黄院子、内诸司兵士[30]，祗候宣唤[31]；及官禁买卖进贡，皆由此入。唯此浩穰。诸司人自卖饮食珍奇之物，市井之间未有也。每遇早晚进膳，自殿中省对凝晖殿，禁卫成列，约拦不得过往[32]。省门上有一人呼喝，谓之“拨食家”。次有紫衣裹脚子向后曲折幞头者[33]，谓之“院子家”，托一合[34]，用黄绣龙合衣笼罩[35]，左手携一红罗绣手巾，进入于此，约十余合，继托金瓜合二十余面进入，非时取唤，谓之“泛索”。宣祐门外西去紫宸殿。正朔受朝于此。次曰文德殿，常朝所御。次曰垂拱殿，次曰皇仪殿，次曰集英殿。御宴及试举人于此。后殿曰崇政殿、保和殿。内书阁曰睿思殿。后门曰拱辰门。东华门外市井最盛，盖禁中买卖在此。凡饮食、时新花果、鱼虾鳖蟹、鹑兔脯腊[36]、金玉珍玩衣着，无非天下之奇。其品味若数十分，客要一、二十味下酒，随索目下便有之。其岁时果、瓜、蔬、茹新上市，并茄瓠之类新出[37]，每对可值三、五十千，诸阁分争以贵价取之[38]。

注释

①大内：对于整个皇宫的总体称呼。在宋朝时，大内的地点是在汴梁内阙城的西北面。那时，大内占地周边长约五里。

②间：间杂着。甃：泛指用砖砌成的物件，原指用砖砌成的井垣。

③甍：指屋脊和与之相连带的建筑物件。

④峻：高大。桷：方形的椽子。层榱：重叠的椽子。

⑤琉璃瓦：用长石、黏土以及石青等为原料烧出来的瓦料。

⑥曲尺：指建筑的边角是直角形的。朵楼：是指正楼两侧的侧楼。朵，向左右展开。

⑦阙亭：指宫殿大门口左右两边的亭子。

⑧杈子：古时称为“行马”，俗称为“拒马”。用来阻拦行人通过的木制大型框架。它的构造为“一木横中，两木互穿以成。四角施之于门，以为禁约也。”

⑨太史局：掌管测验天文，考定历法。保章正：太史局里的一种技术人员。刻漏：也叫“壶漏”，是古代的计时工具。

⑩逐时刻：依照一日中各小时的各刻钟和各分钟的顺序（来报时）。执牙牌奏：按照牙牌上所记载的内

容来向上级报告。牙牌，用以记事的小平板子。

⑪车驾：皇帝及其随行人员。斋宿：指住宿和在其住宿处进行斋戒。这是指皇帝在进行一项重大典礼之前要洁身静心。

⑫正朔朝会：农历一年的第一天叫“正”；一个月的第一天叫“朔”。在古代，诸侯或臣子朝见皇帝谓之“朝会”。

⑬左、右横门：在古代，把南北视为“纵”，而把东西视为“横”。“左右横门”乃指东侧和西侧的边门。

⑭趋朝路：通往“朝会”地点的大路。

⑮明堂：请参看“梦华录序”条目里的注⑰。

⑯天章阁：建于宋真宗天禧四年（1020）。该阁之所以名“天章”乃取义于“为章于天”。该阁藏真宗的御书、文集以及图籍、符瑞、宝玩之物。还存有国史宗正寺所进属籍、祖宗御容等。宝文阁：原名“寿昌阁”，该阁存仁宗御书御集以及英宗御书。除天章、宝文二阁外，还有“显谟阁”“徽猷阁”“敷文阁”等。

⑰枢密院：也称“西府”，在阙门之西南和中书省（也称“东府”）之北。它与中书省合称“二府”。东府掌文事；西府掌武事，专以边机军政为职。

⑱中书省：在左掖门之东，为宰相之所辖，掌管进拟庶务，宣奉命令，行台谏章疏，重要官员迁罢任用等。但主要的任务是秉承皇帝意志，掌管全国政务。到宋高宗建炎三年（1129），中书省和门下

省合并为中书门下省。

⑲都堂：为宰相平时办公之所。

⑳门下省：在宋初，门下省的主要职能是掌受天下之成事，审命令，匡违失。

㉑宰执：宰相和执政之统称。所谓“宰相”指的是下述的一些高级官员：同中书门下平章事、同平章事、尚书左仆射、尚书右仆射、左丞相、右丞相、侍中。所谓“执政”指的是下述的一些高级官员：参知政事、门下侍郎、中书侍郎、尚书左丞、尚书右丞、枢密使、枢密副使、知枢密院事、同知枢密院事等。

㉒余：其余的。侍从：指下列官员：殿阁学士、直学士、待制与翰林学士、给事中、六部尚书、侍郎。台谏：御史台和谏院。

㉓中书门下后省：在宋朝，中书省、门下省的官署地点均不在大内，因而在当时被称为中书门下外省。之后在大内设立“中书门下”（也称“政事堂”），为了区别这两者，遂把中书门下外省改称中书门下后省。中书门下后省是不参与机要的。

㉔修国史院：负责撰修宋朝历史的官署，也负责撰修前朝的国史。

㉕殿前：此处的“前”字有可能是“后”字之误。请参看伊永文的《东京梦华录笺注》一书上册第49页上“殿前东西大街”条注。

㉖东西上阁门：该官署的执掌是“掌朝会宴幸、供奉

赞相礼仪之事。官员东、西上阁门对置。东西上阁门使、副使（之位）多以外戚勋贵充任，位同侍从官，为武臣迁转之阶。"

㉗殿中省：官署名，负责安排郊祀，元旦和冬至日在皇帝御殿时供具伞扇之事以及在袷、禘（注：天子、诸侯宗庙五年一次的禘祭，与"袷"并称为殷祭；合高祖之父以上的神主祭于太祖庙，高祖以下分祭于本庙；三年丧毕之次年一禘，此后三年袷，五年禘。禘袷各自相距五年）之后庙神主赴太庙时供具伞扇之事。六尚局：殿中省下属有六个尚局，这六个局名分别为：尚食、尚药、尚酝、尚衣、尚舍、尚辇。此六尚局于靖康元年废。这六尚局总管皇帝、皇帝的眷属以及居住在皇宫里所有皇室成员的饮食、医药、服御、幄帷、舆辇、舍次等方面的供应。御厨：在内东门外之东廊，掌管供皇帝、皇帝的眷属以及居住在皇宫里所有皇室成员的膳馐。

㉘近侍中贵：皇帝身边的服侍太监等人员。

㉙知省、御药幕次：这里实际上指的是知省幕次以及御药幕次。幕次，知省、御药等官员的值班帐幕。这些官员按其官品之高下列次于殿外。知省，疑是"殿中省"之简称。御药，御药院。

㉚快行：职责是"随皇驾出，（为皇帝）执衣物器物"，以及"平日以之供奔走、使令、转送命令器物、召唤或遣送人员等差事"。亲从官：主要任务是

“给诸殿洒扫及契勘巡察”，宫中的亲从官人数大体上在七百人以下。辇官：掌引驾车辇的官员，其官内总人数在五十上下。车辂院：掌乘舆、法物，即为大驾、小驾、法驾供辇辂及奉引属车，辨其名数与陈列先后之旗。黄院子：很可能是个负责管理年龄偏大的太监的机构，也就是“黄门院”。这种太监多是从亲事官或是辇官转过来的。大体上以五百人为限。他们的主要任务是给宫娥们跑腿当差。内诸司：指驻于大内的各官署机构的总称。其负责人都是从内侍宦官中挑选出来。

㉛祇候宣唤：等候和待命。祇候，等候。宣唤，由上面来下达命令。

㉜约拦：即阻拦。

㉝裹脚子：指包头的头巾上的一种装饰物。幞头：蒙头的头巾。

㉞合：即盒子。

㉟合衣：即盒子的外罩。

㊱脯腊：干肉或腊肉。

㊲茄瓠：指一切蔬菜。瓠，葫芦。

㊳诸阁分：宫中嫔妃之居所，但也可指皇后、皇妃、皇帝子女的居所。

译文

皇宫正门的大门楼叫宣德楼。在这个门楼下一字排开五座大门。每扇大门上都钉有大颗的金钉作为装饰。门都是上了朱红大漆的，而城墙则都是砖、石相间砌起来的。在墙上镌刻或雕镂着各式各样的龙、凤、云彩等画饰，没有一间厅堂的栋梁或屋脊没有雕刻和彩绘。你看看那些高高吊起的飞檐，排列整齐的椽子，屋顶上灿烂的琉璃瓦！宣德楼两边的朵楼都有着整齐的、模拟着曲尺样的轮廓，这些朵楼也都呈朱红色，它们的栏杆也都有彩绘装饰。朵楼前的两座阙亭则对称地遥相对立，在它们之间置放着阻挡闲人通行的红色杈子。走进宣德楼的正门就能立即看到大庆殿。这个殿庭院里的两边分别是东楼和西楼，犹如寺庙里的钟楼和鼓楼。在东楼和西楼上则分别有属于太史局的、官衔为“保章正”的官员在那里观测刻漏的数据，他顺着刻和时的推移而逐一把数据记载在牙牌上，以便按规定向上禀报。凡遇有大的典礼，或者皇帝需要在某一大典之前进行斋戒的话，那么他就要住到大庆殿。每年正月初一的朝会也是在大庆殿举行。殿外的左、右两侧围墙上各开了一道门，分别称为左、右长庆门。大内内城南面的一道墙上开有三座门，凡遇到重大的朝会，参加朝会的人就是通过这三座门进入大内的宫殿。宣德门楼下,左面的门叫“左掖门”,右边的门叫“右掖门”。明堂位于左掖门内。进了右掖门后往西去就是天章阁、宝文阁以及其他的一些阁。宫城与宫内北面的走廊之间的距离是一百多丈。进了皇宫的正门之后往东面走，路的北面那个廊庑就是枢密院，接着往前走便到了中书省，再往前走便到了都堂。宰相在不上朝的时间里在都堂里办公。接着往前走便是门下省。从这里往前走就到了大庆殿外走廊上开的边门了。从这个边门向北走一百多步又有一个边门。宰相以及执政们每天到宫里上朝，到了这个边门时就该下马。至于侍从、台谏等官员来到第一道边门的时候就该下马，然后步行到文德殿，从那里走进第二道边门。大庆殿的东偏门是在东走廊上。中书门下后省是在西走廊上。挨着这个机构的是修国史院。离修国史院不远处有一个朝南开的小角门，这个门正对着文德殿。文德殿是日常的朝会地点。在这个殿的前面是一条东西走向的大街，沿着这条街往东去是东华门，往西去是西华门。离文德殿不远处有两道门，这两道门是正相对的，它们是左、右嘉肃门。从文德殿向南走就到了左、右银台门。皇太子宫在东华门内，从皇太子宫有一条路通往嘉肃门，大庆殿的后门以及东、西上阁的门都开在这条路的南边。宣祐门在这条路的北面。凝晖殿位于一条南北走向的大街的西走廊上，面向东方。这条大街通往会通门，从会通门便可以进入大内。这条南北走向的大街的东走廊上有一个门楼，它正对着凝晖殿。在东走廊门楼里是殿中省六尚局的御厨房。凝晖殿上总是部署双层禁卫人员，警戒很严，对人员出入的控制非常紧。在殿内活动的全是皇帝的近侍和宫中显要的太监。在凝晖殿的外面活动的都是诸如殿中省、御药院等官署的官员，他们都在各自设立于殿外的帐幕工作。此外就是诸如快行、亲从官、辇官、车辂院、黄院子等机构的人员，以及内诸司辖下专干粗活的士兵们。他们都候在殿外，随时听从调遣。此外，宫里在外面采购到的货物，以及从各处输送来进贡给皇宫的物品也一概从凝晖殿的入口处运送进宫里。所以，凝晖殿外是个最为熙攘的地方。宫内诸司的人员也到外面去采购食品以及各种珍奇的东西运回宫内诸司，而且诸司的人员也会把他们以前采购到的东西从宫里拿到宫外去卖。他们所搞到的珍奇物品往往都是外面民间的市场上见不到的稀罕东西。每天一到早、晚进膳的时间，你就会看到从殿中省到凝晖殿的这一段路上，皇宫的警卫排成密实的行列，禁止行人过往。这时殿中省的门口就有一个人在那里招呼张罗，人们把他叫作“拨食家”。同时还会出现十几个穿着紫色衣裳、头上包着装饰有向后曲折的裹脚子的幞头巾的人们，这些人被称为“院子家”。他们右手托一个盒子，每个盒子都用黄色的、绣有龙的图饰的盒衣和盒罩包裹起来；而左手则拿一条红罗绣花的手巾。他们就这样进入了凝晖殿。在这十几个人的后面是二十几个人，每人手上托着金色的、瓜形的盒子。这些是宫中临时或例外要的食物。这样临时或例外要的食物在当时的被称为“泛索”。出了宣祐门往西走,就到了紫宸殿(每年的正月初一皇帝就在这个殿里受群臣的朝贺)。接着是文德殿（是皇帝主要政务活动场所)。再往西就是垂拱殿。接下来是皇仪殿。再往后是集英殿（集英殿是宫里摆宴席的殿堂，也是举人接受殿试的地方)。

在这几个殿的后头分别是崇政殿和保和殿。内书阁是设在睿思殿内。皇宫的后门叫拱辰门。东华门外面的集市是京城里最热闹的集市，因为宫里要在该集市买进和卖出不少东西。在那个集市里，时新的菜、果、鱼、虾、鳖、蟹、鹑、兔、干肉等等应有尽有，还有金、玉、珍宝、古玩、衣裳等等都是别处不易罗致的商品。那里上市的每一类商品都会有几十种不同的花色供人挑选。如果你想要点下酒的菜肴，即便你一下子要一二十种也能当下就给备齐。至于时鲜的瓜果菜蔬，包括别处难得一见的品种在这个集市上都有供应。这些很少见的瓜果每一对能卖到三十千或五十千钱。从宫里出来到这个集市采购的人们还争相在这里哄抬市价。

内诸司

内诸司皆在禁中，如学士院[①]、皇城司[②]、四方馆[③]、客省[④]、东西上阁门、通进司[⑤]、内弓剑枪甲军器等库[⑥]、翰林司[茶酒局也][⑦]、内侍省[⑧]、入内内侍省[⑨]、内藏库[⑩]、奉宸库[⑪]、景福殿库、延福宫[⑫]、殿中省、六尚局[尚药、尚食、尚辇、尚醖、尚舍、尚衣]、诸合分、内香药库[⑬]、后苑作[⑭]、翰林书艺局[⑮]、医官局[⑯]、天章等阁，明堂颁朔布政府[⑰]。

注释

①学士院：在承旨阁之西，枢密宜徽院之北，浴堂之南，也称玉堂或北扉。该院的职责是编录宋朝建国以来所撰制诏文字。

②皇城司：该司的职责是掌管皇城管钥木契，宫廷出入禁令，宫门启闭，支应内廷索取，以及安排命妇朝参显承殿事宜。

③四方馆：也称引进司四方馆。掌管文武官正谢辞，国忌赐香，诸道月旦正至表章，郊祀，朝蕃官，贡举人，进奉使，京官致仕官，以及道、释、父老于典礼上陪位的安排事宜。

④客省：其职掌为接待各地诸蕃朝贡，并对他们进行赏赐。也称为“宾省”，因其也接待贵宾。

⑤通进司：负责给皇庭接收和上传它所接收到的来自三省、枢密院、六曹、寺监、百司等上呈皇帝的奏牍，文武近臣呈的表疏，以及章奏房所收到的各地送来的章、奏、案牍等。

⑥内弓剑枪甲军器等库：实为四个库，皆为军器库，即内弓箭库、内剑弩箭库、内弓枪库以及内衣甲库。这里的“军器”乃为总括词。

⑦翰林司：也称茶酒司，属光禄寺，掌供果实并制茶茗汤药。

⑧内侍省：分为“入内内侍省”（又称“前省”）和“内侍省”（又称“后省”，也称“南班”）。这两者全由太监充任。入“前省”的太监就更能与皇帝

多亲近，他们是“通侍禁中，役服亵事者”。内侍省的太监则供侍殿中，备洒扫之职。

⑨入内内侍省：也称“北司”，见注⑧。

⑩内藏库：宋初此库名为“封椿库”，以收藏每年国用之余额。

⑪奉宸库：举凡宋太祖平定诸国时所掠得的瑰宝珍奇之物悉藏之于此库。政和四年，此库并入内藏库。

⑫景福殿库、延福宫：此两处之职掌史籍鲜有提及。蔡京当权之时曾唆使皇帝在延福宫一带大兴土木。

⑬内香药库：在谚门内，共分为二十八个库。真宗曾赐御诗二十八个字以为库名，每一字名一个库。这些库是为贮藏细巧香药以备内廷之需。

⑭后苑作：这个禁内机构掌园囿、池沼、台殿，以备君王游幸，也负责金属手工艺品的制作。其下细分为镂金、生色等七十余作，为宫廷制作婚嫁饰件。

⑮翰林书艺局：翰林院的下属机构，也叫“翰林御书院”，以书籍、笔墨、琴棋等供奉内廷。

⑯医官局：属翰林院，原名“翰林医官院”，为皇家提供医药服务。

⑰明堂颁朔布政府：明堂，请见“大内”条目的注⑮。颁朔，也称告朔，或“颁告朔”，君主在冬季颁布下一年的历书，让诸侯们都知道。布，广为告之。政府，发布政令的机构。

译文

内诸司的所属机构包括：学士院、皇城司、四方馆、客省、东西上阁门、通进司、内弓剑枪甲军器等库、翰林司（也就是茶酒局）、内侍省、入内内侍省、内藏库、奉宸库、景福殿库、延福宫、殿中省六尚局（即尚药、尚食、尚辇、尚酝、尚舍、尚衣）、诸合分、内香药库、后苑作、翰林书艺局、医官局以及天章阁等，还有明堂——皇家发布各种政令的地点。

外诸司

外诸司[①]：左右金吾街仗司[②]、法酒库、内酒坊[③]、牛羊司[④]、乳酪院[⑤]、仪鸾司［帐设局也］[⑥]、车辂院[⑦]、供奉库[⑧]、杂物库[⑨]、杂卖务[⑩]、东西作坊[⑪]、万全［造军器所］[⑫]、修内司[⑬]、文思院上下界[⑭]、绫锦院[⑮]、文绣院[⑯]、军器监[⑰]、上下竹木务[⑱]、箔场[⑲]、车营、致远务[⑳]、骡务、驼坊[㉑]、象院[㉒]、作坊物料库[㉓]、东西窑务[㉔]、内外物料库[㉕]、油醋库[㉖]、京城守具所[㉗]、鞍辔库[㉘]、养马曰左右骐骥院、天驷十监[㉙]、河南北十炭场[㉚]、四熟药局[㉛]、内外柴炭库[㉜]、军头引见司[㉝]、架子营［楼店务，店宅务］[㉞]、榷货务[㉟]、都茶场[㊱]、大宗正司[㊲]、左藏、大观、元丰、宣和等库[㊳]、编估局[㊴]、打套所[㊵]。诸米麦等：自州东虹桥元丰仓、顺成仓，东水门里广济、里河折中、外河折中、富国、广盈、万盈、永丰、济远等仓，陈州门里麦仓，子州北夷门山[41]、五丈河诸仓，约共有五十余所。日有支纳，下卸[42]，即有下卸指挥兵士，支遣即有袋家[43]，每人肩两石布袋[44]。遇有支遣，仓前成市。近新城有草场二十余所。每遇冬月，诸乡纳粟秆草[45]，牛车阗塞道路，车尾相衔，数千万量不绝[46]，场内堆积如山。诸军打请营在州北，即往州南仓，不许雇人般担，并要亲自肩来，祖宗之法也。

注释

①外诸司：所有机构全都设在宫禁外。

②左右金吾街仗司：也称“左右金吾卫仗司”或“六军仪仗司”。具体分为“左右金吾街司”和“左右金吾仗司”。其职掌是京城街道巡逻，为帝王出巡清道，奉迎仪仗，管理禁卫。

③法酒库、内酒坊：法酒库负责按官廷所定的要求提供造酒原料和管理御酒厂产出的法酒的保管和出纳，以保障皇家在礼仪用酒方面的需要。内酒坊则负责生产和供应皇家平时生活上的用酒。

④牛羊司：负责饲养牛、羊，以供皇家祭祀及宴会的需要，并负责为御厨宰杀和烹制。

⑤乳酪院：分为南、北两院，专为御厨房制作酥酪之类的制品。

⑥仪鸾司：专为皇帝和皇家提供幕帐方面的服务。

⑦车辂院：掌乘辂、法物，供辇辂、奉引属车及组织

车队和驼队。

⑧供奉库：负责为宫禁里的人到外面市场上货买物，特别是购进宫禁官务所需者，以向宫廷按时供应。该库连同杂物库和杂买场联合完成采购、储存和供应的任务。这三者在更早的时候称为“布买司”。

⑨杂物库：负责接受内外输纳的杂物之保管。

⑩杂卖务：此机构的名称恐是“杂卖场”之误。“杂卖场”负责收购京城以及外地官府多余物资，转卖到民间市场。

⑪东西作坊：掌制造兵器、旗帜、戎帐、油衣、藤漆物件等，属于军器监。

⑫万全：全名为“万全军匠”，负责军器兵械的制作、维修、保养。定员四千人，属于御前军器所。御前军器所由军器监统领。

⑬修内司：掌宫城太庙缮修之责。

⑭文思院上下界：文思院为宫廷制造金、银、玉、犀、石、铜、铁、木、竹等手工产品，分为上界和下界。上界掌金银珠玉犀石。下界掌铜铁木竹。

⑮绫锦院：掌织纴锦绣。

⑯文绣院：掌锦绣，以供皇帝乘舆、服饰及接待宾客和祭祀之用。

⑰军器监：掌监督缮治兵器及军用杂物。

⑱上下竹木务：掌受诸路水运之竹、木材，采购商贩竹木，以供官廷营造之用。

⑲箔场：掌抽选竹、木、蒲、苇，以供生产之用。

⑳车营、致远务：负责饲养牛、驴。

㉑骡务、驼坊：负责牧养骆驼及骡。

㉒象院：负责饲养和驯化大象。

㉓作坊物料库：此库属于军器监，掌收受、储藏铁、木、铅、锡、羽、翎等杂物材料，以供各作坊及工匠所之用。

㉔东西窑务：掌为皇家烧制砖瓦及陶瓷器皿。

㉕内外物料库：掌皇城外诸官院油、盐、米、面之品。

㉖油醋库：掌制造酱油、麻油、醋等调料以及咸肉等。

㉗京城守具所：当是“京城修治所”之误。参看“东都外城”条目之注㉑。

㉘鞍辔库：掌御马鞍辔的储藏和供应。

㉙左右骐骥院、天驷十监：此两者皆为皇家的中心养马机构，兼负责马匹鉴定工作。

㉚河南北十炭场：掌收纳与出卖石炭。宋时在汴京共有河南第一到河南第十石炭场。炭，煤炭。

㉛四熟药局：负责对滞留在官府的药品、药剂进行加工和处理。

㉜内外柴炭库：负责给宫城及宿卫值勤军士供应薪炭、席荐之物。

㉝军头引见司：此机构的全称是“御前忠佐军头引见司”。掌军队的检阅、引见、调配。此外，在皇帝出巡，遇有百姓陈诉时，由它出面问明百姓所为何事，然后上禀。

㉞架子营：负责官房及邸店的管理、修缮以及新官房

及邸店的筹建。

㉟榷货务：掌折博斛斗金帛之类的货物。

㊱都茶场：掌给卖茶之引，属于榷货务。

㊲大宗正司：掌敦睦皇族，教导宗子，接受皇族成员的陈请、辩讼，兼负责纠正皇族成员的行为过失。严重者，可申报朝廷。

㊳左藏、大观、元丰、宣和等库：左藏库之下分为“东西库”与“南北库”。负责四方财赋之入，给朝廷提供经费。“大观库”分为东、西两库，前者负责收藏细软物件、香料、药材；后者贮钱币。“元丰库”管理诸路、诸司、坊场之羡余（即上缴国库后的余额）及封桩钱物。“宣和库”掌收储财物以供皇帝非常之用。

㊴编估局：负责对广南、福建、两浙等路的市舶所向朝廷交纳的香料、杂物以及诸州和诸军事单位送交的陈旧衣物进行估价，将其最精细的物件留交朝廷，其余的货物则都送杂卖场出售。

㊵打套所：负责将编估局拣选出的精细物品按等级分类和打包。

㊶夷门山：也称“夷山”，在汴梁的东北隅。

㊷支纳：支取和缴纳。下卸：装卸和搬运。

㊸袋家：以搬运为职业的工人。

㊹两石：每石含十斗。两石为二十斗。

㊺粟秆草：各种谷物的秸秆。

㊻量：宋时“量”字通“辆”字。

译文

所有外诸司各机构的地点均设在禁城之外。其主要的机构有：左右金吾街仗司、法酒库、内酒坊、牛羊司、乳酪院、仪鸾司（即设帐局）、车辂院、供奉库、杂物库、杂卖务、东西作坊、万全（乃制造缮修军器之所）、修内司、文思院上下界、绫锦院、文绣院、军器所、上下竹木务、箔场、车营、致远务、骡务、驼坊、象院、作坊物料库、东西窑务、内外物库、油醋库、京城守具所、鞍辔库、左右骥骐院（此乃宫廷养马之处）、天驷十监、河南北十座石炭场、四熟药局、内外柴炭库、军头引见司、架子营（即楼店务和店宅务）、榷货务、都茶场、大宗正司、左藏库、大观库、元丰库、宣和库、编估局、打套所。此外，为大内储存米、麦的机构有：在州城东面虹桥的元丰仓、顺成仓；在东水门里的广济仓、里河折中仓、外河折中仓、富国仓、广盈仓、万盈仓、永丰仓、济远仓；还有陈州门里的麦仓；州城北面夷门山上和五丈河边的仓。总计有五十多个仓。日常有支出、缴纳、装卸、搬运之事时就由各仓所属的下卸司的装卸兵士承担。如有向外发送的任务也由专事搬运的工人来做。每个搬运工通常是肩扛着重量为两石的粮食布袋来进行装或卸。在发送粮食的工作日里，每个仓前就犹如集市般熙熙攘攘。在挨近新城的外面，共有二十多个草场。到了冬天，每个草场周围的村庄里的百姓就赶着牛车，向草场缴纳粮食和柴草。这些牛车一出动，所有通往草场的道路就都拥塞不堪了。这些牛车在路上首尾相接，车辆数目多得没法计算。这时，草场里的粮草都堆积如山。如果一个草场的地点是在州的南面，那么那些按规定只能到该草场领取粮食草料的部队就只好开拔到州北暂时驻扎下来，然后派出士兵到州南的草场来领取粮食草料。但不许部队雇搬运工从草场里把粮草搬运走，部队必须派出自己的士兵来把粮草扛回州北临时驻地，这是为了不让士兵养成懒惰的习惯，是祖宗立下的规矩。

卷 二

御街

坊巷御街，自宣德楼一直南去，约阔二百余步，两边乃御廊，旧许市人买卖于其间，自政和间官司禁止[①]，各安立黑漆杈子，路心又安朱漆杈子两行，中心御道，不得人马行往，行人皆在廊下黑杈子之外。杈子里有砖石甃砌御沟水两道，宣和间尽植莲荷[②]，近岸植桃李梨杏，杂花相间，春夏之间，望之如绣。

注释

①政和间官司：政和，宋徽宗的年号。官司，官府。

②宣和：宋徽宗的另一个年号。

译文

御街穿行于京城的诸多坊与巷之间，从皇宫的正门宣德楼开始笔直地向南延伸。街的宽度约为二百多步，两边各是一条御廊。在过去曾一度允许老百姓在御廊上做买卖，但到了政和年间便被禁止了，所以每一条御廊上现在都设有漆成黑色的挡人行走的杈子，在街的中央还树立了两行漆成红色的杈子。那个中心御道是禁止人和马匹通行的，行人只能从御廊上摆放的黑色杈子的外边绕行。在每条御廊的杈子里有一道御沟，沟壁是用砖和石砌成。宣和年间，沟里流着水而都种植了荷花。在御沟的边上，则间杂地植有桃、李、梨、杏等果树。所以，到了春夏，这些果树开花，远远望去一片花团锦簇。

宣德楼前省府宫宇

宣德楼前，左南廊对左掖门，为明堂颁朔布政府、秘书省①。右廊南对右掖门，近东则两府八位②，西则尚书省③。御街大内前南去，左则景灵东宫，右则西宫。近南大晟府④，次曰太常寺⑤。州桥曲转，大街面南曰左藏库。近东郑太宰宅、青鱼市内行。景灵东宫南门大街以东，南则唐家金银铺、温州漆器什物铺、大相国寺⑥，直至十三间楼⑦、旧宋门。自大内西廊南去，即景灵西宫，南曲对即报慈寺街、都进奏院⑧、百钟圆药铺⑨，至浚仪桥大街。西宫南皆御廊杈子，至州桥投西大街，乃果子行。街北都亭驿⑩，大辽人使驿也。相对梁家珠子铺，余皆卖时行纸画、花果铺席。至浚仪桥之西，即开封府。御街一直南去，过州桥，两边皆居民。街东则车家炭，张家酒店，次则王楼山洞梅花包子、李家香铺、曹婆婆肉饼、李四分茶[11]。至朱雀门街西，过桥即投西大街，谓之曲院街，街南则遇仙正店，前有楼子后有台，都人谓之“台上”。此一店最是酒店上户，银瓶酒七十二文一角[12]，羊羔酒八十一文一角[13]。街北薛家分茶、羊饭、熟羊肉铺。向西去皆妓馆舍，都人谓之“院街”。御廊西即鹿家包子。余皆羹店、分茶、酒店、香药铺、居民。

注释

①秘书省：此省所掌职责为收藏和管理古今经籍图书、国史、实录以及天文、历书等；具体任务是修日历，撰祠祭祝文，刊写和分写经籍、图书，校订典籍等。

②两府八位：“两府”指枢密院和中书省。在神宗元丰（1078）之前，两府均无官署。元丰时，为两府在右掖门前建东、西府。每府乃相对为四位，故称为“八位”。

③尚书省：其执掌在宋朝前后经过数次极大的变化。在大部分时间里它的下属包括：吏部、户部、礼部、兵部、刑部、工部。“凡天下之事，六曹之所不能与夺者，概由尚书省总而决之”。大体上说，该省是“掌施行判命，举省内纲纪程式，受、付六曹文书，听内、外辞诉，奏御史失职，考百官府之治，以昭废置赏罚”。

④大晟府：宋朝的礼乐原是统由“奉常”（奉常是个

官职，也称太常）掌管。到了徽宗初年，礼与乐才分为二司。乐司府，也就是“大晟府”，当时建在宣德门外天街之东，隶于礼部，序列与寺监同，在太常寺之次。政和三年诏以大晟乐播之于教坊，并颁行天下。

⑤太常寺：原在京城内的兴国坊，嘉祐八年迁至福善坊。神宗元丰年间改制后其职掌主要为礼乐事宜，兼涉郊庙、社稷、坛与壝、陵寝等。

⑥大相国寺：始建于北齐，初称“建国寺”。宋太宗定名为“大相国寺”。至今犹存于开封市，为该市名胜。

⑦十三间楼：传说这十三间楼房是北周的一个名叫周景威的将军所建造。地点在宋门内的汴水河岸上。

⑧报慈寺街、都进奏院：在报慈寺街上原有报慈寺。该寺在钟楼东北后巷，但后为金兵所毁。都进奏院的职掌是为皇帝转诏敕，也为三省与枢密院以及有关的各部门向诸路转发它们各自发出的命令；此外还负责摘录各州上呈的章奏事由，向门下省报告，也负责为各州向有关部门转送各州发出的文书。

⑨百钟圆药铺：钟，通“种”。圆，通“丸”。所以“百钟圆药”即“百种丸药”。

⑩都亭驿：为大辽国使者专设的馆驿。

⑪分茶：在宋朝时，略大一点的茶楼、酒楼、卖面食的食品店都叫“分茶”。

⑫角：在宋朝时，“角”字是指用于装酒的一种容器，也用来指酒的一种容量单位。

⑬羊羔酒：宋时一种酒的名称，也叫“羔儿酒”。这种酒以山西汾州出产的最有名。

译文

走出宣德楼的大门，左手靠南边那条走廊的对过就是左掖门。这里是明堂专用的公布法令公告之所和秘书省的所在地。宣德楼大门右手的那个长廊南面是正对着右掖门的。在宣德门东面不远的地方就是枢密院和中书省。宣德门的西面是尚书省。你若在皇宫前的御街上往南走，那么你的左手就是景灵东宫，右手就是景灵西宫。接着往南走的话，首先就走到大晟府，再往前走就到了太常寺。这条大街在州桥处拐了一个大弯。在这街边上坐北朝南的那个建筑就是左藏库。郑太宰的宅第、青鱼市内行都在大街的东边。景灵东宫的南门在这条大街上，从这个南门的东面向南走去，那么你就会依次路过唐家金银铺、温州漆器杂物铺、大相国寺、十三间楼和旧宋门。从御街的西廊往南走，你就到了景灵西宫。在景灵西宫的南面，大街拐了个弯。在拐弯处你就可以看到报慈恩寺、都进奏院、百种丸药铺。再往前走你就走到了浚仪桥大街。在景灵西宫南面的那条御廊上布满了杈子。当走到州桥时，你沿着大街往西走可以到果子行。大街的路北是都驿亭，它是专为辽国的使臣设的馆舍。对面是梁家珠子铺，附近的店铺都是些做当下时髦的纸画、花卉、水果生意的店家。从浚仪桥的西头开始就算是开封府的府辖地盘了。在笔直的御街上一直往南走，过了州桥之后的街道两边全是民居。东边是车家炭行，其次是张家酒店，再其次是王楼山洞梅花包子、李家香铺、曹婆婆肉饼铺、李四食店。当你走到朱雀门的西头，而且径直过了桥，那你就走到西大街了，西大街也叫曲院街。这条街的南面就是被称为遇仙正店的店家。这家店前有楼房，后有台阁。京城里的人把它叫作“台上”。这个店是京城里很有名的上等酒家。在这里，买一角银瓶酒要花七十二文铜钱，买一角羊羔酒要花八十一文。这条街的北面是薛家食店、羊饭铺、熟羊肉铺。这条街往西那一带全是妓院，京城里的人把这一带叫作“院街”。在御廊的西面是鹿家包子铺，以及一些卖羹的食店、卖茶和食物的店、酒店、香料铺。

朱雀门外街巷

出朱雀门东壁亦人家。东去大街麦稭巷、状元楼，余皆妓馆，至保康门街。其御街东朱雀门外，西通新门瓦子[①]。以南杀猪巷，亦妓馆。以南东、西两教坊[②]，余皆居民或茶坊。街心市井，至夜尤盛。过龙津桥南去，路心又设朱漆杈子，如内前。东刘廉访宅，以南太学、国子监[③]。过太学又有横街，乃太学南门。街南熟药惠民南局[4]。以南五里许，皆民居。又东去横大街，乃至五岳观后门。大街约半里许，乃看街亭，寻常车驾行幸，登亭观马骑于此[5]。东至贡院、什物库、礼部贡院、车营务、草场[6]。街南葆真宫，直至蔡河云骑桥。御街至南薰门里，街西五岳观，最为雄壮。自西门东去观桥、宣泰桥，柳阴牙道[7]，约五里许，内有中太一宫、佑神观[8]。街南明丽殿、奉灵园。九成宫内安顿九鼎[9]。近东即迎祥池[10]，夹岸垂杨，菰蒲莲荷[11]，凫雁游泳其间，桥亭台榭，棋布相峙，唯每岁清明日放万姓烧香游观一日。龙津桥南西壁邓枢密宅，以南武学巷内曲子张宅、武成王庙。以南张家油饼、明节皇后宅。西去大街曰大巷口。又西曰清风楼酒店，都人夏月多乘凉于此。以西老鸦巷口军器所，直接第一座桥。自大巷口南去延真观，延接四方道民于此。以南西去小巷口三学院，西去直抵宜男桥小巷，南去即南薰门。其门寻常士庶殡葬车舆皆不得经由此门而出，谓正与大内相对，唯民间所宰猪，须从此入京，每日至晚，每群万数，止十数人驱逐，无有乱行者。

注释

①瓦子：城市里的各种娱乐场所，如妓院、赌馆、演戏、杂耍等的场所统称为瓦子，或瓦肆、瓦市。

②教坊：管理宫廷音乐的官署，专管雅乐以外的音乐和歌唱、舞蹈、百戏的教习、演出事务，属于

太常寺。

③太学、国子监：国子监原称太学。在北宋仁宗庆历四年初创太学。那时北宋太学的地点在南宫城之蔡河湾，为宋代的最高学府。北宋灭亡后太学被废，到了南宋高宗绍兴年间才重建国子监。不论是太学还是国子监，都是掌管全国学校的最高机构。它负责训育学生，荐举优秀学生去迎举，修筑校舍，购置和保存图书以及刻印书籍。

④熟药惠民南局：它是南宋时，官方办的负责制药和向百姓售药的机构。其正式名字是“医药惠民局”，而“熟药惠民南局”是“医药惠民局”的下属机构，是“四熟药局”之一。

⑤马骑：来往的行人和车辆马匹。

⑥贡院：负责主持州试的州贡院，与礼部贡院有别。什物库：负责杂输之物，以备支用。礼部贡院：主管各路和州以及军所推送上来的进士、诸科举人的名单以及他们的家状、保状、试卷等。此外还负责核对这些人的籍贯、住所、年龄等项目。车营务：掌饲养牛、马、骡、驴，管理车辆及其保养维修。草场：指草料场，掌草料储存、分发等任务。

⑦牙道：指大道，或官道。

⑧中太一宫、佑神观：在北宋时的汴梁城里有过四个太一宫：一座在城东南的苏村，被称为东太一宫；在城西南的八角镇上，建有一个西太一宫；政和年间把城里的龙德宫改名为北太一宫；中太一宫则是

建在原先的五岳观的旧址上。但以后这四个太一宫都毁了。汴梁城里有两个“佑神观”：其一是在城西南角的马军衙的西面，但在正德年间改名为大道宫；另一在陈州门里普济水门的西北，后为金兵所毁。

⑨九鼎：宋徽宗崇宁四年制造的九鼎。在古代，九鼎用来象征皇室的权威。九鼎之中有一鼎是帝鼎，它是居中的。其他八鼎各镇一隅。宋所铸造的九鼎是安放在中太一宫之南新建的殿堂里，这个殿堂名为九成宫。

⑩迎祥池：这个水池在五岳观的后面，池里生长有很少见的黄色莲花。该池的正式名字是凝祥池。

⑪菰：茭白。蒲：蒲柳。

译文

在朱雀门东城墙那一带仍旧是居民的住房。从这个城门往东延伸的那条大街通向麦稭巷。从这里到保康门街，除了状元楼这座楼房之外，其余的都是妓院，都在朱雀门外东面的那段御街上。这条御街向西通往新门瓦子，向南则是杀猪巷，那儿也是妓院。继续往南走就到了东教坊和西教坊。除此之外就是民居或茶馆。有人就在街心摆摊子做买卖，到了夜间尤其热闹。从龙津桥向南走的话，你会看到这里的街中心又立起类似于皇宫前面所立的那种漆成红色的杈子。街东是刘廉访的住宅。从这里继续往南走就是太学，也就是国子监。走过太学就有一条横的街，太学的南门就开在横街上。沿着原街继续往南，这时在街的南面就出现了熟药惠民南局，接着向南走五里路左右，那儿就全是民宅。到了这里就另有一条往东去的横向的大街。五岳观的后门就开在横街上。沿着横大街往东走约半里地就到了看街亭。过去，皇帝来到这里，走进看街亭，然后在亭子里观看过往的行人、车、马。在这个亭子里向东看，像贡院、什物库、礼部贡院、车营务、草料场等等都尽收眼底。如果你从亭子里往南面看，就可以看到葆真宫，还能一直看到蔡河上的云骑桥。这条御街一直延伸到南薰门的门里为止。五岳观在这条街的西面，看上去华丽又壮观。从西门往东是一条约五里长的柳荫大道，走在这条大道上，你要依次经过观桥和宣泰桥。中太一宫和佑神观也在这一带。明丽殿、奉灵园、九成宫在这条大道的南面。九鼎就都安在九成宫里。在九成宫东面不远处就是凝祥池。池边遍种杨柳，池里长着茭白和蒲柳，凫雁则在池中戏水。凝祥池里，此起彼落、密密层层地分布着亭、榭、桥、坛。可惜只有每年的清明节才允许百姓进入凝祥池烧香游览一天。在龙津桥南头的西面有一道墙，那儿就是邓枢密的邸宅。从龙津桥向南走就到了武学巷，在那条巷内有武成王的庙，还有曲子张的家。继续往南走就是张家油饼铺和明节皇后的邸宅。在这里有一条往西去的大街，该街的名字叫大巷口。沿着大巷口街继续向西走就到了清风楼酒店，到了夏天有很多人在晚间跑到这里乘凉。如果还接着向西走的话就到了老鸦巷口，这里是军器所的所在地，这个军器所是与第一座桥相连的。沿着大巷口大街向南走就可以到延真观，这个地方是接待从各地来京城的道士和百姓的。在这个道观的南面有一条向西延伸的小巷，小巷口是“三学院”。沿着小巷往西走可以进入宜男桥小巷。沿着这个小巷往南走就可以到南薰门。在平常的日子里，南薰门是不让寻常百姓或出殡的车辆、行人通过的，因为南薰门是正对皇宫大门的。京城外乡村里的百姓要送待宰杀的猪进城，只能经由南薰门。每天晚间，赶进城去的猪每群都会有万把头。这么大的猪群却只有十几个人来驱赶，赶猪的人数并不多，但是猪却从来没有走失过。

州桥夜市

出朱雀门，直至龙津桥。自州桥南去，当街水饭、爊肉[①]、干脯。玉楼前獾儿、野狐肉、脯鸡[②]。梅家、鹿家鹅、鸭、鸡、兔、肚、肺、鳝鱼、包子、鸡皮、腰、肾、鸡碎，每个不过十五文。曹家从食[③]。至朱雀门，旋煎羊白肠、鲊脯、爁冻鱼头、姜豉、剿子、抹脏、红丝、批切羊头、辣脚子、姜辣萝卜[④]。夏月麻腐、鸡皮麻饮、细粉素签、沙糖冰雪冷元子[⑤]、水晶皂儿、生淹水木瓜、药木瓜、鸡头穰、沙糖绿豆甘草冰雪凉水、荔枝膏、广芥瓜儿、咸菜、杏片、梅子姜、莴苣、笋、芥、辣瓜旋儿、细料馉饳儿、香糖果子、间道糖荔枝、越梅、锯刀紫苏膏、金丝党梅、香橙元，皆用梅红匣儿盛贮。冬月盘兔、旋炙猪皮肉、野鸭肉、滴酥水晶鲙、煎夹子、猪脏之类，直至龙津桥须脑子肉止，谓之杂嚼，直至三更。

注释

①水饭：用开水泡热的米饭。爊肉：烤熟的肉。

②脯鸡：生鸡肉做成的肉干。

③从食：小食品，包括各种点心和小吃。

④姜豉：用生姜和豆豉做成的调料。剿子：肉片。

⑤元：即丸。

译文

朱雀门有一条街通往龙津桥。沿着这条街，从龙津桥往南走，就是夜市一条街。夜市上有卖水饭的，卖烤肉的和卖肉脯的。在王楼前有卖獾肉，卖野生狐狸肉和鸡肉干的。有两个店家，分别叫作梅家店和鹿家店，卖的是熟的鹅、鸭、兔肉，还卖熟的肚、肺、鳝鱼，以及包子、鸡皮、腰、肾和鸡杂。每一样的价钱都不超过十五文。有一个曹家店是专卖各种小食品的。朱雀门前有现买现做生煎羊肥肠的，还有卖鱼肉干，爊冻鱼头，姜豉、剿子、抹脏、红丝、批切羊头、辣脚子、姜辣萝卜。夏月麻腐、鸡皮麻饮、细粉素签、沙糖冰雪冷丸子、水晶皂儿、生淹水木瓜、药木瓜、鸡头穰、沙糖绿豆甘草冰雪凉水、荔枝膏、广芥瓜儿、咸菜、杏片、梅子姜、莴苣、笋、芥、辣瓜儿、细料馉饳儿、香糖果子、间道糖荔枝、越梅、锯刀紫苏膏、金丝党梅、香橙丸等。所有这些食品都是装在梅红色的小盒子里卖。到了冬天，就有装好盘的熟兔肉、现买现做的带皮的猪肉、野鸭肉、滴酥水晶鲙、煎夹子、猪杂等食品卖。这个夜市在龙津桥这一头的最后一家就是那个卖须脑子肉的铺子。老百姓到这个夜市来买东西吃叫“杂嚼”。夜市要营业到午夜之后才收摊。

东角楼街巷

自宣德东去，东角楼乃皇城东南角也[①]。十字街南去，姜行。高头街北去，从纱行至东华门街、晨晖门、宝箓宫，直至旧酸枣门，最是铺席要闹[②]。宣和间展夹城牙道矣。东去乃潘楼街，街南曰“鹰店”，只下贩鹰鹘客[③]，余皆真珠匹帛香药铺席。南通一巷，谓之“界身”，并是金银彩帛交易之所，屋宇雄壮，门面广阔，望之森然，每一交易，动即千万，骇人闻见。以东街北曰潘楼酒店，其下每日自五更市合[④]，买卖衣物书画珍玩犀玉。至平明，羊头、肚肺、赤白腰子、妳房[⑤]、肚胘[⑥]、鹑、兔、鸠、鸽野味、螃蟹、蛤蜊之类讫，方有诸手作人上市买卖零碎作料⑦。饭后饮食上市，如酥蜜食、枣䭔、澄砂团子、香糖果子、蜜煎雕花之类⑧。向晚，卖何娄头面、冠、梳、领抹、珍玩、动使之类⑨。东去则徐家瓠羹店⑩。街南桑家瓦子，近北则中瓦，次里瓦。其中大小勾栏五十余座⑪。内中瓦子莲花棚、牡丹棚，里瓦子夜叉棚、象棚最大，可容数千人。自丁先现、王团子、张七圣辈⑫，后来可有人于此作场⑬。瓦中多有货药、卖卦、喝故衣、探搏、饮食、剃剪、纸画、令曲之类⑭。终日居此，不觉抵暮。

注释

①角楼：古代城墙的四角各建有一个角楼，主要供瞭望之用，也作为城墙的一个装饰。

②要闹：热闹。

③贩鹰鹘客：专门以捕捉野生的鹰或鹘为业的人。

④市合：指市集以及市集上的买卖活动。

⑤妳房：即动物的乳房。

⑥肚胘：肚，指动物（特别是牛）的胃部。胘，指牛的百叶。

⑦诸手作人：各种靠手工技艺来谋生的匠人。

⑧酥蜜食、枣䭔、澄砂团子、香糖果子、蜜煎雕花之类：指甜的奶酥或奶酪类食品、枣饼、豆沙团子、甜的油炸的食品及各种蜜饯类食品。

⑨何娄：指假货或质量很差的货物。头面：指戴在头上的装饰品。冠、梳：指帽子和梳子。领抹：指领巾和抹额。珍玩：指精巧的手工艺品和玩赏之物。动使：指日常生活用品。

⑩瓠羹：指用葫芦类的瓜果做成的菜肴或食品。瓠，葫芦类的瓜果。

⑪勾栏：宋代的瓦子里搭有许多棚以遮风蔽雨，棚内则设若干“勾栏”。“勾栏”二字有时也写作“构栏”，是宋元时期城市里百戏、杂剧的主要演出场所，内有戏台、戏房（即后台）神楼、腰房（即看席）。

⑫丁仙现、王团子、张七圣辈：丁仙现系宋神宗时的一个著名伶人，他极善诙谐，敢讽喻时政，言人所不敢言。时人呼为“丁使”。此三人中后两人缺乏文字资料。

⑬作场：宋时走江湖卖艺的人到一个地方划定一个处所，在该处所卖艺或表演，这就叫“作场”。

⑭喝故衣：叫卖旧衣裳的摊子。故衣，也叫“估衣”。探搏：指“角力相击之术，兼具摔跤相扑之道”。饮食：指在瓦子里可以买到的各种小吃。剃剪：指为瓦子里游客理发的摊子。纸画：指出卖剪纸产品的铺子和卖字画的铺子。令曲：指以卖唱“‘耍令’之短小唱曲子”来谋生的艺人。所谓“耍令”，是民间艺人创造的类同于慢曲、曲破、大曲、嘌唱、番曲、叫声等的唱腔。

译文

出了宣德门往东去，就可以看见皇城上的东角楼。这个角楼实际上是在皇城的东南角上。在十字街上向南走就到了姜行。如果你是从高头街向北走，那就走到了纱行，继续走下去就可以走到东华门街，然后就到了晨晖门、宝箓宫，最后到达旧酸枣门为止。在这一条街上，店铺挨着店铺。这里原是汴京城里最热闹的地方，不过在宣和年间被拓展成了一条夹城官道。从这里向东走可以到潘楼街。在这条街的南侧有一家名为“鹰店”的店家，它专门接待从各地来京贩卖鹰隼之类猛禽的生意人。这一带的其他店家则都是做珍珠、丝绸、香料、药材生意的店铺。这条街的南侧有一条巷，名叫界身巷，巷里是卖金、银、彩帛的店家。这一带的屋宇华丽又气派，各家店铺的门面都很宽敞，店屋也很高大。从远处望去，它们简直像是要直干云霄。这里的每笔买卖成交动辄上千上万。真是有点惊人！这里有一条街是向东伸展的，在其北侧有个酒店名叫潘楼酒店。它的楼下，从凌晨五更开始，做生意的便开盘了。这里买卖的品种有衣服、字画、精巧玩物、犀角、玉器等等，到了天亮之后就有卖熟羊头肉、熟猪肚猪肺、红白腰子、乳肉、牛肚、牛百叶、鹌鹑、兔子、斑鸠、鸽子等野味的摊子，还有卖螃蟹、蛤蜊之类水产品的摊子摆开来做买卖。等到所有这些卖生熟食品的摊子都收了之后，这才有各种做手工艺品的工艺匠人出场做买卖。这些工艺匠人还兼带卖一些烹饪用的调料之类的小商品。早饭时间过去以后，酥蜜做的甜食、枣饼、豆沙团子、香糖油炸馃子、蜜饯雕花之类的食品上市。等到傍晚的时候，就有日用头饰、帽子、梳子、围巾、抹额等用品的摊子出现。沿着这条街向东走就会走到徐家瓠羹店。桑家瓦子就在这条街的南侧。在这家瓦子的北面不远处是中瓦，挨着它的是里瓦。这几家瓦子里有五十多个大小不等的勾栏。在这些勾栏中，以中瓦子的“莲花棚勾栏”和“牡丹棚勾栏”，里瓦子的“里瓦子夜叉棚勾栏”和“象棚勾栏”算是最大的。它们分别可以容纳几千名观众。自从丁仙现、王团子、张七圣等在这一带的勾栏里演出过，后续到这儿的艺人为数不少。瓦子里有不少卖药的，算卦的，卖旧衣的，表演角力、技击、相扑的，卖饮食的，理发的，卖剪纸的，卖字画的以及唱小曲的。在这些瓦子里，你会觉得时间过得飞快。一大早到那里，一转眼就天黑了。

潘楼东街巷

潘楼东去十字街，谓之土市子，又谓之竹竿市。又东十字大街，曰从行裹角茶坊。每五更点灯，博易买卖衣服[①]、图画、花环、领抹之类，至晓即散，谓之“鬼市子”。以东街北赵十万宅，街南中山正店[②]、东榆林巷、西榆林巷。北郑皇后宅[③]。东曲首向北墙畔单将军庙[④]，乃单雄信墓也[⑤]，上有枣树，世传乃枣槊发芽，生长成树，又谓之枣冢子巷。又投东则旧曹门街，北山子茶坊，内有仙洞、仙桥，仕女往往夜游，吃茶于彼。又李生菜小儿药铺、仇防御药铺。出旧曹门，朱家桥瓦子。下桥，南斜街、北斜街，内有泰山庙，两街有妓馆。桥头人烟市井，不下州南。以东牛行街，下马刘家药铺，看牛楼酒店，亦有妓馆，一直抵新城。自土市子南去，铁屑楼酒店，皇建院街，得胜桥郑家油饼店，动二十余炉，直南抵太庙街，高阳正店，夜市尤盛。土市北去，乃马行街也，人烟浩闹。北至十字街，曰鹩儿市，向东曰东鸡儿巷，向西曰西鸡儿巷，皆妓馆所居。近北街曰杨楼街，东曰庄楼，今改作和乐楼，楼下乃卖马市也。近北曰任店[⑥]，今改作欣乐楼，对门马铛家羹店。

注释

①博易：宋朝时京城里的一种赌博形式。参与者不仅以钱为赌注，也可以用各种实物（麝香、檀香、绢、漆器等）作为赌注。这种赌博在某种意义上也成为一种货物交易的方式。

②正店：宋朝时，有称酒楼为“正店”的。其实这家“南中山正店”的全名是“中山园子正店”。该店自己酿造的“千日春”酒在当时的汴京很有名。

③郑皇后：汴京人氏，其父封太师，乐平郡王。在政和元年徽宗把她立为皇后。到靖康时与徽宗一道被金人虏到北方去。

④东曲：街道往东的拐角处。

⑤单雄信：曹州济阴（曹县）人。少勇健，隋末入瓦岗起义军。617年，任左武侯大将军。618年，率军投降王世充。620年，李世民率军包围东都。单雄信与尉迟敬德交战，被刺坠马。次年，李世民克东都，王世充降唐，单雄信被杀。据说："单雄信幼时，学堂前植一枣树。年至十八，伐为枪。长丈七尺，拱围不合，刃重七十斤，号为寒骨白。"又云："矛长丈八谓之'槊'，以枣为柄，取其重，即枣槊。"

⑥任店：汴京城里一座很奢华的大酒店。它自酿的"仙醪"酒在东京城里很有名。

译文

沿着潘楼大街往东走，先是走到"土市子"（又叫"竹竿市"），再往东走就到了十字大街。从行裹角茶坊就在这里。这个茶坊在五更天便点灯开张，干的是赌博性质的交易，可以用衣服、字画、花环、领巾、抹额之类的东西作为赌注来参加赌博活动，但这种赌博活动到天刚破晓就散摊了，所以人们也把这儿叫作"鬼市子"。从这个茶坊继续往东走便到了赵十万宅，这个宅子是在这条街的北侧。"中山园子正店"是个有名气的酒店，在这条街的南侧。东榆林巷和西榆林巷也都在这条街的南侧。在街的北侧还有郑皇后的宅第。沿着这条街再往前走，街道本身便拐弯了，在这里有一个往东拐的巷子。在拐弯处北侧一道墙的边上，有一座单雄信的庙，其实那原是他的墓址。他的墓上还长着一棵枣树，人们传说那棵枣树其实是他生前使用的槊的枣木柄植到他的墓上，那枣木柄便发了芽，长出这棵枣树。因此这条往东拐的巷子也叫枣冢子巷。不进这小巷子而沿着十字大街继续往前走，这时大街又拐回来向东延伸，走到旧曹门街。街上有北山子茶坊，这里有所谓的仙洞、仙桥，人们往往在夜间到这里来游玩、喝茶。在这一带还有李生菜小儿药铺、仇防御药铺等店家。这里有座朱家桥，桥边有个瓦子。过了朱家桥后就到了南斜街，然后是北斜街。北斜街有一座泰山庙。这两条街都有妓院。朱家桥这一带是很热闹的，其热闹程度不下于城南。从这座桥往东去便是牛行街，在这条街上有下马刘家药铺和看牛楼酒店，还有妓院。沿着这条街继续往前走就到了新城。如果你从土市子那里往南走的话，就可以经过铁屑楼酒店，再往前走你可以穿过皇建院街，那就到了得胜桥郑家油饼店。那个店通常要动用二十几个灶来炸油饼才够卖的。这条街是一直往南延伸的，直到它和太庙街相接。太庙街上有一家酒店，名叫高阳正店，这家酒店到了夜里生意特别兴隆。如果你是从土市子往北走的话，那你就可以走到马行街，马行街也是异常热闹的。走到马行街前你会经过十字街，十字街在这儿有个市场，叫作�

儿市。从[illegible]儿市那儿有一条往东走的巷子，叫东鸡儿巷；还有一条往西走的巷子，叫西鸡儿巷。这两条巷子里都是妓院。在鹩儿市场北面不远处有一条街，叫杨楼街。杨楼街的东侧就是过去叫作庄楼的集贸场所，现在更名为和乐楼，楼的底下是卖马的马市。马市的北面不远处就是过去的任店，现在它改名叫欣乐楼，对面是马铛家羹店。

酒楼

凡京师酒店，门首皆缚彩楼欢门[①]，唯任店入其门，一直主廊约百余步，南北天井两廊皆小阁子[②]，向晚，灯烛荧煌，上下相照，浓妆妓女数百，聚于主廊槏面上[③]，以待酒客呼唤，望之宛若神仙。北去杨楼，以北穿马行街东西两巷，谓之大小货行，皆工作伎巧所居[④]，小货行通鸡儿巷妓馆，大货行通笺纸店。白矾楼后改为丰乐楼[⑤]，宣和间更修三层相高，五楼相向，各有飞桥栏槛[⑥]，明暗相通，珠帘绣额[⑦]，灯烛晃耀。初开数日，每先到者赏金旗，过一两夜则已。元夜则每一瓦陇中皆置莲灯一盏[⑧]。内西楼后来禁人登眺，以第一层下视禁中。大抵诸酒肆瓦市，不以风雨寒暑，白昼通夜，骈阗如此[⑨]。州东宋门外仁和店、姜店，州西宜城楼、药张四店、班楼，金梁桥下刘楼，曹门蛮王家、乳酪张家，州北八仙楼，戴楼门张八家园宅正店，郑门河王家、李七家正店，景灵宫东墙长庆楼。在京正店七十二户，此外不能遍数，其余皆谓之“脚店[10]”。卖贵细下酒，迎接中贵饮食，则第一白厨[11]，州西安州巷张秀，以次保康门李庆家，东鸡儿巷郭厨，郑皇后宅后宋厨，曹门砖筒李家，寺东骰子李家，黄胖家。九桥门街市酒店，彩楼相对，绣旆相招，掩翳天日。政和后来，景灵宫东墙下长庆楼尤盛。

注释

①缚彩楼欢门：在大酒店的门口设红杈子、绯绿帘、贴金红纱橘子灯。其外形初看起来往往像是两层，前正中实际上是个平面的梯檐，上饰花鸟，檐下垂流苏。酒店门首以木料扎起高大的欢门。欢门者，乃张灯结彩之彩门也。

②阁子：类似今天大酒楼里的包间。

③主廊：通常指的是酒店大厅后面的诸房间，也叫“贮廊”。槏：指一扇窗户的左右两边的木柱。“槏面”指槏的边上。

④工作伎巧：指在酒店厨房里做工的有手艺的师傅们。

⑤白矾楼：此楼原先的楼主是做买卖白矾生意的。本为堆放白矾之用，因而得名。以后此楼易主，新楼主把此楼改成了酒店，店名为“礬楼”。此楼的地点在东华门外景明坊。以后“礬楼”又改名为“丰乐楼”，成为东京最有名的酒家。在仁宗时该

酒楼每年要购进官粮五万斤造酒。王安石写有一首诗，其诗题就是“登丰乐楼”。

⑥飞桥栏槛：凌空架筑以使两座楼房的高楼层可以互通的空中通道名曰“飞桥”。栏槛，即栏杆。

⑦绣额：刺绣出来的匾额。

⑧瓦陇中：房顶上所铺的瓦的楞。

⑨骈阗：连续不断的状态。

⑩脚店：酒的零售店。

⑪白厨：一位姓白的厨师。

译文

京师里的所有酒店无一不在自己的大门口搭建起华丽的彩帛门楼。但是京师里的任店的店门口却不搭建什么张灯结彩的门楼。一进任店的大门，便是一个方方正正宽敞的廊厅，其长度有百十步。在廊厅之后的左、右侧各有个天井，每个天井的外侧则都是一溜小包间。一入夜，每个小包间灯烛荧煌，照得包间里通亮。一大群妓女浓妆艳抹，都站在主廊的各个窗户前等着客人把她们招去。远远望去，这群女性简直都像是神仙下凡。从任店往北走就是杨楼，从杨楼接着往北走的话，那就得横穿过马行街了。继续往前走，街的东、西两侧各有一条巷子，分别叫大货行巷和小货行巷。这两条巷子里住的都是有手艺的工匠。小货行巷可以通往鸡儿巷里的妓院，大货行巷则通往笺纸店。至于那个白矾楼（它以后改名为丰乐楼），到了宣和年间做了一次大翻修，改建成了三层的大楼。在白矾楼的邻近还另有四座大楼。在这五座楼的相互之间都架设有装着护栏的凌空飞桥，彼此连接起来。这些飞桥中有的装有可以避雨挡风的屋顶，有的则是露天的飞桥。白矾楼各房间的门口都挂着珠帘，门的上方则挂着绣匾，房间里灯烛辉煌。在这个酒楼刚开张的头两天里，它会给当天最先到的几位客人每人送一面金色的旗子，但在开张的两天之后它就不再这样做了。每年的元宵灯节，在白矾楼房檐的瓦棱口都会挂上一盏莲花造型的灯。但到后来，该酒楼的内西楼就不让客人登临眺望了，因为从那儿的顶层可以窥望大内里的情景。东京的这些酒店、瓦子不论是风天、雨天、暑天、寒天，也不论是白天还是子夜或凌晨，它们的营业是从无停歇的。汴城东面宋门外的仁和店、姜店，城西的宜城楼附近的药张四店、班楼，金梁桥下的刘楼、曹门蛮王家、乳酪张家，汴城北的八仙楼，戴楼门附近的张八家园宅正店，郑门附近的河王家、李七家正店，景灵宫东墙那儿的长庆楼等等，所有这些店铺都是通宵达旦营业的。在汴京开张的大酒店共有七十二家。比大酒店规模小的酒店的数量那就数不清了。至于那些仅仅是以零售酒类为业的店铺，它们统被称为“脚店”。说到那些会制作极上乘的下酒菜肴，精细到连皇宫里贴身服侍皇帝的太监们都肯赏光品尝的名厨，首推一位姓白的厨师，及住在汴京城西的安州巷的张秀厨师。其次是家住保康门的李庆家，家住东鸡儿巷的郭厨师，家住郑皇后宅后面的宋厨师，家住曹门砖筒的李家，家住在寺东骰子的李家，还有黄胖家。九桥门街的两侧都是酒店，街这边酒店的彩楼正冲着街那边酒店的彩楼，彼此的绣旗也是相互对峙招展着，简直把阳光都遮住了。政和年间之后，店址在景灵宫东面宫墙外头的长庆楼酒店的生意变得特别兴隆。

饮食果子

凡店内卖下酒厨子[①]，谓之“茶饭量酒博士”。至店中小儿子[②]，皆通谓之“大伯”。更有街坊妇人，腰系青花布手巾，绾危髻，为酒客换汤斟酒，俗谓之“焌糟”。更有百姓入酒肆，见子弟少年辈饮酒，近前小心供过[③]，使令买物命妓，取送钱物之类，谓之“闲汉”。又有向前换汤斟酒歌唱，或献菓子香药之类[④]，客散得钱，谓之“厮波”。又有下等妓女，不呼自来，筵前歌唱，临时以些小钱物赠之而去，谓之“劄客”，亦谓之“打酒坐”。又有卖药或果实萝卜之类，不问酒客买与不买，散与坐客，然后得钱，谓之“撒暂”。如此处处有之。唯州桥炭张家、乳酪张家，不放前项人入店[⑤]，亦不卖下酒，唯以好淹藏菜蔬，卖一色好酒。所谓茶饭者乃百味羹、头羹、新法鹌子羹、三脆羹、二色腰子、虾蕈、鸡蕈、浑炮等羹、旋索粉玉棋子、群仙羹、假河鲀[⑥]、白渫齑[⑦]、货鳜鱼[⑧]、假元鱼、决明兜子、决明汤齑、肉醋托胎衬肠、沙鱼两熟、紫苏鱼、假蛤蜊[9]、白肉、夹面子、茸割肉、胡饼[10]、汤骨头、乳炊羊、炖羊、闹厅羊、角炙腰子、鹅鸭排蒸、荔枝腰子、还元腰子、烧臆子[11]、入炉细项莲花鸭签、酒炙肚胘、虚汁垂丝羊头、入炉羊、羊头签、鹅鸭签、鸡签、盘兔、炒兔、葱泼兔、假野狐、金丝肚羹、石肚羹、假炙獐、煎鹌子、生炒肺、炒蛤蜊、炒蟹、渫蟹、洗手蟹之类，逐时旋行索唤，不许一味有阙；或别呼索变造下酒，亦即时供应。又有外来托卖炙鸡、爊鸭、羊脚子、点羊头、脆筋巴子、姜虾、酒蟹、獐巴、鹿脯、从食蒸作、海鲜时果、旋切莴苣、生菜、西京笋。又有小儿子，着白虔布衫[12]，青花手巾，挟白磁缸子，卖辣菜。又有托小盘卖干果子，乃旋炒银杏、栗子、河北鹅梨、梨条、梨干、梨肉、胶枣、枣圈、梨圈、桃圈、核桃肉、牙枣、海红、嘉庆子[13]、林檎旋[14]、乌李、李子旋、樱桃煎、西京雪梨、夫梨、甘棠梨、凤栖梨、镇府浊梨、河阴石榴、河阳查子、查条[15]、沙苑榅桲[16]、回马孛萄[17]、西川乳糖、狮子糖、霜蜂儿、橄榄、温柑、绵枨金橘、龙眼、荔枝、召白藕[18]、甘蔗、漉梨、林檎干、枝头干[19]、芭蕉干、人面子[20]、巴榄子[21]、榛子、榧子、虾具之类。诸般蜜煎、香药果子、罐子党梅、柿膏儿、香药小元儿、小臈茶[22]、鹏沙元之类。更外卖软羊诸色包子，猪羊荷包，烧肉干脯，玉板鲊、犯鲊、片酱之类。其余小酒店亦卖下酒，如煎鱼、鸭子、炒鸡兔、煎燠肉、梅汁、血羹、粉羹之类。每分不过十五钱。诸酒店必有厅院，廊庑掩映，排列小阁子，吊窗花竹[23]，各垂帘幕，命妓歌笑，各得稳便。

注释

①卖下酒厨子：指那些在酒店里负责迎客、带位、接待，为客人递送茶、烟、酒，帮助客人点菜，也负责卖些适于下酒的小菜、冷盘的店小二。

②小儿子：即酒店里干杂活的小厮。

③供过：向客人问好。

④香药：供日常使用的香料制品。

⑤前项：即前面提到的人。

⑥假河鲀："河鲀"即河豚。河豚肉味美但若处理不好有剧毒。所以有的酒馆就以别的鱼肉冒充河豚肉来做菜肴，但仍声称为真河豚肉。因此当时的人称此类菜肴为假河鲀。

⑦白渫齑：指把蔬菜放进滚开的水里稍稍烫一下，然后把蔬菜切碎，和各种作料搅拌成凉拌菜。

⑧货鳜鱼：指以鳜鱼为主料做出来的各种菜肴。鳜鱼，即桂鱼。

⑨假蛤蜊：从鳜鱼身上片下无鱼刺的精肉，然后把这样的鱼肉切作蛤蜊肉状，再用调料腌制。煮熟后的味道也像蛤蜊肉。

⑩胡饼：当时所谓"胡人"（即居住在宋朝国土极北

方的少数民族）常吃的饼。

⑪臆子：指动物（如猪、牛、羊等）的胸口肉。“烧臆子”是当年汴京厨师世家陈氏兄弟祖传的烧烤之技。

⑫白虔布衫：使用虔州出的白纻布做的罩衫。“虔”是指虔州（今江西赣州）所产的白纻。在宋朝是贡品。

⑬嘉庆子：汴京城里嘉庆坊一带有李子树，其果实特别甘美，时人称之为“嘉庆李”。“嘉庆子”乃为嘉庆李做的蜜饯食品。

⑭林檎旋：用林檎果肉制成条状的食品。林檎，柰的一个品种，其果实比通常的柰略小。条状的食品常称为“旋”。

⑮河阳查子、查条：河阳，地名，该地盛产查子。查子，即山楂。查条，即以山楂为原料加工出来的甜食。

⑯沙苑榅桲：榅桲盛产于沙苑，陕西一带多有种植，是类似于山楂的果树。

⑰回马：回疆地区，特别是指南疆。孛萄：即葡萄。

⑱召白藕：召，指河南济源西的邵源。该地产藕。

⑲枝头干：在东北有一种树，其果实一熟便立即得摘下，否则很快就干枯了。当地人往往把干枯在树枝上的熟果收藏起来，叫作“枝头干”。

⑳人面子：生长在广东和海南的一种野果树。其果实状如桃子，虽无桃子的味道，但可以做成蜜饯。

果实的核有两个面，每个面都有点像人面，都有口、目、鼻，所以叫“人面子”。

㉑巴榄子：原是新疆的一种很低矮的果树，树的形状有点像樱桃，其果实的核像杏核。

㉒小元儿：小丸子。小腊茶：腊茶是一种茶叶的名称。此茶出于建州。用它泡成茶水后，水面上会形成非常薄的形如熔化的蜡似的一层膜，所以叫“腊茶”。腊，即“蜡”。

㉓吊窗：窗扇的底部可以用一根支棍把它向外并向上方支起来（但窗扇的上沿却是固定的）的窗户。花竹：在窗外种植的花、草和竹子。

译文

在酒店里负责迎客、带位、接待，为客人递送茶、烟、酒，帮助客人点菜的人员叫“茶饭量酒博士”。酒店里的小厮则见人便称呼“大伯”。住在酒店附近街坊上的妇女们，腰间系着青花布手巾，头上梳着颤巍巍的发髻来到酒店里，自动给在那里吃饭的客人斟酒，换汤。这种妇女被人们称为“焌糟”。此外，还有些来自街坊上的汉子，他们进入酒店后就专门到纨绔子弟们喝酒的桌子跟前，首先是向这些少爷们低三下四地打躬作揖，然后求这些年轻人们给他们派活干。于是这些年轻人们就向他们发号施令，叫他们到酒店外头去买个什么东西，叫他们去找妓女来陪喝酒和唱曲子，打发他们去给某某人或某个地方送信。人们把这些汉子称之为“闲汉”。

还有另一些汉子，他们每到酒店里来，除了给客人斟酒、换汤和唱小曲之外，还会给客人送上些水果或香料袋子等小礼物。客人们吃完饭了就会赏给这些人一些钱。人们把这样的汉子们叫作“厮波”。还有些下等的妓女跑到酒店里来，不待吃饭客人的召唤就自动走到桌前，张开口就为客人唱曲子。你不给她们一点钱，她们是不会自动离开饭桌的。人们把她们叫作“劄客”，也叫作“打酒坐”。不只上述的那些人，还有些人到酒店里来是带了一些药物或水果、萝卜之类的货物。走到客人的酒桌跟前，也不问客人是不是要买他们带来的货物，就往客人的酒桌上堆放，然后从客人那里敛到一些钱财。人们把这种人叫作“撒暂”。城里家家酒店都会有上述那些人出现。只有州桥炭张家、奶酪张家这两家店不允许上述那些人进入店铺，而且店铺内也不出售各种下酒的小菜、冷盘。这两家店里只卖上等的精心料理的菜肴，出卖上好的美酒。这两家店所供应的饮食被店家自称为“茶饭”。所谓“茶饭”包括下列菜肴：百味羹、头羹、新法鹌子羹、三脆羹、二色腰子、虾蕈、鸡蕈浑炮等羹、旋索粉、玉棋子、群仙羹、假河豚、白渫齑、货鳜鱼、假元鱼、决明兜子、决明汤齑、肉醋托胎衬肠、沙鱼两熟、紫苏鱼、假蛤蜊、白肉、夹面子、茸割肉、胡饼、汤骨头、乳炊羊、炖羊、闹厅羊、角炙腰子、鹅鸭排蒸、荔枝腰子、还元腰子、烧臆子、入炉细项、莲花鸭签、酒炙肚胘、虚汁垂丝羊头、入炉羊、羊头签、鹅鸭签、鸡签、盘兔、炒兔、葱泼兔、假野狐、金丝肚羹、石肚羹、假炙獐、煎鹌子、生炒肺、炒蛤蜊、炒蟹、渫蟹、洗手蟹等等。不论客人什么时候点这些菜肴，店家都会供应的。绝不会出现菜单上有而厨房里做不出来的菜肴。即便客人临时要求对菜单上列出的某样菜肴的烹饪方法做些改变，店家也会逐一照办。在这两家酒店里还会出现一些店外来的人。他们手里托着盒子或盘子，到店里来卖炙鸡、爊鸭、羊脚子、点羊头、脆筋巴子、姜虾、酒蟹、獐巴、鹿脯、从食蒸作、海鲜时果、旋切莴苣、生菜、西京笋等下酒的熟食。在这两家酒店里还会出现一些穿着白纻布做的罩衫的小厮，他们手里抱着小的白磁缸子来到店里卖辣菜，有的是托着个小盘子来卖水果干。他们卖的水果干种类也不少，比如：旋炒银杏、栗子、河北鹅梨、梨条、梨干、梨肉、胶枣、枣圈、梨圈、桃圈、核桃肉、牙枣、海红、嘉庆子、林檎旋、乌李、李子旋、樱桃煎、西京雪梨、夫梨、甘棠梨、凤栖梨、镇府浊梨、河阴石榴、河阳查子、山楂条、沙苑榅桲、回马葡萄、西川乳糖、狮子糖、霜蜂儿、橄榄、温柑、绵枨金橘、龙眼、荔枝、召白藕、甘蔗、漉梨、林檎干、枝头干、芭蕉干、人面子、巴榄子、榛子、榧子、虾具等等。还有的小厮是来店里卖各种蜜饯食品、各色香药果子、罐子党梅、柿膏儿、香药小丸儿、小臈茶、鹏沙元等等。另有些小厮是卖软羊诸色包子、猪羊荷包、烧肉干脯、玉板鲊、犯鲊、片酱之类。除了这两家酒店之外，京城里的较小的酒店里则会卖一些价廉物美的下酒食品，诸如：煎鱼、鸭子、炒鸡兔、煎燠肉、梅汁、血羹、粉羹之类。每份都只不过十五个钱。每家酒店照例都会有个院子，有个大厅，有曲折而不露天不显眼的廊庑。沿着廊庑是一溜小单间包房。小包房的窗户都是吊窗。窗檐下种的是花、草、修竹。各个小包房的门上都挂着帘或幕。所以在一个小包间里狎客和妓女调笑、唱曲子不会干扰到两边小包间里的人们行乐。

卷　三

马行街北诸医铺

马行北去，乃小货行时楼，大骨传药铺，直抵正系旧封丘门，两行金紫医官药铺①，如杜金钩家，曹家独胜元②，山水李家口齿咽喉药，石鱼儿班防御③，银孩儿栢郎中家医小儿，大鞋任家产科，其余香药铺席，官员宅舍，不欲遍记。夜市比州桥又盛百倍，车马阗拥，不可驻足，都人谓之“里头”。

注释

①两行：街的两侧。金紫医官药铺：在宋朝，皇宫的医官配有金印紫绶，所以叫“金紫医官”。所谓“金紫医官药铺”是指开这些药铺的店家给自己做广告，说他们的祖先曾有人当过皇宫的医官。

②独胜元：乃当年汴京民间居家常备的一种丸药。元，即丸。

③石鱼儿班防御：石鱼儿，东京城内一处街道的名称。班防御，在宋朝，医官是被列为“武官尾、文官头”的“官职”，所以医官的官衔有时是属于武官的官衔，有时是属于文官的官衔。“防御（使）”

是个较低的武官官衔，有时医官就被授予这样的武官官衔。“石鱼儿班防御”是医家打出的招牌，显示他们的先人曾一度当过医官，以此招揽病患就医。“班”字应当是该医家的姓。

译文

沿着马行街往北，经过小货行时楼和大骨傅药铺，会走到旧封丘门。马行街的两侧都是药铺。各家药铺的招牌上都写着“金紫医官药铺”，意思是说他们家的先人曾当过皇宫的医官。比如像杜金钩家、曹家独胜丸、山水李家口齿咽喉药，石鱼儿班防御、银孩儿栢郎中家医小儿、大鞋任家产科，都挂着“金紫医官药铺”的招牌。这条街上除了药铺就是卖各种香料的店家、朝廷官员的住宅。就不在这里加以叙述了。马行街上的夜市要比州桥的夜市热闹百倍。车水马龙，拥挤不堪。在那里，你不用自己走，别人会推着你走。京都里的人把这条街叫作“里头”。

大内西右掖门外街巷

大内西去，右掖门袄庙[①]，直南浚仪桥。街西尚书省东门。至省前横街。南即御史台[②]，西即郊社[③]。省南门正对开封府后墙，省西门谓之西车子曲，史家瓠羹、万家馒头，在京第一。次曰吴起庙[④]。出巷乃大内西角楼，大街西去踊路街，南太平兴国寺后门，北对启圣院。街以西殿前司[⑤]，相对清风楼、无比客店、张戴花洗面药、国太丞、张老儿、金龟儿、丑婆婆药铺、唐家酒店，直至梁门，正名阊阖。出梁门西去，街北建隆观，观内东廊于道士卖齿药，都人用之。街南蔡太师宅[⑥]，西去州西瓦子，南自汴河岸，北抵梁门大街，亚次里瓦[⑦]，约一里有余。过街北即旧宜城楼。近西去金梁桥街，西大街荆筐儿药铺、枣王家金银铺。近北巷口熟药惠民西局[⑧]。西去瓮市子，乃开封府刑人之所也。西去盖防御药铺、大佛寺，都亭西驿[⑨]，相对京城守具所。自瓮市子北去大街，班楼酒店，以北大三桥子至白虎桥，直北即卫州门。

注释

①祆庙：即祆祠。祆，中国古代对琐罗亚斯教所信奉的神的称谓。该教既拜火又拜日、月、星辰。在隋、唐以后的中国史籍里都称该教的神为“祆神”，称该教的庙宇为“祆祠”。

②御史台：该机构负责纠察官员是否渎职徇私，违法乱纪，以肃正纲纪。大事则廷辨。小事则奏弹。它的下属是三个院：一是台院，其主官是侍御史；二是殿院，其主官是殿中传御史；三是察院，其主官是监察御史。御史台的官长是御史中丞。

③郊社：宋朝时，郊社是祭祀天和地的场所。

④吴起庙：原址在开封府的府邸后面。但后来被金人所毁。吴起，战国时期卫国人。最初曾在鲁国，之后在魏国做官。曾被魏文侯任为将以攻秦，连克五城。后投奔楚国。最终在楚国被宗室大臣所杀。

⑤殿前司：全名是“殿前都指挥使司”，是负责保护皇宫及首都安全的军事机关。

⑥蔡太师：指宋徽宗时的蔡京，官拜太师。

⑦亚次：低于。里瓦：指位置较为靠里或靠后的瓦子。

⑧熟药惠民西局：全京师共有五个熟药惠民局。这里指设在大内西面的那个熟药惠民局。

⑨都亭西驿：此指设在大内西面的驿站。

译文

从皇宫大门前的街道往西走，会经过右掖门附近的那座祆庙。如果从祆庙那儿拐向南并径直走下去，就会走到浚仪桥。这时就会看到尚书省的东门就开在街的西侧。再往前走便走到尚书省门前的那条横街。御史台在这条横街的南侧。御史台西面是郊社。尚书省的南门正对开封府后墙。人们把尚书省的西门叫西车子曲。这条横街上分出去一个拐角，从这个拐角可以拐进一个巷子。万家馒头店就在刚刚提到的那个拐角，还有史家瓠羹店。这两个店家的货在京城里是独一无二的。拐进巷子,就会经过吴起庙。出了巷子可以看到大内的西角楼，走上了一条大街。沿着大街往西走可以到踊路街。南太平兴国寺的后门就开在踊路街上。这个后门是朝北开的，正对着启圣院。这条街的西侧是殿前都指挥使司的所在地。与都指挥使司隔街相望的是清风楼、无比客店、张戴花洗面药店、国太丞、张老儿、金龟儿、丑婆婆药铺、唐家酒店等。沿着这条街可以一直走到梁门。其实梁门的正式名字是“阖闾”。穿过梁门往西拐就走上了一条大街。街北侧是建隆观。于道士在这个道观的东廊上摆摊，卖治牙病的药。京城里有不少的人来买牙药。南侧有蔡京的住宅。从这儿往西可以到州西瓦子。这个瓦子所占的地面是：南边到汴河岸，北边到梁门大街。这个瓦子的占地面积要比里瓦子小一里多。沿着这条街的北侧往西走就到了旧宜城楼。再往西到金梁桥街。金梁桥街上有西大街荆筐儿药铺和枣王家金银铺。再往前走不远,在街的北侧有一个巷口。那儿是熟药惠民西局。再往西去是瓮市子，那是开封府处决死刑犯的刑场。从瓮市子往西拐可以看见盖防御药铺、大佛寺以及都亭西驿。这个驿站是和京城守具所隔街相对的。在瓮市子那儿有一条往北去的大街。班楼酒店就在这街上。如果接着往北走，就会经过大三桥子和白虎桥。往北走到头是汴京的卫州门。

大内前州桥东街巷

大内前州桥之东，临汴河大街，曰相国寺。有桥平正如州桥，与保康门相对。桥西贾家瓠羹，孙好手馒头，近南即保康门潘家黄耆圆。延宁宫禁女道士观[①]，人罕得入。街西保康门瓦子，东去沿城皆客店，南方官员商贾兵级皆于此安泊[②]。近东四圣观、袜拗巷。以东城角定力院，内有朱梁高祖御容[③]。出保康门外，新建三尸庙[④]、德安公庙。南至横街，西去通御街曰麦稍巷口。以南太学东门，水柜街余家染店。以南街东法云寺，又西去横街张驸马宅，寺南佑神观。

注释

①延宁宫禁女道士观：此观设在大内之外，用以安置大内的外放宫女。因有的宫女在准予外放后不愿或无法再回到自己的家庭，而愿意入道籍。住进该观后，就被称为“宫禁女道士”。

②兵级：兼指兵丁和节级这两者。

③朱梁高祖：即后梁开国皇帝朱温。他曾被唐朝封为梁王，后自立为帝，定国号为梁，以汴京为都城。御容：指皇帝的画像。

④三尸庙：在保康门外。庙中供三尸神。后此庙被废弃。道家认为：人身内有三尸神，常于庚申日趁人睡觉时将他的罪过向上帝禀报，以减其禄命。三尸中的上尸名叫彭踞，中尸名叫彭踬，下尸名叫彭跻。道家认为：每遇到庚申日，应彻夜不寐，三尸不能向上帝禀报，人就可以保全福禄。

译文

相国寺在大内的正门前和州桥东面，并且临汴河大街。寺的正门开在州桥东街上。寺前有一座小桥。其平正犹如州桥。寺门正对保康门。小桥的西面是贾家瓠羹店和孙好手馒头店。南面不远处是设在保康门的潘家黄耆丸店以及延宁宫禁女道士观。这个道观是不许闲人擅入的。保康门瓦子在州桥东街西侧。沿着州桥东街往东走，挨近大内宫墙的那一侧全是旅店。从南方来的官员、商人、低级军官乃至士兵，到了京师后多是在这些旅店里落脚。再往东走不太远就到了四圣观。附近是袜拗巷。从这个巷口往东就到了汴京城的东城角。定力院就在这里。院里保存有朱温的画像。新建的三尸庙和德安公庙都在保康门外面。出了保康门往南，可以走到横街，往西到麦稍巷。穿过这个巷子就到了御街。巷口南面是太学的东门和水柜街的余家染店。沿着保康门前的那条街往南，街东侧就是法云寺。如果是往西去，就会走到横街。那儿有张敦礼驸马爷的住宅。法云寺南面是佑神观。

相国寺内万姓交易

相国寺每月五次开放，万姓交易，大三门上皆是飞禽猫犬之类[①]，珍禽奇兽，无所不有。第二、三门皆动用什物，庭中设彩幕、露屋义铺[②]，卖蒲合簟席[3]、屏帏洗漱[4]、鞍辔、弓剑、时果、腊脯之类。近佛殿，孟家道冠、王道人蜜煎、赵文秀笔及潘谷墨占定[5]。两廊皆诸寺师姑卖绣作、领抹、花朵、珠翠、头面、生色销金花样幞头[6]、帽子、特髻[7]、冠子[8]、绦线之类[9]。殿后资圣门前，皆书籍、玩好、图画及诸路散任官员土物[10]、香药之类。后廊皆日者、货术、传神之类[11]。寺三门阁上并资圣门，各有金铜铸罗汉五百尊、佛牙等[12]。凡有斋供，皆取旨方开。三门左右有两瓶琉璃塔[13]，寺内有智海、惠林、宝梵、河沙[14]、东西塔院[15]，乃出角院舍，各有住持僧官。每遇斋会，凡饮食茶果，动使器皿，虽三五百分[16]，莫不咄嗟而辨[17]。大殿两廊，皆国朝名公笔迹，左壁画炽盛光佛降九曜鬼百戏[18]，右壁佛降鬼子母揭盂[19]。殿庭供献乐部马队之类[20]。大殿朵廊[21]，皆壁隐楼殿人物，莫非精妙。

注释

①大三门：寺庙的山门（即大门）。

②露屋：上无屋顶的棚屋。义铺：卖廉价小物件的摊子。

③蒲合：用蒲苇编就的垫子或席子。簟席：竹席。

④屏帏：屏幕与帐帷。洗漱：洗脸与漱口的用具。

⑤潘谷墨：据说是个很神妙的制墨锭者。他制的墨锭极佳，从不腐败，不仅用于书写，甚至可以入药治病。他售的墨不许讲价。苏东坡曾为他写诗，

黄庭坚和他是朋友。

⑥生色：五彩斑斓。销金：嵌镶着金色丝线。

⑦特髻：假发。供妇女用作装饰。

⑧冠子：官宦人家妇女所戴的一种冠冕。

⑨绦线：又叫“偏诸”，是丝线编织成的花边或扁平带子。

⑩玩好：各种可供收藏的精细玩物。图画：指绘画及精巧的手工艺品。散任：指那些已丢了官职的人。

⑪日者：指以算命为业的人。货术：以占卜的方式为他人出谋划策的人。传神：以画像为业的人。

⑫佛牙：佛祖火化后留下的完整的牙齿，被称为佛牙舍利。其中之一传到了中国。但汴京相国寺卖的佛牙并非是佛祖遗留下来的。

⑬两瓶：即两座。

⑭智海、惠林、宝梵、河沙：相国寺四个禅院。

⑮东西塔院：相国寺内的两个塔院。

⑯分：通“份”。

⑰咄嗟而辨：意思是你只要发个话，那就马上给你把事情办成。咄嗟，随便发出一个声音。辨，通“办”。

⑱炽盛光：指“炽盛光佛顶如来”，即释迦牟尼。佛降九曜：释迦牟尼诞生的当天。佛降，指佛的诞生。九曜，本义是指天上的九个巨星。梵历规定：这九个巨星与太阳的不同配法决定了一年中每一天的吉凶。此处“九曜”指日期。鬼：此处指形形

色色、到处徘徊而尚未转世的幽灵。百戏：指种种神异的举动。

⑲佛降鬼子母揭盂："鬼子母"的梵文音译为河梨帝母。她是佛教护法二十诸天之一。又被称为"欢喜母"或"爱子母"。佛经里有这样一个故事：古代王舍城有佛出世，举行庆贺会。五百人在赴会途中遇一怀孕女子。该女子便随这五百人同行。不料她中途流产，而五百人皆舍她而去。于是该女子发下毒誓，来生要投生王舍城，食尽城中小儿。后来果然应誓，她死后投生到王舍城，在王舍城生下五百儿女，于是她便日日捕捉城中小儿，并用捕捉来的小儿喂养她所生的五百儿女。释迦闻知此事，遂趁其外出之际，藏匿她其中一名儿女。鬼子母回来后遍寻不获，只好求助释迦。释迦劝她将心比心，果然劝化鬼子母，令其顿悟前非，成为护法诸天之一。"鬼子母"又名"暴恶母"，在中国民间被当作送子娘娘供奉在佛寺中。其造像为汉族中年妇女，身边围绕着一群小孩，手抚或怀抱着一个小孩。"鬼子母揭盂"又称"鬼子母揭钵"。佛世尊为惩治鬼子母而将其幼子宾伽罗扣于钵下，鬼子母遣众小鬼来揭钵救子。当时佛世尊神态安然地趺坐在莲花座上，静观众小鬼徒劳无功的揭钵场面。

⑳供献：陈设。乐部马队：手工制作的乐工和马队的群像，用于供奉。

㉑朵廊：指大殿两旁伸延出去的回廊。

译文

每一个月里相国寺要开放五次。在开放日，百姓可入寺做买卖。大门口往往是卖犬、猫、禽类的摊子。有时会出售些珍禽异兽。在寺的第二道门处，卖的全是各类日常生活里必需的用品。庭院里则架起诸多彩色帐幔，还有露天的棚屋和卖零杂的摊子：卖蒲苇席子、竹席、屏风、帐幔和洗脸洗澡的用具，以及马鞍、缰绳、弓、剑、时鲜瓜果、腊肉等。大佛殿的边上摆的是出卖孟家道冠、王道人蜜饯、赵文秀笔以及潘谷墨锭的摊子。至于大殿的左右回廊上，那就全被各寺院的尼姑们制作的刺绣、领巾、抹额、绒花，还有珍珠、翡翠、头饰、镶嵌金线和彩丝线以及各种装饰用的幞头、帽子、假发髻、贵妇人的冠、彩色丝带占满了。大殿后面的资圣门边上，全是书摊和各种珍奇玩物、字画、手工艺品摊子。还有就是各路已经卸任的官员带到京师的土产、香料、药品等。后廊一带全是各式各样的算命和占卜的摊子，以及给人画像的摊子。大门的门楼里和资圣门门楼里分别陈列有铜铸的鎏金五百罗汉像及佛牙。要在这两处摆斋供的话必须事先得到皇帝的允准。在寺的大门外左、右两侧各置放一个巨大的琉璃塔。寺里的人分住在智海、惠林、宝梵、河沙诸禅院。此外，还有些人住在东、西塔院。这两个塔院在寺的边角上。每个院都各由其住持和僧官负责管理。在寺里常举行斋会。一次斋会的参与者往往有三五百人，那么三五百份的茶点、水果、饮食，包括必不可少的碗碟器皿都能立马备齐。大殿两边走廊的墙上悬挂本朝名人匾额、墨宝。大殿内的左墙上画的是炽盛光佛降九曜鬼百戏。右墙上画的是佛降鬼子母揭钵的壁画。大殿前的院子里摆放着一群群的乐工与马队像。两翼回廊的墙上画有楼台、亭榭和各种人物像，画得很精妙。

寺东门街巷

寺东门大街，皆是幞头、腰带、书籍、冠朵铺席。丁家素茶。寺南即录事巷妓馆[①]。绣巷皆师姑绣作居住。北即小甜水巷，巷内南食店甚盛，妓馆亦多。向北李庆糟姜铺。直北出景灵宫东门前。又向北曲东税务街、高头街。姜行后巷，乃脂皮画曲妓馆。南北讲堂巷，孙殿丞药铺、靴店。出界身北巷，巷口宋家生药铺，铺中两壁皆李成所画山水[②]。自景灵宫东门大街向东，街北旧乾明寺，沿火改作五寺三监[③]。以东向南曰第三条甜水巷。以东熙熙楼客店，都下着数[④]。以东街南高阳正店。向北入马行。向东，街北曰车辂院，南曰第二甜水巷。以东审计院[⑤]，以东桐树子韩家[⑥]，直抵太庙前门。南往观音院，乃第一条甜水巷也。太庙北入榆林巷，通曹门大街，不能遍数也。

注释

①录事巷：宋人称妓女为“录事”，因而把有很多妓院的巷子称为“录事巷”。

②李成：字成熙，北海营丘（今山东临淄）人，五代至北宋初期画家，为唐宗室后裔。擅长以爽脱的笔法和富有微妙变化的墨色，表现烟霭霏雾和风雨明晦的不同景象。李成的绘画对北宋山水画的发展起到了关键作用。北宋山水画家许道宁、李宗成、翟院深、郭熙、王诜等人，都受其画风影响。

③五寺三监：在南宋时，“五寺”是指太常寺、太府寺、司农寺、大理寺、宗正寺。“三监”则指将作监、军器监、国子监。这些机构的正式设立是在宋神宗熙宁之后。徽宗执政之后隆道抑佛，故京城的佛寺被废毁，废后的佛寺成为政府衙门。此后，便把原来的乾明寺的改为五寺三监的衙门。

④都下着数：（其名气）在京都里是数得着的。

⑤审计院：其职司是审核在京官署的开支请给等事宜。

⑥桐树子韩家：指韩子华兄弟二人。此二人都是宰相，住宅的门口有一棵梧桐树。

译文

相国寺的东门全是卖幞头、腰带、书籍、冠上饰物的店铺，还有丁家素茶店。相国寺的南面有两条巷子。一条巷子是妓院集中的地方。另一条巷住的都是靠刺绣谋生的尼姑。相国寺的北面有一条巷子，叫“甜水巷”，巷内多是专门制作南方饮食的饭店。它们的生意都很兴隆。这条巷内也有不少妓院。沿着这小巷往北走，是李庆糟姜铺。继续往北走会到达景灵宫的东门。向东拐并穿过税务街、高头街和姜行后巷，就会走到脂皮画曲妓院。南北讲堂巷中，有孙殿丞药铺、靴店。这里还有一条巷子名叫“界身北巷”。出口处便是宋家生药铺。进了这家药铺，会看到左右的两面墙上都有李成画的山水画。向东走，乾明寺就在街的北侧。乾明寺是被人放火烧掉的。在它的旧址上建起了五寺三监。如果往东就到了熙熙楼客店。这个客店在京城里是家名店。高阳酒店立在街的南侧。从高阳酒店往北拐进入马行街。如果仍沿着大街往东走而不在高阳酒店处往北拐的话，街北侧是车辂院，南侧有一条巷子，名叫“第二甜水巷”。到了审计院，继续往东是桐树子韩家。走到底的话，是太庙的前门。往南拐可以到观音院。在观音院那儿有一条巷子，名字叫“第一甜水巷”。从太庙往北拐可以走进榆林巷。这条巷子通向曹门大街。曹门大街上的情况就不在这里记录了。

上清宫

上清宫在新宋门里街北，以西茆山下院。醴泉观在东水门里。观音院在旧宋门后太庙南门。景德寺在上清宫背，寺前有桃花洞，皆妓馆。开宝寺在旧封丘门外斜街子，内有二十四院，惟仁王院最盛。天清寺在州北清晖桥。兴德院在金水门外。长生宫在鹿家巷。显宁寺在炭场巷北。婆台寺在陈州门里。兜率寺在红门道。地踊佛寺在州西草场巷街南。十方净因院在州西油醋巷。浴室院在第三条甜水巷。福田院在旧曹门外。报恩寺在卸盐巷。太和宫女道士在州西洪桥子大街①。洞元观女道士在班楼北②。瑶华宫在金水门外。万寿观在旧酸枣门外十王宫前。

注释

①太和宫：此为一属于宫禁管理的女道观。其中的女道士均为准予外放的宫女。

②洞元观：此女道观的情况与太和宫女道观相同。

译文

上清宫在新宋门里街的北侧。沿着这条街往西走会经过茆山下院。醴泉观在东水门内。太庙的南门在旧宋门的后面。观音院在太庙南门的旁边。景德寺在上清宫的后面。桃花洞在景德寺的前面，这个地方有很多妓院。开宝寺在旧封丘门外的斜街子。该寺共分为二十四个院，其中仁王院的香火最盛。天清寺在汴州北面的清晖桥那里。兴德院在金水门的外面。长生宫在鹿家巷。显宁寺在炭场巷的北面。繁台寺在陈州门里。兜率寺在红门道。汴州城的西部有个草场巷，地踊佛寺在这条巷子的南侧。十方净因院在汴州城西部的油醋巷里。浴室院在第三甜水巷。福田院在旧曹门的外面。报恩寺在卸盐巷。太和宫禁女道观在汴州城西部的洪桥子大街上。洞元观宫禁女道观在班姓楼房的北边。瑶华宫在金水门的外面。万寿观在旧酸枣门外的十王宫前面。

马行街铺席

马行北去，旧封丘门外袄庙斜街、州北瓦子。新封丘门大街，两边民户铺席，外余诸班直军营相对，至门约十里余。其余坊巷院落，纵横万数，莫知纪极[①]。处处拥门[②]，各有茶坊酒店，勾肆饮食[③]。市井经纪之家往往只于市店旋买饮食，不置家蔬。北食则矾楼前李四家、段家爊物[④]、石逢巴子[⑤]。南食则寺桥金家、九曲子周家，最为屈指。夜市直至三更尽，才五更又复开张。如要闹去处，通晓不绝。寻常四梢远静去处，夜市亦有燋酸豏[⑥]、猪胰、胡饼和菜饼、獾儿、野狐肉、果木翘羹、灌肠、香糖果子之类。冬月虽大风雪阴雨，亦有夜市：㓸子、姜豉、抹脏、红丝、水晶脍[⑦]、煎肝脏、蛤蜊、螃蟹、胡桃、泽州饧[⑧]、奇豆、鹅梨、石榴、查子、榅桲、糍糕[⑨]、团子、盐豉汤之类。

至三更，方有提瓶卖茶者。盖都人公私荣干，夜深方归也。

注释

①纪极：极限，最大的限度。

②拥门：门庭若市，拥挤不堪。

③勾肆：宋时艺人献艺之场所。

④爊物：用小火焖煮出来的食物。

⑤巴子：采用烙或烤的办法制作出来的食品。

⑥燋：同“煎”，只用急火煎煮。酸赚：用酸菜做馅的包子之类的食品。

⑦水晶脍：一种用鱼肉烹制出来的鱼肉冻。

⑧泽州饧：产于泽州的一种饴糖。饧，饴糖的一种。

⑨糍糕：糍粑的一种。

译文

沿着马行街往北走就会到达祆庙斜街。那样就走出旧封丘门了。汴州城北的瓦子就在祆庙斜街上。从这儿再往前走就到了新封丘门大街。新封丘门大街的两侧都是民居和店铺。民居和店铺之外是各班直的兵营。兵营在街道两侧都有，而且隔着街的两个兵营的营门往往是对开的。从这里的兵营到新封丘门，距离有十几里地。在新封丘门大街上，坊与巷以及各种民居院落纵横交错，其数目实在太繁多了，恐怕有成千上万，没法逐个去数。家家商店都是门庭熙攘。到处是茶坊、酒店，到处有艺人在卖艺、饮食摊子在吆喝。这条街上的生意人都习惯于在这条街上卖吃的地方现买现吃，想不起到吃饭的时候该回自己家里做饭吃。在矾楼的前面，有李四家开的饭店，有段家卖的焖煮食品，还有石逢巴子。这几家是有名的专门做北方人爱吃的饭食菜肴的店家。京城里最善于做南方饭菜的饮食店，最有名的要算开在寺桥的金家店和开在九曲子的周家店。在汴京，每天的夜市都到三更天才收摊。到了五更天，第二天的早市便又开盘了。在汴京城的几处闹市区，夜市通宵达旦。即便是在汴京的周边较为偏僻的地方也是有夜市的。在那样的夜市上，也能买到煎烤出来的食品、用酸菜做馅的包子、胡饼、菜饼、獾肉、野狐狸肉、各种水果做的翘羹、灌肠、水果蜜饯之类。即便是在寒冬腊月的风雪夜里或阴雨天的夜里，照样会有夜市。可以买到熟的肉片、姜豉佐料、抹脏、红丝、水晶脍、煎肝脏、蛤蜊、螃蟹、胡桃、泽州饧、奇豆、鹅梨、石榴、查子、榅桲、糍糕、团子、盐豉汤之类的食品。由于京城里的人们不论是为私人还是为官家当差办事，往往都是到了深夜才能下班回家，所以，在夜市里；到了约三更的时分，便会有人拎着水瓶来卖热茶。

般载杂卖[1]

东京般载车，大者曰“太平”，上有箱无盖，箱如枸栏而平[②]，板壁前出两木长二、三尺许，驾车人在中间，两手扶捉鞭绥驾之[③]，前列骡或驴二十余，前后作两行；或牛五、七头拽之。车两轮与箱齐，后有两斜木脚拖[④]，夜中间悬一铁铃，行即有声，使远来者车相避。乃于车后系驴、骡二头，遇下峻险桥路，以鞭唬之，使倒坐缍车[⑤]，令缓行也。可载数十石[⑥]。官中车惟用驴差小耳。其次有“平头车”，亦如“太平车”而小，两轮前出长木作辕，木梢横一木，以独牛在辕内，项负横木，人在一边，以手牵牛鼻绳驾之，酒正店多以此载酒梢桶矣。梢桶如长水桶，面安靥口[⑦]，每梢三斗许，一贯五百文。又有宅眷坐车子，与“平头车”大抵相似，但棕作盖，及前后有枸栏门，垂帘。又有独轮车，前后二人把驾，两旁两人扶拐，前有驴拽，谓之“串车”，以不用耳子转轮也。般载竹木瓦石，但无前辕，止一人或两人推之。此车往往卖糕及糕糜之类[⑧]，人用不中载物也。平盘两轮，谓之“浪子车”，唯用人拽。又有载巨石大木，只有短梯盘而无轮，谓之“痴车”，皆省人力也。又有驼骡驴驮子，或皮或竹为之，如方匾竹荖[⑨]，两搭背上，斛斗则用布袋驮之。

注释

①般载：般，通“搬”。载，运载。

②枸栏：本指栏杆，或如同栏杆状的结构。这里指太

平车的车厢之厢壁不是一整块木板，而是像栏杆状的结构。

③鞭绥：鞭子上的绳索部分。绥，牛车或马车上用的绳索，特别是为登车时拉手之用。

④斜木脚拖：宋朝时装在牛车或马车上的一种制动装置。

⑤缒车：使车子向后倒退。缒，即“坠”，谓使被拖之物下沉或倒退。

⑥石：古时的重量单位，每石为120市斤。

⑦匼口：密封，以免桶中装的液体渗出。

⑧糕麋：宋朝时的一种回民食品。其做法是把羊头煮得极烂，然后剔去羊骨。再把羊头肉放进锅里，加入原汁和回回豆。待豆子煮软后加入糯米粉。糯米粉熟后便成了很稠的糕麋。

⑨竹莝：筐状的竹器。

译文

在汴京，供搬运用的车子中体积大的叫“太平车”。这种车上虽有车厢，但上面是露天的。车厢的厢壁不是一整块板，而是栏杆状的结构。但是这种栏杆状的结构却很平整。左、右两侧栏杆状的车厢壁各有一根两三尺长的木头向前方伸出。驾车的人就活动在这两根木头之间。他的两手分别掌握住鞭子和车绳，控制车子行进方向。车子靠二十多匹驴或骡来拉动。这些牲口的位置是在驾车人的前面，排成两行。如果不是用二十多匹驴或骡，那么就是用五到七头牛来拉车。车子有两个轮子。轮子的上沿和车厢顶端同高。车屁股的底下安有两个带有倾斜度的木质结构，叫作“木脚拖”，是车子的制动装置。如果是在夜间行车的话，那么在车底下的中部会装一个金属铃铛。车子一动，铃铛就会响。这个铃铛的作用是在夜间警告对面来的车辆，避免彼此对撞。除了在车前拉车的牲口，车子的后面还要拴套两头驴或骡。这两头牲口的任务是：每当车子要下坡，或走在险峻的路面上，或从一座桥上下来时，赶车的人就要耍动鞭子来吓唬车后的那两匹牲口，让它们使劲往后倒退。这样就使车子在下坡或险峻的路面上速度减缓。一辆太平车可以运载几十石货物。不过官家的太平车往往是用个头较小的牲口来拉动。体积比太平车小的“平头车”在外形上与太平车相似。从平头车的轮轴上向前伸出两根长的木头以充车辕之用。有一根粗而直的木头把这两根长木头的两个前端连接起来。平头车是用牛来拉动的。把两根车辕的两个前端连接起来的那根粗而直的木头就是牛的轭。把一头牛放到车辕中间，再把牛轭放到牛的颈上，就可以拉车了。驾车的驭手在车辕外边。他用一只手拉住牛鼻绳。大的酒店经常用平头车运送酒梢桶。所谓酒梢桶是一种较长的可以装水的木桶。桶的顶部装有一个密封口。每个桶的容量是三斗多。一梢桶的酒可卖一贯五百文钱。除了上述两种车辆，还有专供有钱人家的家眷乘坐的车子，其外形很像平头车，但车厢有顶而非露天。车厢的顶是用棕榈枝叶做成的。车厢前部和后部装有栅栏式的门，还有帘子。另有一种车子是独轮车。这种车是由一人在车前拉着车子，车的后部有两根辕木，由另一个人两手分别把住辕木来掌握平衡。车子的两边则各有一人帮着车子在拐弯时保持平衡而不至于倾倒。但有的独轮车是靠驴等牲口来拉着往前走的。这样的独轮车叫“串车”，两侧不另设人来帮助拐弯。这种车用来搬运竹、木、瓦片、石头。它的前部没有车辕，也就是说，拉车的牲口不是在两条辕木的中间活动。这样的独轮车是由一或两个人驾着，由牲口拉着走。可以用它把糕麋送到市场上。这种车子不适于装载重货。还有一种车是两轮的，它的车身只有平的底板，没有车厢壁。人们把这种车叫作“浪子车”，是人力拉的。这种车也用来装载巨石或大木头。它虽叫车，其实没有轮子，只有一个平的底盘，在底盘的下面安装了很低的梯架。人们管它叫“痴车”。这几种车子的共同功能是节省人力。此外，还有另一种运载的方法是用牲口驮运货物，骆驼、驴、骡都可以。用于驮运的容器往往是用皮或竹子做的，形状或扁或方。容器用竹片连接在一起，然后把成对的容器放到牲口背上。粮食之类，往往就装在布袋子里驮运。

都市钱陌[1]

都市钱陌，官用七十七，街市通用七十五，鱼肉菜七十二陌，金银七十四，珠珍、雇婢妮、买虫蚁六十八[2]，文字五十六陌，行市各有短长使用。

注释

①钱陌：按市价或按行业的价，每一百个钱应含多少文钱。陌，此是借字，当“百”字用。

②虫蚁：此指宠物，如鸟、狗、猫、金鱼、蟋蟀、蝈蝈等。

译文

在京都，如果是和官府打交道的话，那么七十七文钱折合一陌。市面上通用的比价是七十五文钱折合一陌。菜市里，七十二文钱折合一陌。金银首饰行是七十四文钱折合一陌。珍珠宝石行业，雇买丫头、女仆的交易，以及在买卖宠物的生意里是六十八文钱折合一陌。至于和动笔杆的师爷、先生、枪手们打交道，五十六文钱折合一陌。随着行业的不同，比价也在不断变化。

雇觅人力

凡雇觅人力，干当人[①]、酒食、作匠之类，各有行老供雇[②]。觅女使，即有引至牙人[③]。

注释

①干当人：指干练而又能承担具体责任的人。被私人雇佣，从事管理田庄、经营商铺、办理诉讼、收租讨债、监督营造等勾当，所以也被称为“勾当人”。

②行老：在一个行业里专门做工作中介的人。

③牙人：买方与卖方的中间人。

译文

如果要在京都里雇人，比如要雇干当人或厨师、酿酒的师傅，那么你就该去找“行老”。如果是想雇佣女佣，你就该去找“牙人”来引荐人选。

防火

每坊巷三百步许，有军巡铺屋一所，铺兵五人，夜间巡警，收领公事[①]。又于高处砖砌望火楼，楼上有人卓望[②]。下有官屋数间，屯驻军兵百余人，及有救火家什，谓如大小桶、洒子、麻搭、斧锯、梯子、火叉、大索、铁猫儿之类[③]。每遇有遗火去处[④]，则有马军奔报军厢主。马步军、殿前三衙、开封府各领军级扑灭，不劳百姓。

注释

①收领公事：这是委婉说法，意思是拘捕作奸犯科者。

②卓望：瞭望。

③铁猫儿：救火用的钩拽工具。

④遗火：失火。

译文

不论在哪一个坊巷，每隔三百步左右就设有一个城防军士兵的军巡铺。每铺有五个士兵。他们负责在夜间巡逻。若遇可疑的人他们会加以拘留的。在城里地势高的地方用砖砌起高高的瞭望楼。在楼上设有瞭望哨。下层有若干军营式的住房。内中可驻扎百余名士兵，并储存有救火工具，诸如：大桶、小桶、扬水工具、扫帚、麻绳梯、斧子、锯子、木梯子、火叉、粗缆绳、铁钩子等等。每当发现火情，就有骑兵报告街区的防火指挥官，并由他来通知马军、步军及殿前指挥这三个衙门，同时通知开封府。这些部门各自率领人马灭火，不用惊动老百姓。

天晓诸人入市

每日交五更，诸寺院行者打铁牌子[①]，或木鱼，循门报晓，亦各分地分，日间求化。诸趋朝入市之人，闻此而起。诸门桥市井已开，如瓠羹店门首坐一小儿，叫“饶骨头”，间有灌肺及炒肺。酒店多点灯烛沽卖，每分不过二十文，并粥饭点心。亦间或有卖洗面水，煎点汤茶药者，直至天明。其杀猪羊作坊，每人担猪羊及车子上市，动即百数。如果木亦集于朱雀门外及州桥之西，谓之果子行。纸画儿亦在彼处，行贩不绝。其卖麦面，每秤作一布袋[②]，谓之“一宛”，或三五秤作一宛，用太平车或驴马驮之，从城外守门入城货卖，至天明不绝。更有御街州桥至南内前。趁朝卖药及饮食者，吟叫百端。

注释

①行者：在佛寺做零星杂役但未经剃度的出家人。

②秤：此处指宋朝时的重量单位，相当于今之15市斤。

译文

每到五更天，寺院的行者就要敲打着一块铁铛，或一个木鱼，沿街给人们报晓。行者各有其分管的报晓地段。到了白天，这些行者就分别到寺区里募化。那些入城做生意的人，一听到行者们的报晓声，就纷纷醒过来。

五更一过，汴京的各个城门都打开，吊桥也放下，店家的生意也就开盘了。比如瓠羹店，它的门口经常有个小孩坐在那里。人们把这小孩叫作“饶骨头”。瓠羹店有时有炒肺或灌肺卖。在五更天，多数的店里是点蜡烛来照明的。菜肴的价钱没有贵于二十文的。店里也卖主食，像粥、饭、点心等。有时候也卖洗脸用的热水，还卖煎制的汤、药茶。等到天色亮了以后，成群成伙的人们从屠猪宰羊的作坊出来。有的人肩挑着杀好的猪肉、羊肉，有的人用车子推着杀好的猪肉、羊肉，这些卖肉的人通常百多人结成一个群伙，在一条大街上摆一长溜卖肉摊子。朱雀门外以及州桥西面是水果摊子的集中地。京城的人们把它们叫瓠子行。那儿也是卖纸画的集中地。还有卖粮食的，如麦子、面粉，都用布袋子装好。每袋十五斤，叫作一“宛”。三斤或五斤装一布袋的，也叫作一“宛”。卖粮食的用驴、马或太平车运货，在五更前就络绎不绝地运到城门外等候，然后运到城里市场上卖。有些商贩把他们的货一直运到御街州桥。沿路摆摊子多是卖药品和饮食的。摊子一直摆到大内的南门前。为了趁着早市多做点生意，各种各样的叫卖声不绝于耳。

诸色杂卖

若养马，则有两人日供切草；养犬则供饧糟[①]；养猫则供猫食并小鱼。其锢路、钉铰[②]、箍桶、修整动使、掌鞋、刷腰带[③]、修幞头、帽子、补角冠[④]。日供打香印者[⑤]，则管定辅席，人家牌额[⑥]，时节即印施佛像等。其供人家打水者，各有地分坊巷，及有使漆、打钗环、荷大斧斫柴、换扇子柄、供香饼子、炭团；夏月则有洗毡淘井者[⑦]，举意皆在目前。或军营放停乐人[⑧]，动鼓乐于空闲，就坊巷引小儿妇女观看，散糖果子之类，谓之“卖梅子”，又谓之“把街”。每日如宅舍宫院前，则有就门卖羊肉、头、肚、腰子、白肠、鹑、兔、鱼、虾、退毛鸡鸭、蛤蜊、螃蟹、杂燠[⑨]、香药果子；博卖冠梳、领抹、头面、衣着、动使、铜铁器、衣箱、磁器之类。亦有扑上件物事者，谓之“勘宅”。其后街或闲空处，团转盖局屋[⑩]，向背聚居，谓之“院子”，皆小民居止，每日卖蒸梨枣、黄糕麋、宿蒸饼、发牙豆之类。每遇春时，官中差人夫监淘在城渠，别开坑盛淘出者泥，谓之“泥盆”，候官差人来检视了方盖覆。夜间出入，月黑宜照管也。

注释

①饧糟：做饴糖所遗弃的渣滓。

②锢路：补铁器上的漏。锢，塞。路，通“漏”。钉铰：指补漏壶、洗镜、锔碗、补锅等手艺活。

③刷腰带：修理官员礼服上的腰带。

④角冠：用兽角作装饰的帽或冠。多指道冠。

⑤打香印者：制作盘香的作坊。

⑥牌额：门前的标记。

⑦洗毡：清洗毛织品。毡，指动物的毛制成的衣物、铺垫、地毯等物件。淘井：指净化、掏深、疏浚井、坑、沟渠、涵洞等。

⑧放停：指处于休假状态。乐人：指军乐队的人员。

⑨杂燠：各式各样的储藏肉食。燠，先用白水煮熟，然后再烤制的食品。

⑩团转盖：盖出的房屋彼此挨着，排列成一个圆圈。局屋：指狭小的房屋。

译文

京城的市场上还有各种劳务出卖。如果家里养了马，就能雇到两个人提供每日需要的铡好的饲草。如果养狗，可以找到喂狗用的饴糖渣。如果养猫，则能找到专门卖猫食和小鱼的店家。市场里可以找到补漏壶、洗镜、锔碗、补锅的匠人和修缮日常用具的人，还有人专门补鞋，整修官服上的腰带，修理幞头、帽子、角冠。还有专门制作盘香的作坊。你只要能记住摊子、作坊的位置就好办了。一年里每逢佛的纪念日，京城里就会有社会团体印制相关的佛像，并加以散发。不同的城区分别有专为居民供水的劳务组织。京城里还有各种出卖手艺和出卖劳力的人，有干油漆活的、打造发钗耳环的、替居民劈柴的、修理扇子的，有些摊子专卖香料袋囊或手炉上用的炭团。在夏天可以找到专门清洗毛织品的匠人以及淘井人员。提供这些劳务服务的人在城里是很好找到的。

有时候，军营里的乐工，或军乐队里的部分人员会处于休假状态。他们闲着没事，会就地集合在一起吹拉弹唱。军营附近的儿童、妇女都去围观。乐队的人给围观的小孩们发些糖果。人们把这样的文艺表演叫“卖梅子”或“把街”。在大宅院的门口，或是在一些宫、院大门的前面，经常会有食品摊子，卖羊肉、头、肚、腰子、白肠、鹑、兔、鱼、虾、褪毛鸡鸭、蛤蜊、螃蟹、杂燠、香药、果子。有的是用钱作为赌注，以赌博的方式来买卖冠梳、领抹、头面、衣着、日常使用的铜铁器、衣箱、磁器之类；有的则是用实物作赌注来博卖商品。把后一种博卖方式称为“勘宅”。京城里较偏僻的后街以及闲隙地块，都建起低小简陋的屋子。这样的小屋子几乎排列成一个圆圈。各自有各自的开门方向，但相互之间都是相背。人们把这样的圆圈叫作“院子”。住在这样的小屋子里的人都是身份低微的老百姓。这些人逐日在做蒸梨枣、黄糕麋、宿蒸饼、发牙豆之类的买卖。在京城里，每年的春天，官府都会派劳工来疏通城里的水道、沟渠、下水道。这些劳工在疏通了之后会挖一些大而深的坑，然后把污泥都倾进那些大而深的坑里。他们把这些坑叫作“泥盆”。这些“泥盆”暂且不用干土封盖，因为不等到官府派人来检查过，是不许封盖的。劳工们在夜间要派人守着“泥盆”，以防月黑夜里过路人不慎堕入其中。

卷　四

军头司[1]

军头司每旬休[2]，按阅内等子[3]、相扑手、剑棒手格斗、诸军营殿前指挥使、直[4]，在禁中有左、右班[5]、内殿直、散员、散都头、散直、散指挥、御龙左右直，系打御从物。御龙骨朵子直、弓箭直、弩直、习驭直、骑御马直、钧容直、招箭班、金枪班、银枪班、殿侍诸军东西五班，均属常入祗候[6]。每日教阅野战。每遇诸路解到武艺人，对御格斗[7]。天武、捧日、龙卫、神卫，各二十指挥[8]，谓之上四军[9]，不出戍。骁骑、云骑、拱圣、龙猛、龙骑，各十指挥。殿前司、步军司有虎翼各二十指挥[10]。虎翼水军、宣武，各十五指挥。神勇、广勇，各十指挥。飞山、床子弩[11]、雄武、广固等指挥。诸司则宣效六军、武肃、武和、街道司诸司[12]。诸军指挥动以百数。诸宫观宅院各有清卫、厢军、禁军剩员十指挥[13]。其余工匠、修内司、八作司[14]、广固作坊、后苑作坊、书艺局、绫锦院、文绣院、内酒坊、法酒库、牛羊司、酒醋库、仪鸾司、翰林司、喝探[15]、武严、辇官、车子院、皇城司亲从官及亲事官、上下宫皇城黄皂院子[16]、涤除[17]，各有指挥，记省不尽。

注释

①军头司：宋太宗端拱二年改军头引见司为御前忠佐军头引见司。其属下有步、马两直。

②旬休：宋朝的官员每十天有一休息日，谓之旬休。

③按阅内：按照军事条例所规定的应该受检阅的人员范围。等子：经过规定程序选拔出来的有武功的人员，在应受检阅的军事人员之列。

④指挥使、直：指“指挥使”和“班直”两种武官。所谓“班直”指的是以下官员：骑军殿前指挥内班直、散员、散指挥、散都头、散祗候、金枪班、东西班、散直、外殿直、银枪班、茶酒旧班、茶酒新班、钧容直。

⑤左、右班：指殿前指挥使左班、殿前指挥使右班、常入祗候以及御龙直等官员。

⑥常入祗候：也称“行门常入祗候”，共含二十四班。

⑦对御：由皇帝主持的为群臣开办的宴会。

⑧指挥：宋朝部队编制的最大的单位是“厢”，依次从大到小分别是“军”和“都”。每“都”百人。五个“都”组成一个“指挥”（即五百人）。一个“军”通常含五个“指挥”。

⑨上四军：天武、捧日、龙卫、神卫是四个“上禁兵”的军。这四个军各含二十个“指挥”，被称为“上四军”。

⑩殿前司："殿前都指挥司"的简称。步军司："侍卫亲军步军都指挥司"的简称。这两者都是禁军的指挥机构。

⑪床子弩：这种弩的有效射程达到七百步。

⑫街道司：该司的职责是在皇帝外出前平整道路、排除路面积水等。

⑬清卫、厢军、禁军剩员：在宋朝，凡是因疾病、年老或其他原因而不能继续在清卫、厢军、禁军中担任勤务的士兵，可以在这三军中改而担任零星杂役，保留其军籍，但削减军俸。这样的士兵被称为"剩员"。

⑭八作司：其职责是从事京城内外皇家建筑物的修缮、保养工作。

⑮喝探：在宫禁周围夜间巡逻的禁军士兵，常要用声喝来斥退擅自靠近大内围墙的过路者。

⑯黄皂：指院子所穿的黄色和黑色制服。院子：宫中的一种仆役。

⑰涤除：清理大内厕所的污物。

译文

军头司的各部门也像所有衙门一样按旬轮休，但到了旬休日，军头司却要派员去到按军事条例规定应该受督促的单位，进行训练进度和质量的检阅。这样的受训人员包括：等子、相扑手、剑棒手、诸军营殿前指挥使、直，在禁中有左右班、内殿直、散员、散都头、散直、散指挥、御龙左右直，系打御从物。御龙骨朵子直、弓箭直、弩直、习驭直、骑御马直、钧容直、招箭班、金枪班、银枪班、殿侍诸军东西五班，均属于常入祗候的二十四个班，他们每日都要从事实战的训练。不仅如此，每逢天子设宴招待群臣的场合，这些人都会被带到宴会的现场，去和选拔到京城里来的武功高强的人员进行较量。在京都，上禁兵共有四个军，人们称之为“上四军”，也就是天武、捧日、龙卫、神卫这四个军。每军的兵力为二十个指挥。它们从来也不担任戍边任务。另外还有骁骑、云骑、拱圣、龙猛、龙骑这五个军，它们各自的兵力都是十个指挥。殿前司和步军司各有一支虎翼步军（这两个步军各辖二十指挥的兵力），各有一支虎翼水军和宣武军（分别有十五指挥的兵力）。除此之外，殿前司和步军司另辖神勇军和广勇军（各有十个指挥的兵力）以及飞山、床子弩、雄武、广固等指挥。至于殿前诸司，它们则辖有宣效六军、武肃军、武和军以及街道司。街道司下属机构的在编人员常常有百十个指挥。为所有的宫观宅院服务的劳务队伍由清卫（环境清理）军、厢军和禁军的剩员组成，有十个指挥。其余为工匠修内司、八作司、广固作坊、后苑作坊、书艺局、绫锦院、文绣院、内酒坊、法酒库、牛羊司、酒醋库、仪鸾司、翰林司、喝探、武严、辇官、车子院、皇城司亲从官及亲事官、上下宫皇城黄皂院子、涤除等机构，也都配有一个指挥左右的人员，这里就不逐一叙说了。

皇太子纳妃

皇太子纳妃，卤部仪仗[1]，宴乐仪卫。妃乘厌翟车[2]，车上设紫色团盖，四柱维幕，四垂大带[3]，四马驾之。

注释

①卤部：即卤簿，出行时的前导和仪仗。

②厌翟车：后、妃、公主的专用车。以翟羽为装饰。装饰这种车子的翟羽不仅排列成行，而且一行压一行，所以叫“厌翟车”。翟，雉鸟。

③大带：宽大的镶玉垂带。

译文

皇太子娶妃的时候，迎亲队伍由大规模的仪仗队开路。举行宴饮时，由文仪和武卫的乐队来奏乐。太子妃乘坐的是厌翟车，紫色顶盖是圆形的，车厢的四角各竖着一根木柱以维系帷幕，把车厢围盖起来，外面悬垂嵌玉的带子。厌翟车用四匹马驾辕。

公主出降[1]

公主出降，亦设仪仗、行幕、步障[2]、水路。凡亲王公主出则有之。皆系街道司兵级数十人[3]，各执扫具、镀金银水桶，前导洒之，名曰“水路”。用檐床数百铺设房卧[4]，并紫衫卷脚幞头天武官抬舁[5]。又有宫嫔数十，皆真珠钗插、吊朵、玲珑簇罗头面[6]，红罗销金袍帔[7]，乘马双控双搭[8]，青盖前导，谓之“短镫”。前后用红罗销金掌扇遮簇[9]，乘金铜檐子[10]，覆以剪棕[11]，朱红梁脊，上列渗金铜铸云凤花朵[12]。檐子约高五尺许，深八尺，阔四尺许，内容六人，四维垂绣额珠帘[13]，白藤间花。匡箱之外两壁出栏槛，皆缕金花装雕木人物神仙。出队两竿十二人[14]，竿前后皆设绿丝绦，金鱼勾子勾定[15]。

注释

①出降：公主出嫁到皇亲国戚以外的夫家被认为降低了身份，所以叫出降。

②行幕：遮荫与遮雨用的帐篷。步障：用以遮挡街道两侧的视线。

③兵级：士兵。

④檐床：用扁担挑或用杠子抬的框架子。铺设：（往檐床里）摆放。房卧：嫁妆。

⑤天武官：天武军的官兵。

⑥吊朵、簇罗头面：妇女头上戴的装饰品。吊朵，假花。簇罗，用罗缎制成的装饰品。

⑦袍帔：宋代的妇女礼服。袍的长度到足面，是对襟的外衣。帔披于袍上，从肩垂到膝下，上有精细绣饰。

⑧双控双搭：双骑并排而行。

⑨遮簇：簇拥在一起，相互遮掩。

⑩檐子：一种肩舆。

⑪剪棕：经过修剪和美化的棕叶或棕毛。

⑫渗金：洒金的。

⑬绣额：绣出来的匾额式饰品。

⑭出队两竿十二人：檐子有两根杆，每根杆由六个人抬，像站队一样排列在檐子的两边。

⑮勾子：即钩子。勾，同“钩”。

译文

公主出嫁的时候，仪仗队护送，一路上要设行幕、步幛以及水路。亲王的女儿出嫁，也享受这样的送亲规格。由街道司派出数十个兵丁，每个兵丁手执洒扫工具，提着镀金银的水桶走在仪仗队的前方，又洒水又扫地。这种活动就叫“水路”。在送亲的队伍里有几百个檐床，檐床里摆满了嫁妆。由头戴卷脚幞头，身着紫色制服的天武军官兵抬着或担着。送亲队伍里还有几十个宫女，头戴珍珠钗插，耳边戴着吊朵绢花，头发上是透明的成簇罗绢头饰，身着红罗销金的袍和帔。她们都骑在马上，一对一对向前走。走在这群宫女前面的是一个撑起了青色大盖伞的人，为她们开道。人们管这个撑青色大盖伞的人叫“短镫”。出嫁的公主在很多红罗销金掌扇的遮掩拥簇之下，坐在一个金铜檐子里。金铜檐子是用修剪得很好看的棕榈叶子做的，檐脊和梁柱都是红色的，上面嵌镶着铜制的、洒金的云凤花朵。檐子高五尺多，深八尺，宽四尺多。可以坐六人，四边都是珠帘子。门的上边有一块绣匾。珠帘上有白藤的图案，还绣上了花朵。檐厢的左、右厢壁，外面装有木质窗栏。窗栏上镂刻金色的花朵，还有人物和神仙的图像。檐子是靠粗木杆抬起的。左、右各站六个抬檐子的人。杆的前后都有绿色丝带，靠状似金鱼的钩子固定住。

皇后出乘舆

皇太后、皇后出乘者谓之“舆”。比檐子稍增广，花样皆龙。前后檐皆剪棕。仪仗与驾出相似而少[①]，仍无驾头警跸耳[②]。士庶家与贵家婚嫁，亦乘檐子，只无脊上铜凤花朵。左右两军[③]，自有假赁所在。以至从人衫帽、衣服从物俱可赁[④]，不须借措。余命妇、王公、士庶通乘坐车子，如檐子样制，亦可容六人，前后有小勾栏，底下轴贯两挟朱轮，前出长辕约七八尺，独牛驾之，亦可假赁。

注释

①驾出：指御驾出巡。

②驾头：皇帝的乘舆前方还有一个空座位，叫作驾头。这是宋太祖立下的规矩。皇帝的仪卫允许设驾头，皇太后、皇后、皇太子的仪卫都不许设。警跸：皇帝出巡的一个程序。出行时必先“止行人，清道路”，这叫“跸”。沿途警戒叫“警”。

③左右两军：送亲和迎亲双方的仪仗队。

④衣服从物：衣衫及其附属的饰物。

译文

皇太后或皇后出门乘坐的肩舆叫“舆”。舆比檐子略宽大些，饰以龙的纹样。舆顶的前后都有檐，檐都是用修剪好的棕叶片做成的。仪仗与帝王雷同，规模略小且没有驾头和警跸。普通人家与富贵人家联姻，新娘也乘坐檐子，顶脊上不装饰铜凤和花朵。迎送双方的仪仗队，都是可以花钱雇的。队伍里扮演跟班的人员，穿的衣裳、帽子等衣着、装饰物无一不能租来。送、迎双方都不必买置。在普通人家与富贵人家联姻而举行婚礼的情况下，即便有命妇、王公，也和士庶一样坐进车子里。车子的外形有点像檐子。车里可坐六人，车前和车后都有小栏杆。只有一根轴，轴的两头是朱红色车轮。从车轴向前伸出七八尺长的车辕。车子可以用一头牛拉动。车和牛都可以花钱雇来。

杂赁

若凶事出殡，自上而下，凶肆各有体例[①]。如方相、车舆、结络[②]、彩帛，皆有定价，不须劳力。寻常出街市干事，稍似路远倦行，逐坊巷桥市，自有假赁鞍马者，不过百钱。

注释

①凶肆：代客户操办殡葬事宜和出售丧葬用品的店家。

②方相：古代传说中能驱邪镇魔的神祇。车舆：车辆与肩舆。结络：用于覆盖车、轿的网络，网络上可以悬置装饰物。

译文

若有人家办丧事出殡，那就可以去找代客户操办殡葬事宜和出售丧葬用品的店家。店家在操办殡葬时有固定的规矩。比如代客户结扎方相纸人，准备车舆、结络、彩帛，价钱上都有定制，客户无须劳神费力。平时，如果要出门办事，又担心路途遥远，身体过于疲劳，那么在附近的街坊或集市里可以找到租赁鞍马的店家，价格不超过一百文。

修整杂货及斋僧请道

倘欲修整屋宇，泥补墙壁，生辰忌日，欲设斋僧尼道士，即早辰桥市街巷口皆有木、竹匠人，谓之杂货工匠，以至杂作人夫，道士僧人，罗立会聚，候人请唤，谓之“罗斋”。竹木作料，亦有铺席。砖瓦泥匠，随手即就。

译文

如果想把屋宇修整一下，修补墙壁，或者想在先人的生辰或忌日请些僧尼道士诵经祈福，那么你可以在任何一天的清晨走到桥市街的巷口。在那儿，你就可以找到木匠、竹工、泥瓦匠，人们管他们叫“杂货工匠”。在那儿有干各种杂活的人，也可以请到道士、僧人。待雇的人三五成群聚在一起聊天，等待雇主来雇佣他们，这待雇的状况叫“罗斋”。京城里有专门出售房屋修缮材料的店家。要找泥水匠人，一点也不难。

筵会假赁

凡民间吉凶筵会，椅桌陈设，器皿合盘，酒檐动使之类[①]，自有茶酒司管赁[②]。吃食下酒，自有厨司，以至托盘、下请书，安排坐次，尊前执事[3]，歌说劝酒，谓之“白席人”，总谓之“四司人”。欲就园馆亭寺院游赏命客之类[4]，举意便办[5]，亦各有地分，承揽排备，自有则例，亦不敢过越取钱[6]。虽百十分，厅馆整肃，主人只出钱而已，不用费力。

注释

①酒檐：即酒担。檐，通“担”。

②茶酒司管赁：茶酒司的任务是为官府操办酒宴，但也为平民百姓备办筵席。管赁，负责操办及租借设备和用具。

③尊前：酒樽之前。执事：执行任务，即与招待客人有关的事务。

④命客：请客吃饭。

⑤举意便办：一经吩咐便马上去办。

⑥过越取钱：收费过高。

译文

平民百姓人家如果想在丧事或婚事的时候办宴席的话，就可以去找茶酒司，它都会愿意为百姓操办的。它负责提供办宴席用的桌椅、陈设、厨具、杯盘、酒檐等器具。关于菜肴和酒类，那就完全由厨司来准备了。至于如何安排往各位宾客的家里发送请柬，宾客到达宴会的场所时如何为他们安排座次，宴会开始后如何招呼各桌客人进食，敦请客人多吃多喝，如何给客人喝酒时助兴等事宜是由一个人总管，人们把总管这些事宜的人叫“白席人”。上面提到的所有与办宴席有关的事情无不是由茶酒司派出的人去一一料理的。所以，你若是想在某个有名的园子、馆舍、亭台、庙宇等处请客游览并赴宴，那么你只要把你的请客意图对茶酒司说清，事情就准能办妥。茶酒司旗下的单位已把整个京城分成了若干个地段，不同的单位负责为京城里不同地段的百姓操办宴席方面的事情。各单位都派出专人在它负责的地段承揽宴席。它们在代客操办宴席的过程中是按照一定规矩办事的。所以，如果委托它们来替你操办宴会，环境布置和安排都不需要操心，只要掏钱就可以了。

会仙酒楼

如州东仁和店、新门里会仙楼正店，常有百十分厅馆动使，各各足备，不尚少阙一件[①]。大抵都人风俗奢侈，度量稍宽[②]，凡酒店中不问何人，止两人对坐饮酒，亦须用注碗一副[③]，盘盏两副，果菜碟各五片，水菜碗三五只，即银近百两矣。虽一人独饮，碗遂亦用银盂之类。其果子菜蔬，无非精洁。若别要下酒，即使人外买软羊、龟背、大小骨、诸色包子、玉板鲊、生削巴子、瓜姜之类。

注释

①不尚：不赞成，不主张，不允许。

②度量稍宽：委婉语，意即“爱讲排场”。

③注碗：酒注子（即酒壶）的托碗。

译文

以设在州东的仁和酒店和设在新门里的会仙楼酒店作为例子吧，常年都准备有一百份以上专供厅堂楼馆里举行大型宴会所需要的全套器具，不允许短缺一个碗碟。京城的风气是崇尚奢华的，爱讲排场。凡是上酒店去进餐的客人，即便只是两个人饮酒聊天，也得摆上两把酒壶，还得摆上两个托碗，四个盘盏，十个果菜碟，三到五个水菜碗。单是这些壶、碗、盘、碟本身的市场价格就在一百两银子左右。单独一人来喝酒，也会要酒店摆上银的壶、杯、碗、盘。即便要的只是些素菜或水果，也得要最精最洁的。如果他还要些别的下酒菜，那么就要差人到店外去买，诸如软羊、龟背、大小骨、诸色包子、玉板鲊、生削巴子、瓜姜之类。

食店

大凡食店，大者谓之“分茶”，则有头羹、石髓羹、白肉、胡饼、软羊、大小骨、角炙犒腰子、石肚羹、入炉羊、罨生软羊面、桐皮面、姜泼刀、回刀、冷淘棋子、寄炉面饭之类。吃全茶[①]，饶齑头羹。更有川饭店[②]，则有插肉面、大燠面、大小抹肉淘、煎燠肉、杂煎事件、生熟烧饭。更有南食店，鱼兜子、桐皮熟脍面、煎鱼饭。又有瓠羹店，门前以枋木及花样沓结缚如山棚[③]，上挂成边猪[④]、羊，相间三二十边。近里门面窗户，皆朱绿装饰，谓之“欢门”。每店各有厅院、东西廊，称呼坐次[⑤]。客坐，则一人执箸纸[⑥]，遍问坐客。都人侈纵，百端呼索，或热或冷，或温或整，或绝冷、精浇、臕浇之类[⑦]，人人索唤不同。行菜得之[⑧]，近局次立[⑨]，从头唱念，报与局内。当局者谓之“铛头[⑩]”，又曰“着案”。讫，须臾，行菜者左手杈三碗、右臂自手至肩驮叠约二十碗，散下尽合各人呼索，不容差错。一有差错，坐客白之主人，必加叱骂，或罚工价，甚者逐之。吾辈入店，则用一等琉璃浅棱碗[⑪]，谓之“碧碗”，亦谓之“造羹”，菜蔬精细，谓之“造齑”，每碗十文。面与肉相停[⑫]，谓之“合羹”。又有“单羹”，乃半个也。旧只用匙，今皆用箸矣。更有插肉、拨刀、炒羊、细物料棋子、馄饨店。及有素分茶[⑬]，如寺院斋食也。又有菜面、胡蝶齑疙瘩，及卖随饭、荷包白饭、旋切细料餶飿儿、瓜齑、萝卜之类。

注释

①吃全茶：享受全套的茶道。

②川饭店：专做川菜的酒店。

③山棚：用枋木及图案式的栅条在大门口搭建起的棚架。

④边：指被屠牲口的半扇，左右半扇也叫“片”。

⑤称呼：招呼。

⑥箸纸：供客人擦拭筷、碟的纸张。

⑦精浇：用精肉做成的浇头。臕浇：用肥肉做成的浇头。臕，肥肉。

⑧行菜：跑堂的人。得之：记住。

⑨近局次立：指跑堂的走到厨房近旁站住。局，指厨房。次，近旁。

⑩铛头：厨师。铛，烹饪用的锅。头，师傅的尊称。

⑪浅棱碗：比较浅的碗。棱，边或角。

⑫相停：相等。

⑬素分茶：酒店里供应的素食。分茶，指饭食。

译文

说起汴京城里卖饮食的店铺，凡是大的酒楼、饭店都叫“分茶”。都会供应头羹、石髓羹、白肉、胡饼、软羊、大小骨、角炙犒腰子、石肚羹、入炉羊、罨生软羊面、桐皮面、姜泼刀、回刀、冷淘棋子、寄炉面饭之类。如果在这样的酒店里吃所谓的“全茶”，店家就会免费奉送一份齑头羹。还有一种饭店是做川菜的。供应插肉面、大燠面、大小抹肉淘、煎燠肉、杂煎事件、生熟烧饭。此外，在京城里还有一种饭店是专门做南食的，供应鱼兜子、桐皮熟脍面、煎鱼饭。京城里的瓠羹店总是喜欢用枋木及图案式的栅条在店门前架搭起牌楼式的棚架，在这样的棚架上混杂地挂着二三十个杀好的猪和羊的“边”。临街一面的窗户用五颜六色的彩绢装饰着，人们把这样窗户叫“欢门”。凡是大一点儿的酒店，在你一走进大门就会看到院子，接着是厅堂。院子和厅堂的两边是走廊，摆放着桌子、椅子。待落座，便会有一个跑堂的人，手拿着擦拭食具用的纸帛递给客人，然后向客人逐一询问想要些什么。京都里的人既奢侈又任性，他们点菜的时候百般挑剔，很不好侍候。有的人要热菜，有的人要凉菜，还有的人要温的菜肴。还有些人要全席，更有些人则要极凉的菜肴。有的要精瘦肉的盖浇，另有些人却要肥肉的盖浇。总之，没有两个客人要的完全相同。但跑堂的都得清清楚楚，把不同客人所要的菜肴饭食统统记住，然后走到厨房的边上，从头到尾、无一遗漏地向厨房内报告。当厨房里掌勺的大师傅（人们通常管他叫“铛头”或是“着案”）听完跑堂的报告，便动手准备。过不一会儿，就见那跑堂的左手和小臂上托着三只碗，右臂从肩到手掌一共摆放了近二十个盘、碗走到客人跟前，逐一分发给每个客人。一份饭菜也没有分错，且不允许出错。若有客人向店主诉说跑堂的把饭菜送错了，那么店主就要责骂跑堂的，甚或扣他的工钱，更严重时会叫跑堂的卷铺盖走人。酒店里吃饭用的碗是上等琉璃做的较浅的碗，人们把这种琉璃碗叫作“碧碗”，也叫“造羹”。人们把饭馆里做的精细菜肴叫“造齑”。饭馆里有一种叫作“合羹”的肉面，这种肉面是肉和面条各半，卖十文一碗。饭店里也卖半份的“合羹”，简称为“单羹”。过去人们吃饭时只用匙，但现在全改用筷子。还有卖插肉、拨刀、炒羊、细物料棋子和馄饨的店家。京城里还有专门做素食的分茶。这样的分茶店卖的素食和寺庙里卖的斋食是不相上下的。素食分茶还供应菜面、胡蝶齑疙瘩，而且也卖随饭、荷包白饭、旋切细料馉饳儿、瓜齑、萝卜等食品。

肉行

坊巷桥市，皆有肉案，列三五人操刀，生熟肉从便索唤，阔切、片批、细抹、顿刀之类。至晚即有燠曝熟食上市。凡买物不上数钱得者是数。

译文

京城里小至巷、坊，大到热闹的大街、大桥，无处不有卖肉的案子。案前往往会站着三五个掌刀的人。店里往往是生肉和熟肉都卖，以适应顾客的需要。按顾客的不同要求，用不同的切法，可以把肉阔切、片批、细抹、顿刀等等。到了傍晚，肉店里就有燠的或曝的熟肉卖。如果顾客只买很少的肉，而且还要店家给点添头，那么店家也是肯给的。

饼店

凡饼店有油饼店，有胡饼店。若油饼店，即卖蒸饼[①]、糖饼、装合、引盘之类[②]。胡饼店即卖门油、菊花、宽焦、侧厚、油碢、髓饼、新样、满麻。每案用三、五人捍剂卓花入炉[③]。自五更卓案之声远近相闻。唯武成王庙前海州张家、皇建院前郑家最盛，每家有五十余炉。

注释

①蒸饼：即馒头。

②引盘：盛于盘子里的食品。

③捍：通“擀”。剂：把面团切成同样大小的块。卓花：给切出的面块捏出花边。入炉：送进炉里烤。

译文

京城里的面饼店有两类：一类是卖油炸或油煎的饼，另一类是卖烧饼。凡是油饼店就兼卖馒头和带糖馅的饼。油饼、馒头、糖饼都是装盒或装盘卖。烧饼店的食品通常有门油、菊花、宽焦、侧厚、油碢、髓饼、新样、满麻等品种。在一个烧饼店里，往往是三至五个人围着一张案子，各有分工，有专门擀面的，专门切分面团的，专门给切好的面团捏花边的，专门负责烤烧饼的。烧饼店从凌晨五更便开始在案上干活，远近四邻都听得到他们干活的声音。京城这么多家烧饼店，生意最兴隆的要算武成王庙前从海州来的张家烧饼店和皇建院前的郑家烧饼店。这两家都有五十多个烧饼炉子。

鱼行

卖生鱼则用浅抱桶[①]，以柳叶间串，清水中浸，或循街出卖，每日早惟新郑门、西水门、万胜门，如此生鱼有数千檐入门。冬用即黄河诸远处客鱼来[②]，谓之“车鱼”，每斤不上一百文。

注释

①抱桶：盛放待售的鱼的木桶。直径不大，一个人张开双臂便能搂住，所以叫“抱桶”。

②客鱼：非京城本地出产的鱼。

译文

在京城的鱼店里，卖活鱼的把鱼养在抱桶里，用带叶子的柳枝把鱼相互隔开。桶里装了清水。鱼贩子有时沿街叫卖。每天一大清早，城外卖鱼的就往京城里送鱼。不说别的城门，单是新郑门、西水门、万胜门这三座门，每天运进城里的鱼就有好几千担。到了寒冬，就有从黄河边上运进京城里来卖的鱼。从外地运来的鱼叫“车鱼”，每斤的价格不到一百文。

卷 五

民俗

凡百所卖饮食之人，装鲜净盘合器皿，车檐动使，奇巧可爱，食味和羹，不敢草略。其卖药、卖卦，皆具冠带。至于乞丐者，亦有规格。稍似懈怠，众所不容。其士、农、工、商诸行百户衣装各有本色，不敢越外。谓如香铺裹香人①，即顶帽披背②，质库掌事③，即着皂衫角带④、不顶帽之类⑤。街市行人，便认得是何色目⑥。加之人情高谊⑦，若见外方人为都人凌欺，众必救护之。或见军铺收领到斗争公事⑧，横身劝救⑨，有陪酒食檐官方救之者⑩，亦无惮也。或有从外新来邻左居住，则相借措动使，献遗汤茶，指引买卖之类。更有提茶瓶之人⑪，每日邻里互相支茶，相问动静。凡百吉凶之家，人皆盈门。其正酒店户，见脚店三⑫、两次打酒，便敢借与三、五百两银器。以至贫下人家就店呼酒，亦用银器供送。有连夜饮者，次日取之。诸妓馆只就店呼酒而已，银器供送，亦复如是。其阔略大量⑬，天下无之也。以其人烟浩穰，添十数万众不加多，减之不觉少。所谓花阵酒地，香山药海。别有幽坊小巷，燕馆歌楼[14]，举之万数，不欲繁碎。

注释

①裹香人：为买香的顾客包好所买东西的店员叫“裹香人”。

②顶帽：指裹香人戴的一种圆帽。披背：类似披肩样式的上衣。

③质库：当铺。掌事：指在柜台上处理典当业务的伙计。

④皂衫：质库掌事穿的黑色上装。角带：以动物的角为饰品的腰带。这是宋朝平民百姓的服饰。

⑤不顶帽：不戴帽。

⑥色目：等次、类型，此处指社会地位。

⑦人情高谊：很讲究情谊。

⑧军铺收领到斗争公事：巡逻军人把打架斗殴的人带到巡逻站。军铺，军队派出的巡逻站。收领，拘禁。斗争，争吵，斗殴。公事，官府必须干涉的事件。

⑨横身劝救：挺身而出，劝巡逻军人不要把打架斗殴者带走。

⑩有陪酒食檐官方：有的京都人为了阻挡巡逻军人把斗殴的人带走，甚至肯花钱请军人吃饭。

⑪提茶瓶之人：指京都居民中的热心人，他们常常提着灌满热茶的茶壶到邻居家去串门并送热水，以交流感情。

⑫脚店：零售酒但不售下酒菜肴的商店。

⑬阔略大量：大方，大度，不计较小节。

⑭燕：通“宴”。

译文

京城餐饮店铺虽多，但一切器皿都是光鲜亮洁的。它们用的车子和担子也都是精巧和讨人喜欢的。菜肴汤羹的味道做得恰到好处。因为它们在买卖上不敢草率从事。甚至街头上那些卖药的和算卦的也都衣着规矩。街头巷尾乞讨要饭的人在说话举止上也都显得有规矩。不论谁言行稍有出格，其他人是不会漠然置之的。不论属于哪个社会阶层，也不论干什么职业，他们的衣着必须体现出各自的身份、地位和职业。在这方面他们是不敢乱来的。比方说，在香铺里当售货员的，他在上班的时候必须戴上他的“顶帽”，穿上他的“披背”。当铺里站柜台的人在上班的时候必须穿上黑色的上装，围上特定的腰带，但不可以戴帽子。像刚才说的那两种人，一旦走到户外，京城里过路的人马上就认出他们的身份和职业。不仅如此，京城的人还很重情谊。如果一个汴京人欺负外乡人，别的汴京人看到了就会救护这个外乡人。如果发生了诸如巡街的军人要把打架斗殴的人带回巡逻站的事，就会有汴京人挺身而出，劝巡逻军人不要把打架斗殴者带走。有的京都人为了阻挡巡逻军人把斗殴的人带走，甚至肯花钱请军人吃饭。在这方面，京都人士是毫无顾忌的。如果有外乡人搬到汴京定居，左邻右舍会把自己家里的东西拿出来借给他用，还会给他送热水送茶汤，告诉他周围商店的情况，好让他知道买什么东西应当上哪个商店才合适。京都居民中有一种热心人，他们常常提着灌满热茶的茶壶到邻居家去串门并送热水，以交流感情。凡是有人办喜事或办丧事，那么家里就总是会来客盈门。当一个大酒店的掌柜看到某个做零售酒生意的小店家已经连着两三次到他的酒店来趸酒之后，便敢把价值三五百两的银酒器借给那个小店家用。有时候，会有很贫苦的人到大酒店来，要求给他家送去一定数量的酒，大酒店照样会用银制的酒器装好送去。把酒送到他家里后，他说他要把酒留到夜间喝。在这样的情况下，酒店也会同意把银酒壶留在他家里过夜，待第二天才派人去取。即便是那些妓院要酒，也照样用银器装酒送去。汴京人就是这样大度友善。像这样的民风在全国其他地方是看不到的。东京真是人多地大。即使再添加十几万的人口，也不会显出一点拥挤，即使迁出去十几万人，也不会比原先空旷。所以，东京真可以说是一个像花一样的城市，灯红酒绿，芬芳而隆盛。尽管是一片闹市，却能找到幽静的小坊小巷。汴京处处是酒楼歌舍，没法逐个介绍。

京瓦伎艺

崇、观以来[①]，在京瓦肆伎艺[②]，张延叟《孟子书》[3]。主张小唱李师师[4]、徐婆惜、封宜奴、孙三四等，诚其角者[5]。嘌唱弟子张七七[6]、王京奴、左小四、安娘、毛团等。教坊减罢并温习张翠盖[7]、张成，弟子薛子大、薛子小、俏枝儿、杨总惜、周寿奴、称心等般杂剧[8]。杖头傀儡任小三[9]。每日五更头回小杂剧[10]，差晚看不及矣。悬丝傀儡张金线[11]。李外宁，药发傀儡[12]。张臻妙、温奴哥、真个强、没勃脐，小掉刀，筋骨上索杂手伎[13]。浑身眼、李宗正、张哥球仗踢弄[14]。孙宽、孙十五、曾无党、高恕、李孝详讲史[15]。李慥、杨中立、张十一、徐明、赵世亨、贾九小说[16]。王颜喜、盖中宝、刘名广散乐[17]。张真奴舞旋[18]。杨望京小儿相扑杂剧[19]。掉刀、蛮牌[20]。董十五、赵七、曹保义、朱婆儿、没困驼、风僧哥、俎六姐影戏[21]。丁仪、瘦吉等弄乔影戏[22]。刘百禽弄虫蚁[23]。孔三传耍秀才诸宫调[24]。毛详、霍百丑商谜[25]。吴八儿合笙[26]。张山人说诨话[27]。刘乔、河北子、帛遂、胡牛儿、达眼五、重明乔、骆驼儿、李敦等杂班外入[28]。孙三神鬼[29]。霍四究说《三分》[30]。尹常卖《五代史》[31]。文八娘叫果子[32]。其余不可胜数。不以风雨寒暑，诸棚看人，日日如是。教坊、钧容直[33]，每遇旬休按乐[34]，亦许人观看。每遇内宴，前一月，教坊内勾集弟子小儿习队舞作乐[35]，杂剧节次。

注释

①崇、观：指宋徽宗在位时的两个年号，其一为“崇宁”(1102—1106)，其二为“大观”(1107—1110)。

②伎艺：指民间演艺界的人们。

③张廷叟：当时在汴京专说《孟子书》的一个很有名的艺人。《孟子书》：孟子书是靖康前禁内的一名乐官，《孟子书》讲的是孟子书卷入一场官司的离奇经过。

④主张：宋代艺伎的俚语，雄踞瓦肆歌坛的意思。小唱：指执板唱慢曲的表演，与四十大曲舞旋为一体。“主张小唱”是由红歌星主唱的曲调。

⑤诚其角者：艺人中出类拔萃的人物。诚其，真正是。角者，佼佼者。

⑥嘌唱：唱令曲小词。唱颂的主要是近乎色情的歌词和淫冶之声。弟子：优女，女伶。

⑦教坊：宋朝主持官廷音乐训练与演出的机构。减罢并温习：曾是教坊成员，现仍从事演艺事业。

⑧般杂剧：进行杂剧演出。般，表演。杂剧，在宋代，这个名词的含义包括歌舞、杂耍、戏法、滑稽表演等。

⑨杖头傀儡：即杖头木偶，盛行于宋代，今已失传。

⑩小杂剧：宋代流行的以平民百姓日常生活为题材的滑稽表演，是宋朝杂剧的一个分支，而且往往充任杂剧演出的序幕。

⑪悬丝傀儡：一种小型的木偶，长不过尺。两手两足被线绳牵引，很像今天常见的提线木偶。

⑫药发傀儡：宋代特有的木偶戏，利用火药使木偶戏产生声光效果，还可以使木偶做出凌空飞翔动作。

⑬杂手伎：内容很广，包括百戏、杂技、变戏法等。

⑭球仗踢弄：即球杖踢弄这一杂技，利用马球的击球棍棒作为主要道具。球杖，宋代的马球游戏，或击球棍棒。

⑮讲史：宋朝的评书节目。当时也叫“演史”。

⑯小说：宋代特有的一种评书，其讲说内容都是前代兴废征战之事。

⑰散乐：指民间音乐。

⑱舞旋：在宋朝出现的一种民间舞蹈，舞者所做的动作以身体自旋为主。

⑲小儿相扑杂剧：这种演艺方式属于杂剧，因为它是有情节的，不单纯是小孩子进行角力。角力的主要目的也不是分出胜负，而是作为杂剧的一部分情节，使观众感到滑稽逗笑。

⑳掉刀、蛮牌：舞掉刀和舞蛮牌表演。掉刀是一种用于进攻的兵器。蛮牌用于防御，用云、贵深山里的野生藤条编出，轻而坚固。

㉑影戏：今天的纸影戏、手影戏、皮影戏的肇始。

㉒弄：进行表演。乔影戏：影戏在宋代的一个支脉，它的主要形式是手影戏，偏重于情节的诙谐性。

㉓虫蚁：鸟、鱼等作为玩物的小动物。

㉔诸宫调：宋朝时的一种说唱演艺。

㉕商谜：以猜谜斗智取悦观众的娱乐。

㉖合笙：即席赋诗、脱口成韵的娱乐活动。

㉗说诨话：以滑稽幽默的方式进行说唱表演。

㉘杂班外入：在宋朝时，民间常把伶人称为“杂班”，原先在街头卖艺但以后又在勾栏获得一席之地的民间艺人为“外入”。

㉙神鬼：在演出中扮演神、鬼的角色。

㉚说《三分》：用评书的方式讲三国故事。

㉛《五代史》：讲述五代故事的评书。

㉜叫果子：宋朝特有的一种曲艺表演。其特点是把各色歌吟、卖物之声糅合宫调，间以辞章而成表演艺术。始于至和年间至嘉祐年间一个名叫杜人经的乐工。他创造了名为“十叫子”的段子，尔后发展成“叫果子”这一曲艺品种。

㉝钧容直：军乐。

㉞按乐：演奏乐曲。

㉟习：演习，练习。队舞：宋朝时在宫廷里演出的一种舞蹈，有一个女弟子队和一个小儿队参加。

译文

徽宗即位之后，在京城的瓦子勾栏里献艺的所有艺人中名声卓著的是张延叟。他说《孟子书》，在艺坛上无出其右。在“小唱”的表演方面，最有名的莫过于李师师、徐婆惜、封宜奴、孙三四这几个人。表演嘌唱的女伶中，最有名的要算张七七、王京奴、左小四、安娘、毛团这几个人。张翠盖、张成及其弟子薛子大、薛子小、俏枝儿、杨总惜、周寿奴、称心等人在表演杂剧的艺人中出类拔萃，他们曾一度隶属于教坊。表演杖头傀儡最出色的要数任小三。小杂剧总是在每日的五更天便开场，如果去晚点就会错过头本的小杂剧。表演悬丝傀儡最上乘的莫过于张金线。李外宁是最善于表演药发傀儡的。在肢体捆绑情况下做杂手伎表演的名演员有张臻妙、温奴哥、真个强、没勃脐、小掉刀等人。表演球杖踢弄的有浑身眼、李宗正、张哥。讲史最有名的是孙宽、孙十五、曾无党、高恕、李孝详。讲小说最有名的是李慥、杨中立、张十一、徐明、赵世亨、贾九。表演散乐最著名的有王颜喜、盖中宝、刘名广。表演舞旋的好手是张真奴。演小儿相扑杂剧的主角是杨望京。表演舞掉刀、耍蛮牌的好手有董十五、赵七、曹保义、朱婆儿、没困驼、风僧哥。俎六姐是影戏艺人中最有名的。乔影戏的高手有丁仪、瘦吉等人。刘百禽最善于玩虫蚁。孔三传在表演秀才诸宫调方面最拿手。毛详和霍百丑会搞商谜。吴八儿表演合笙。张山人等人说诨话。刘乔、河北子、帛遂、胡牛儿、达眼五、重明乔、骆驼儿、李敦等人都是杂班外入。孙三扮演神鬼。霍四究讲说《三分》。尹常卖讲说《五代史》。文八娘表演叫果子。还有很多，不能一一阐述。不论是春夏秋冬，也不论是晴天雨天，瓦子里的各个看棚都是爆满的。教坊和钧容直每逢旬休日会有演出，容许外人观看。如果大内举行一次宴会，那么在宴会前的一个月里，教坊就会组织女学徒和小儿们进行队舞排练，同时也会进行杂剧排练。

娶妇

凡娶媳妇，先起草帖子[①]，两家允许，然后起细帖子[②]，序三代名讳[③]，议亲人有服亲田产官职之类[④]。次檐许口酒[⑤]，以络盛酒瓶[⑥]，装以大花八朵、罗绢生色或银胜八枚[⑦]，又以花红缴檐上[⑧]，谓之“缴檐红”，与女家。女家以淡水二瓶，活鱼三五个，箸一双，悉送在元酒瓶内，谓之“回鱼箸”。或下小定、大定[⑨]，或相媳妇与不相。若相媳妇，即男家亲人或婆往女家[⑩]，看中即以钗子插冠中，谓之“插钗子”；或不入意，即留一两端彩段与之压惊[⑪]，则此亲不谐矣。其媒人有数等，上等戴盖头[⑫]，着紫背子[⑬]，说官亲宫院恩泽[⑭]；中等戴冠子[⑮]，黄包髻[⑯]、背子，或只系裙，手把青凉伞儿，皆两人同行。下定了[⑰]，即旦望媒人传语[⑱]。遇节序[⑲]，即以节物头面羊酒之类追女家[⑳]，随家丰俭。女家多回巧作之类。次下财礼，次报成结日子[㉑]，次过大礼[㉒]。先一日或是日早，下催妆冠帔花粉[㉓]，女家回公裳、花幞头之类[㉔]。前一日，女家先来挂帐，铺设房卧[㉕]，谓之“铺房”。女家亲人有茶酒利市之类[㉖]。至迎娶日，儿家以车子或花檐子发迎客，引至女家门。女家管待迎客，与之彩段，作乐催妆上车檐，从人未肯起，炒咬利市[27]，谓之"起檐子"。与了然后行。迎客先回至儿家门，从人及儿家人乞觅利市钱物花红等[28]，谓之"栏门"。新妇下车子，有阴阳人执斗[29]，内盛谷豆钱果草节等，呪祝望门而撒[30]，小儿辈争拾之，谓之"撒谷豆"，俗云厌青羊等杀神也[31]。新人下车檐，踏青布条或毡席，不得踏地。一人捧镜倒行，引新人跨鞍蓦草及秤上过[32]，入门于一室内，当中悬帐，谓之"坐虚帐"；或只径入房中坐于床上，亦谓之"坐富贵"。其送女客，急三盏而退，谓之"走送"。众客就筵三杯之后，婿具公裳，花胜簇面[33]，于中堂升一榻，上置椅子，谓之"高坐"。先媒氏请，次姨氏或妗氏请[34]，各斟一杯饮之；次丈母请，方下坐。新人门额[35]，用彩一段，碎裂其下，横抹挂之[36]，婿入房，即众争撦小片而去[37]，谓之"利市缴门红[38]"。婿于床前请新妇出，二家各出彩段，绾一同心，谓之"牵巾"，男挂于笏[39]，妇搭于手，男倒行出，面皆相向，至家庙前参拜毕，女复倒行，扶入房讲拜[40]，男女各争先后，对拜毕，就床，女向左，男向右坐。妇女以金钱彩果散掷，谓之"撒帐"。男左女右，留少头发，二家出匹段、钗子、木梳、头须之类[41]，谓之"合髻"。然后用两盏以彩结连之，互饮一盏，谓之"交杯酒"。饮讫，掷盏并花冠子于床下，盏一仰一合，俗云"大吉"，则众喜贺。然后掩帐讫，宫院中即亲随人抱女婿去[42]，已下人家即行出房，参谢诸亲，复就坐饮酒。散后，次日五更，用一卓，盛镜台镜子于其上，望上展拜[43]，谓之“新妇拜堂”。次拜尊长亲戚，各有彩段、巧作、鞋、枕等为献，谓之“赏贺”。尊长则复换一匹回之，谓之“答贺”。婿往参妇家，谓之“拜门”。有力能趣办[44]，次日即往，谓之“复面拜门”，不然，三日、七日皆可，赏贺亦如女家之礼。酒散，女家具鼓吹从物，迎婿还家。三日，女家送彩缎油蜜蒸饼，谓之“蜜和油蒸饼”。其女家来作会[45]，谓之“煖女[46]”。七日则取女归，盛送彩段头面与之，谓之“洗头”。一月则大会相庆，谓之“满月”。自此以后，礼数简矣。

注释

①起：书写，起草稿。草帖子：指内容较简约的庚帖。

②细帖子：内容详尽的庚帖。

③序三代名讳：按辈分的先后罗列男方或女方的曾祖父、祖父和父亲这上三代人的名讳（即名字）。

④议亲人：提亲的一方。服亲田产官职：指五服之内近亲们的田地、财产、官职情况。

⑤许口：答应成为亲家。

⑥络盛酒瓶：把酒瓶装进一个网袋里。

⑦罗绢：罗缎的制品。生色：颜色鲜亮。银胜：女用的头饰。

⑧花红：红色的彩绢条。缴：拴牢。

⑨小定、大定："定"指男家向女家馈赠定亲礼。男家往女家送定礼被称为"谢允"。当男家到女家谢允时，往往视男方的家道来确定给女家究竟是下"大定"抑或"小定"。"小定"也叫"过小帖"，实际上是"文定"，其意义在于约束双方恪守婚约。"大定"的另一个名称是"过大礼"，也就是古代的"纳徵"（或叫"纳币"）之仪，实际上是男方向女方送彩礼，仪式规模仅次于迎娶。

⑩亲人：指直系的亲人。婆：男方的母亲或与母亲同辈份的亲人。

⑪端：宋时布、帛买卖的长度单位。以六丈为一端。

⑫盖头：幞头。

⑬背子：一种对襟的长上衣，其长过膝但衣上无任何纽扣。男、女均可着。

⑭官亲：指男方的直系亲属中有在朝廷做官的人。官院恩泽：指男方的直系亲属与皇亲国戚的联姻关系。

⑮冠子：宋朝时一种高档女帽，仿当时贵夫人戴的冠的式样而制成。

⑯黄包髻：宋时一度很流行的黄色女用包头巾。

⑰下定了：男方向女家下了聘礼之后。

⑱即旦望媒人传语：在下了聘礼之后的第一个初一（或第一个十五），由媒人出面，在两家之间传话。

⑲遇节序：恰遇节日。

⑳节物：适合在节日送出的礼物。头面：妇女头饰品。羊酒：羊肉与酒。追：馈送。

㉑成结日子：成亲的日子。

㉒过大礼：举行婚礼。

㉓下：男方向女家赠送。催妆：宋时风俗，男方应在成婚的前一日或成婚当日的清晨，多次派人到女家催促女方梳妆打扮，准备启程，同时给女方送去婚礼上的冠和帔以及花粉。花粉：头饰和化妆品。

㉔公裳：官服和官帽。

㉕铺设房卧：把女家送到男家来的嫁妆在新房里陈列出来。

㉖利市：在婚庆、喜庆或节日上赠送给别人的喜钱。

㉗炒咬：以玩笑的方式索要。

㉘花红：在婚庆上送给他人的礼物。

㉙阴阳人：以看风水、相宅、相墓、占卜为生的人。斗：装米的斗子。

㉚呪：祝祷。

㉛厌：禳压。青羊等杀神：指青羊、乌鸡、青牛这三个煞神。

㉜跨鞍蓦草及秤上过：新妇在男家大门口下了轿（檐）或下了车，在入新女婿家门前必须跨过一个马鞍，一小堆干草和一杆秤。

㉝花胜簇面："花"与"胜"指头部和脸部的饰物。簇面，把脸团团围住。

㉞姨氏：母亲的姐妹家。妗氏：母亲的兄弟家。

㉟门额：门楣的最上方。

㊱横抹挂之：把一段彩缎按水平的方向挂在门楣上方，然后用剪刀在彩缎靠下的一边（即与门楣平行的那个边）上竖向地剪出很多口子，方便旁人从彩缎上扯下一小块。

㊲撦：即“扯”。

㊳利市缴门红：新房门上的红色，象征吉祥。利市，吉祥，吉利。缴，固定于。

㊴笏：新郎手中拿的类似笏的婚礼道具。

㊵讲拜：妇拜而婿答拜。

㊶头鬏：一种形似谷穗的妇女头饰，可固定在发髻上。

㊷亲随人：贴身随从人员。

㊸望上展拜：跪拜礼。

㊹趣办：迅速办好。趣，通“趋”，迅速。

㊺作会：举行聚会。

㊻煖女：即“暖女”，婚后三日，娘家为之送食。

译文

娶媳妇的人家，要写好一个草帖子，送到女方家里。待女方允诺之后，由男方家庭写出求婚的细帖子。细帖子里书明男方前三代男性先人的名讳以及男方的近亲情况，包括他们的田地、财产、官衔。接着男方家庭要派专人用担子挑着给女方家庭送去酒礼。这个酒被称为“许口酒”。若干瓶许口酒要装进一个网袋里送去，而且在网袋上应装饰八朵大的花。还要送去颜色鲜亮的罗绢，或是八枚银质花胜。用来送许口酒的担子要缠绕着花红。这叫“缴檐红”，也就是把担子缠上红彩。女家对此答以回礼。回礼包括两个水瓶，瓶里装着清水，三至五条活鱼，一双筷子，筷子应该置于瓶内，这叫“回鱼筷”。这个时候，男家给女家下大定，或是下小定。男方也许会提出到女家看一下。男家派出男子的近亲或男子的母亲（或与母亲同辈份的亲人）到女家去。如果男家相亲后认为满意，那么男家派来的相亲人就会把一枚钗子插入一个女冠中。这种举动叫“插钗子”。但如果男家认为不合意，那么相亲人就会给女家留下一两端彩缎，这叫“压惊”，表示提亲的事到此结束。媒人分成几等。上等的媒人通常头上戴着“盖头”，身穿紫色的“背子”。他们专门跑达官贵人的家庭或者皇亲国戚的家庭。中等的媒人戴着“冠子”和黄色的包头巾，身上穿着“背子”，有时穿着裙子，手里总是拿一把青色遮阳伞。这些人出门做媒的时候总是两人结伴同行。一旦男家给女家下了定，那么在下定的那个月份的第一个初一，媒人就开始在两家之间来回传话。如果媒人进行第一次传话时恰逢一个节日，那么男家就应该给女家送去衣饰、羊肉以及酒类。至于礼物的丰俭程度，就看男家的财力而定。女家要给男家送去回礼，回礼中主要的物件就是女子亲手做的各种女红。到了这时，男家就可以向女家下彩礼了。在下过彩礼之后，男家便可以提出结婚日期的建议。双方商定日期后，便举行婚礼。在成婚日期的前一天或是当天清早，男家就会派人到女家“催妆”，同时给女家送去冠、帔、头饰、化妆品。对此女家的回礼是公裳、绣花幞头之类。在婚期的前一天，女家会派人到男家来张挂帐幔，而且要把女家送到男家的嫁妆通通在新房里陈列出来，这叫“铺房”。在“铺房”的过程中，男家应当用茶、酒招待女家的来人，还要拿利市送给来人。成婚当天，男家派人到女家迎新娘。这些男家派出的迎客要到女家的大门口等待。女家负责接待迎客，还要送彩缎给他们。迎客到达女家大门口后，开始吹吹打打，敲锣击鼓，催新娘梳妆上轿。但是等到新娘可以上轿的时候，那些给新娘抬轿子的人却不肯起身，故意吵吵闹闹，要女家给他们送“利市”，否则就不抬轿子。人们把这一招叫“起檐子”。只有把利市给了抬轿子的，他们才肯抬起轿子走。这时男家派来的那些迎客早就赶回男家的大门口，等待迎接新娘。轿夫和男家的一些跟随花轿来女家的人在女家索要利市、钱物、花红的行径被称为“栏门”。当新娘子在男家大门口下了轿子之后，就有阴阳生手捧一个装粮食用的斗子出来。斗子里装的是谷豆钱、果草节。这时阴阳生就开始祝祷，而且从斗子里抓起豆、谷等往大门的方向撒去。小孩们就蜂拥而上，抢拾阴阳生撒出的东西。阴阳生的举动称为“撒谷豆”。老百姓有个说法：撒谷、豆可以压住青羊、乌鸡、青牛这三个煞神。新娘下了轿子之后，只可以在地面上铺好的青布条或毡席上走，不可以踏到裸露的地面。这时就会出来一个人，手里捧了一个打开的“鸳鸯镜”，面向新娘，倒退着行走，引导新娘跨过一个马鞍、一小堆干蓦草和一杆秤。新娘进门之后就被引到一个房间里。在房间的中央悬挂了一个帷帐，新娘坐下来，这叫“坐虚帐”。也有可能带进一个房间，让她在一张床上坐下，这叫“坐富贵”。那些跟从新娘来的娘家人这时急忙喝下三杯酒，退出房间，这叫“走送”。然后，请所有来贺的客人就座。酒过三杯之后，新女婿就身着公裳，所戴的花胜把他的头和脸都遮盖住了。这时，厅堂的中央摆一张榻，榻上置放一把椅子。这个椅子叫“高坐”。新郎就座于高坐。这时媒婆就过来请新郎下座。新郎不动。于是一位姨妈或妗子过来请新郎下座，而且姨或妗还给他倒了一杯酒让他喝。他仍旧不动。这时丈母娘出场，请新女婿下座。只有丈母娘来请，新郎才肯下座。这时众人拿来一块长方形的彩缎，把它的一个宽边用剪刀剪了很多的口子，这样别人就能扯下一小绺。等到新女婿从高坐上下来，走进新房，众人就争着去从那块缎上扯下一小块来。这叫“利市缴门红”。新女婿走到床前，请新娘出来。新娘出来后，两家人就赶紧各拿出一块彩缎，绾一个“同心结”。这个举动叫“牵巾”。于是新郎把同心结的一个边搭在他手执的笏板上，新娘则把同心结的另一个边搭在她自己的手上。接着新郎和新娘就要从新房里退出来。在退出来的时候，新郎是倒退着走的，这样新郎和新娘总是面面相对。他们一起走到家庙里参拜男家的祖先。参拜完毕后，由别人扶着新娘倒退着走回到新房去。两人进了新房后，就要开始“讲拜”

了。所谓讲拜，就是夫妻对拜。对拜开始后，男、女双方都抢着先拜对方。对拜完了之后，两人就都坐到床上，这时新郎脸要向右，而新娘脸要向左。他们周围的妇女们就向他们俩投掷钱和用彩绢做的花果，这叫“撒帐”。这时旁人从新郎头的左侧剪下少许头发，从新娘头右侧剪下少许头发，然后把这两人剪下的头发放到一起。这时两家就分别拿出整匹的缎子、梳子、头饰等物品，和新婚夫妇剪下的头发收拾在一起，这叫“合髻”。然后拿出两个酒杯，用彩结把两个酒杯连到一起，向酒杯里倒满酒，新郎和新娘各饮一杯。两人饮完后，就把两个酒杯和新娘戴的花冠全都扔到床底下去。如果酒杯在床底下呈一仰一覆，那就被视为大吉大利。在这种情况下，众人就赶紧过来贺喜。婚礼进行到这里，就可以掩帐了。如果新娘的娘家是皇亲国戚的话，那么从皇宫里跟随着新娘来的人就马上把新郎抱走。如果新娘的娘家不是皇亲国戚的话，那么这时新郎、新娘以及两家的亲人们就从新房里退出来，向厅堂里的来客们道谢。然后客人们仍归座喝酒。宴席结束以后，客人们就散去。第二天五更时分，摆出一张桌子，桌上放镜台及镜子。新妇就在桌前行跪拜礼，这叫“新妇拜堂”。然后新妇拜尊长和亲戚，并分别向他们敬献礼物，无非是新妇做的女红、鞋、枕头等，这叫“赏贺”。长辈们则分别把他们自己带来的一匹彩缎赠送给新婚夫妇，这叫“答贺”。然后新女婿要去新妇的家参拜岳父、岳母，这叫作“拜门”。如果新郎家能很快把需要的礼品备齐，那么新女婿在结婚的次日就去“拜门”，这叫“复面拜门”。风俗允许新郎在三到七日内进行拜门。在拜门时，新女婿也要像新妇在夫家给长辈们赏贺那样，给岳父母和长辈赏贺。在岳父家领了宴席之后，岳父母也要备鼓乐和礼物送新女婿回家。婚后第三天，女家会给男家送来彩缎和油蜜蒸饼。这种饼叫“蜜和油蒸饼”。在送蜜和油蒸饼的同时，女家会有人到男家来，和男家人聚会，这叫“煖女”。婚后第七天，女家会派人接新妇回娘家，同时送给新妇彩缎和首饰，这叫“洗头”。婚后一个月，两家聚会庆祝，这叫“满月”。在这之后，两家来往和聚会就简单了，也少了。

育子

凡孕妇入月[①]，于初一日父母家以银盆，或镀或彩画盆[②]，盛粟秆一束，上以锦绣或生色帕複盖之，上插花朵及通草帖罗五男二女花样[③]，用盘、合装送馒头，谓之“分痛”。并作眠羊、卧鹿羊生、果实，取其眠卧之义。并牙儿衣物绷籍等[④]，谓之“催生”。就蓐分娩讫，人争送粟米炭醋之类。三日落脐灸囟[⑤]。七日谓之“一腊”。至满月则生色及绷绣钱[⑥]，贵富家金银犀玉为之，并果子，大展洗儿会[⑦]，亲宾盛集，煎香汤于盆中，下果子、彩钱、葱、蒜等，用数丈彩绕之，名曰“围盆”。以钗子搅水，谓之“搅盆”。观者各撒钱于水中，谓之“添盆”。盆中枣子直立者，妇人争取食之，以为生男之征。浴儿毕，落胎发，遍谢坐客。抱牙儿入他人房，谓之“移窠”。生子百日置会，谓之“百晬”。至来岁生日，谓之“周晬”，罗列盘琖于地[8]，盛果木、饮食、官诰、笔研、筭秤等，经卷、针线、应用之物，观其所先拈者以为征兆，谓之“试晬”。此小儿之盛礼也。

注释

①入月：孕期足一个月。

②镂：宋朝时民间常用的一种铜。

③通草：即通脱树，其树皮可以充纸用。帖罗：粘贴。五男二女花样：即五男二女的图像。在宋朝，“五男二女”是家庭美满的象征，也象征子嗣繁多。

④牙：通“伢”，小儿。绷籍：绷席，包裹婴儿的小被褥。

⑤落脐：断新生儿的脐带。灸囟：用艾火灸初生婴儿的颅囟，同时也灸脐下，以促其头缝闭合。

⑥绷绣钱：用绷绣的绣法在帛、缎上绣出金钱的图案。绷绣，一种刺绣的绣法。

⑦洗儿会：宋时民俗，在婴儿出生三日以及满月时为其洗澡，届时要宴请亲戚朋友，谓之“洗儿会”。

⑧盘琖：碟子和小酒杯。

译文

妇女怀孕满一个月后的第一个初一，她的父母会用一个银盆子装上一小束谷草的秸秆，并用一块好看的丝巾覆盖在秸秆上。丝巾上放了花朵和通脱树皮。在树皮上粘贴有五男二女的绘图。孕妇的娘家还会给她送去装在盘状盒子里的糕点，叫“分痛”。在通脱树皮上还有睡着的羊、卧着的鹿、落地的果实等图画。娘家还会送来婴儿的衣着、小被褥，这叫“催生”。分娩之后，亲戚朋友就争相送来粟、米、炭、醋等物品。婴儿出生后的第三天要脱脐和灸颅囟。满七日叫“一腊”。到了婴儿满月要送色彩鲜亮的衣料和用绷绣做成的金钱，还有果子等物。有钱的人家不是用绷绣做成金钱，而是用金银或犀牛角或玉来做。这时婴儿的父母就要办很像样的“洗儿会”来答谢。很多亲友都会来参加的。洗儿会那一天要烧一盆加了各种香料的汤水，汤里要放进水果、各种颜色的钱币、葱、蒜，还要用一根几丈长的彩线贴绕在盆的外边，这叫“围盆”。然后，用一根钗子搅动盆里的水，这叫“搅盆”。围观的人会把钱币撒进水中，叫“添盆”。如果水中的枣子有飘浮着的，那么已婚的妇女就会马上伸手去把这样的枣子抢过来吃掉，因为这样的枣子是生男婴的征兆。婴儿洗完澡，就要把胎发剃掉。在婴儿落了胎发后，他的父母向所有在场的客人道谢。这时就要把婴儿抱到另一个房间里，这叫“移窠”。婴儿出生后的百日，家长还要举行庆祝会，这叫“百晬”。足一岁的那一天，叫作“周晬”。在这一天，家长在地上摆了盘、碗、小酒杯等容器，里面分别装水果、食品、饮料、笔、砚、纸、计数的筹码、朝廷的委任状、书本、针、线、日常用品等。然后，把婴儿抱来，让他随便挑选，看他究竟会拿些什么东西，以此来判断他长大以后的志向，这叫“试晬”。周岁庆祝对于家长来说是一件大事。

卷　六

正月

正月一日年节，开封府放关扑三日[1]。士庶自早互相庆贺，坊巷以食物、动使、果实、柴炭之类，歌叫关扑。如马行、潘楼街、州东宋门外、州西梁门外踊路[2]、州北封丘门外及州南一带，皆结彩棚，铺陈冠梳、珠翠、头面、衣着、花朵、领抹、靴鞋、玩好之类，间列舞场歌馆，车马交驰。向晚，贵家妇女纵赏关赌[3]，入场观看，入市店馆宴，惯习成风，不相笑讶。至寒食冬至三日亦如此。小民虽贫者，亦须新洁衣服，把酒相酬尔。

注释

①关扑：一种赌博游戏，但其赌注是实物。

②踊路：即甬路，两旁有高墙的驰道或通道。

③关赌：即关扑。

译文

农历元月初一是年节，从这一天起的三天内，开封府不抓关扑赌。一大早起来，老百姓见面相互拜年。街头巷尾都在玩关扑。拿来做赌注的东西真是五花八门，食品、生活用品、水果甚至木炭都可以当赌注。在马行街、潘楼街、州东宋门外、州西梁门外甬道、州北封丘门外及州南一带都扎起彩棚。花楼彩棚的下面尽是摆摊的，卖的东西有帽、冠、梳子、珠翠饰物、头饰、衣裳、手制的花朵、领巾、额抹、靴、鞋、小玩物。间或有几家演出歌舞的场所。路上车水马龙，来往不绝。到了傍晚，连富贵人家的女人也都出来，或观看赌博场面，或看歌舞，或到饮食店吃东西。人们对此习以为常，不会惊讶讪笑。在冬至和寒食，开封府也同样放关扑三天。城里的热闹情景也和上面的差不多。在这样的三天里，即便家道很贫穷的也穿上一身新的或洁净的衣裳，在一起喝点酒。

元旦朝会

正旦大朝会[①]，车驾坐大庆殿，有介胄长大人四人立于殿角，谓之“镇殿将军”。诸国使人入贺。殿庭列法驾仪仗[②]，百官皆冠冕朝服，诸路举人、解首亦士服立班[③]，其服二梁冠、白袍青缘[④]。诸州进奏吏[⑤]，各执方物入献。诸国使人，大辽大使顶金冠，后檐尖长，如大莲叶，服紫窄袍，金蹀躞[⑥]；副使展裹金带[⑦]，如汉服。大使拜则立左足，跪右足，以两手着右肩为一拜。副使拜如汉仪。夏国使副，皆金冠，短小样制，服绯窄袍、金蹀躞、吊敦[8]，皆叉手展拜。高丽与南番交州使人并如汉仪。回纥皆长髯高鼻[9]，以匹帛缠头，散披其服。于阗皆小金花毡笠[10]，金丝战袍束带，并妻男同来，乘骆驼，毡兜铜铎入贡[11]。三佛齐皆瘦脊缠头[12]、绯衣上织成佛面。又有南蛮五姓番，皆椎髻乌毡[13]，并如僧人礼拜。入见，旋赐汉装锦袄之类[14]。更有真腊、大理、大食等国[15]，有时来朝贡。其大辽使人在都亭驿，夏国在都亭西驿[16]，高丽在梁门外安州巷同文馆[17]，回纥、于阗在礼宾院[18]，诸番国在瞻云馆或怀远驿[19]。唯大辽、高丽就馆赐宴。大辽使人朝见讫，翌日诣大相国寺烧香。次日，诣南御苑射弓，朝廷旋选能射武臣伴射，就彼赐宴，三节人皆与焉[20]。先列招箭班十余于垛子前[21]。使人多用弩子射，一裹无脚小幞头子、锦袄子辽人，踏开弩子，舞旋搭箭，过与使人[22]，彼窥得端正，止令使人发牙[23]。例本朝伴射用弓箭，中的则赐闹装[24]、银鞍马、衣着、金银器物有差[25]。伴射得捷，京师市井儿遮路争献口号[26]，观者如堵。翌日，人使朝辞。朝退，内前灯山已上彩，其速如神。

注释

①大朝会：农历正月初一，诸侯、藩镇及外国使臣到金銮殿朝见天子的朝会。

②法驾：天子卤簿中的一种，共分为三种：大驾、法

驾、小驾，各有不同的仪仗。在大朝会的场合多使用法驾。

③立班：官员在上朝时站立于应当站立的位置上。

④二梁冠：在封建时代，官员冠上的梁数表明他的官阶。梁数越多则官阶越高。最高为七梁，最低为二梁。白袍青缘：镶有黑边的白色袍子。

⑤进奏吏：按宋制，各路各州都可以在京师设立一个办事机构，犹如今天各省在北京设立的办事处。负责人叫"进奏官"(即本文中所说的"进奏吏")。某个州的进奏官应当是该州人氏，其职责是向朝廷呈交本州的公文，并将朝廷的诏令以及朝廷各部门的行文送回本州。

⑥金蹀躞：在带鞓上系佩物品的腰带。不同国家使臣的金蹀躞不尽相同。我国古代北方诸游牧民族所佩的蹀躞属于他们的传统服饰，不同于汉代以来汉族官员附垂环以佩刀剑的那种腰带。腰带上悬挂的物品也称蹀躞。

⑦展裹：辽国和金国官员穿的公服。

⑧吊敦：一种袜与裤相连的服装，但裤不完全连袜，而是在裤筒下口踝骨处缝有一条横的套带，穿时将套带蹬于足心。吊敦外形很像现代的脚蹬裤。

⑨回纥：隋、唐时我国西北部的一个民族，有十五个部落，以游牧为主。其先人乃古匈奴人。

⑩于阗：古代西域的一个国家，但在北宋时因其国力衰弱而为回纥所灭。地点在今新疆和田一带，出

产玉石。

⑪毡兜：用毡料制作的大袋子，用来装储物件，以供骆驼驮运。铜铎：铜铃铛。

⑫三佛齐：印度尼西亚苏门答腊地区的一个古国。其国名为“室利佛逝国”。盛产椰子、槟榔。与宋朝交往较多。

⑬乌毡：黑色的毡帽。

⑭锦袄：用锦缎做成的袄，多为宫中人的衣着。

⑮真腊：今柬埔寨。大理：古国，在今云南境内。大食：当为“大石”，唐代以来把阿拉伯叫作大石，原是波斯某一部族的名字。

⑯都亭西驿：宋朝的一个官衙，负责处理河西走廊的藩国进贡事宜。

⑰同文馆：宋朝专门负责高丽王朝交往事宜的官衙。

⑱礼宾院：宋朝专门负责接待来自回纥、吐蕃、党项、女真等朝贡事宜的官署。

⑲瞻云馆：处于宜秋门外。专门负责接待外国使臣。怀远驿：负责接待南蕃交州、西蕃、龟兹、大食、于阗、甘沙、宗哥的使臣。

⑳三节人：也称“三节人从”，指使臣的主要随员。

㉑招箭班：由招募来的善弓箭者组成的一个单位，原称为“东西班承旨”，从属于“东西班弩手龙旗直”。

㉒过：转交给。

㉓发牙：弩上的机关，只要一搬动它，箭就被射出去。

㉔闹装：骑马时使用的装饰华丽的带子。

㉕有差：视情况而有区别。

㉖口号：褒奖之辞。

译文

农历正月初一，皇帝驾临大庆典，举行大朝会。殿的四个角落各有一位身躯壮伟的大汉，称为“镇殿将军”。礼仪开始后，各国的使臣就陆续进入殿庭拜贺。院内摆放着天子的法驾和仪卫。参加朝会的官员都要戴上各自的冕或冠，穿上在仪典场合应当穿着的朝服。来自全国各路的举子和解元也都穿上士服，按各自班次站立。这些举人和解元穿的都是镶了黑边的大白袍子，头上戴着二梁冠。各个州的进奏吏则逐一到殿上报告进贡的礼品。之后，外国使臣逐一觐见。大辽国的使臣戴的是一顶金色的冠，冠的后檐又尖又长，看起来就像一片莲叶。他身上穿的紫袍子是窄身的，腰间的腰带是金的，带上还挂了一些物件。辽国的副使臣穿的是他自己国家的官服，在腰上围了一根金腰带。他的装束倒有点像汉人的服饰。辽国使臣行礼的时候右腿下跪，左小腿立着，左膝朝上。他的每一拜总以两手触及右肩。他的副使拜皇帝的时候和汉人拜皇帝的礼数一样。夏国的大使和副使的穿戴是一样的，都戴着形制较小的金冠，上身穿着粉红色的窄小袍子，腰上围着金蹀躞，下身着吊敦裤子。他们在跪拜的同时双手放在胸前，左手紧把右手大拇指，其左手小指则指向右手腕，而右手四指皆伸直，左手大指向上。朝鲜使臣和南番交州使臣在殿上拜贺时所行的礼仪与汉人拜见皇帝的礼仪相同。回纥使臣都是高鼻梁，长胡须，用长长的帛缎包裹住头发和头顶，披着穿在最外面的衫子。于阗来的使臣一律戴着饰以金花的小毡斗笠，身穿镶有金丝的战袍，在腰间束一条带子。这位使臣把他的妻子和儿子一起带来朝见皇帝。他们骑了几匹骆驼，骆驼驮了装满贡品的毡兜。骆驼的身上挂有铜铃铛。三佛齐的使臣个个瘦削，头上缠布帛，而不是戴帽子。穿的衣服是浅红色的，绣有佛像。南蛮使臣的头发都梳到脑后成椎髻,戴黑色的毡帽。他们在殿上施行的礼数和一般僧人拜佛的礼数相同。在这些使臣拜见之后，朝廷就分别赐给他们汉族式样的锦袄以及其他一些礼物。除了上述的外国使臣，还有真腊、大理、大食等国的使臣，但这些国家并不是每年正月初一都来朝贺。辽国的使臣被安排在都亭驿下榻。夏国使臣被安排在都亭西驿下榻。朝鲜使臣被安排在梁门外安州巷同文馆。回纥和于阗使臣被安排在礼宾院。其他番国使臣或是在瞻云馆，或是在怀远驿。只有辽国和朝鲜使臣是在他们所下榻的地方，由朝廷设宴招待。在朝会的次日，辽国使臣赴大相国寺烧香。朝会后的第二天，去南御苑射箭。朝廷选出善于射箭的武臣作陪。朝廷在南御苑设宴招待，使臣的所有随从都被邀赴宴。南御苑的箭垛前面安排十多个招箭班的成员，在那里照应。辽国使臣和他的随从大多用弩来射箭。他的随从中出来一个头戴无脚小幞头、身穿锦袄的辽国人，走上前去，用脚踏开弩弓，用手摆弄弩上的机关，把箭安装上。然后，把弩交给辽使。这个辽人自己则开始瞄准。待瞄准好后，示意使臣扳动机牙发弩，弩箭便被发射出去。依照惯例，朝廷派去伴射的箭手们用弓箭伴射。如果一个箭手一箭中的，那么朝廷要赐给闹装、银鞍马、衣着、金银器物之类的物品。究竟赐给什么具体的物品，则要视具体的情况而定。凡是伴射中的的箭手，从南御苑回皇宫的路上会受到京都年轻人的夹道欢迎，人们争先恐后地诵奖。一路上人山人海，围观伴射中的的箭手。在射箭后的次日，各国使臣就陆续向朝廷辞行了。他们清晨到朝里辞行，待到他们都走了，皇帝退朝，大内前面的灯山上张灯结彩的工程也就完工了。这个工程的进度竟是这么神速！

立春

立春前一日，开封府进春牛入禁中鞭春[①]。开封、祥符两县[②]，置春牛于府前。至日绝早，府僚打春，如方州仪[③]。府前左右，百姓卖小春牛，往往花装栏坐，上列百戏人物，春幡雪柳[④]，各相献遗。春日，宰、执、亲王、百官，皆赐金银幡胜[⑤]。入贺讫，戴归私第。

注释

①进：向皇宫里送进。春牛：用泥巴塑成的牛，用于打春。在立春的前一天，用鞭或杖打用泥巴塑成的“春牛”，直到把泥牛打碎，以此劝农。打春也叫鞭春，旧时各州县于立春这一天鞭打春牛以祈丰年。

②开封、祥符：当时这两个县均隶属于开封府。

③方州：对州的行政长官的称呼。仪：例行规则。

④春幡：指迎春的旗幡。大一点的春幡可以挂在树枝上，用绢片剪成的微小春幡可以插在妇女的头髻上。雪柳：用纸或绢制成的头花，宋代妇女常于立春和元宵这两个节日把雪柳戴在头上。

⑤幡胜：用金银箔或彩绢制作的头饰或小玩物，在立春前后相互馈送。

译文

在立春的前一天，开封府就把一头“春牛”送入禁中，作为宫中鞭春之用。开封县和祥符县则把“春牛”摆放在县衙门前。立春那一天的大清早，县府里的官员们就都来打春了，这是州行政首长的定例。县衙门附近的百姓有卖“小春牛”的。这种“小春牛”样子花哨，在它的周边还围上小栏杆。小栏杆里置放着百戏里的人物像。在民间，人们还会做些春幡和雪柳来相互赠送。立春这一天，宰相和执政以及亲王、百官要到宫里向皇帝行立春日的拜贺，而皇帝则要把各种金箔或银箔的幡胜分赐给他们。拜贺仪式结束后，他们把皇帝赐的礼物带回到自己家。

元宵

正月十五日元宵，大内前自岁前冬至后，开封府绞缚山棚[①]，立木正对宣德楼。游人已集御街，两廊下奇术异能，歌舞百戏，鳞鳞相切，乐声嘈杂十余里。击丸蹴踘[②]，踏索上竿[③]。赵野人倒吃冷淘[④]。张九哥吞铁剑。李外宁药法傀儡。小健儿吐五色水[⑤]，旋烧泥丸子。大特落灰药。榾柮儿杂剧。温大头、小曹嵇琴[⑥]。党千箫管[⑦]。孙四烧炼药方、王十二作剧术[⑧]。邹遇、田地广杂扮[⑨]。苏十、孟宣筑球[⑩]。尹常卖《五代史》。刘百禽虫蚁。杨文秀鼓笛。更有猴呈百戏，鱼跳刀门，使唤蜂蝶，追呼蝼蚁。其余卖药、卖卦、沙书地谜[⑪]，奇巧百端，日新耳目。至正月七日，人使朝辞出门，灯山上彩，金碧相射，锦绣交辉。面北悉以彩结山沓，上皆画神仙故事。或坊市卖药、卖卦之人，横列三门，各有彩结，金书大牌，中曰“都门道”，左右曰“左右禁卫之门”，上有大牌曰“宣和与民同乐”。彩山左右，以彩结文殊、普贤[⑫]，跨狮子、白象，各于手指出水五道，其手摇动。用辘轳绞水上灯山尖高处，用木柜贮之，逐时放下，如瀑布状。又于左右门上各以草把缚成戏龙之状，用青幕遮笼，草上密置灯烛数万盏，望之蜿蜒如双龙飞走。自灯山至宣德门楼横大街，约百余丈，用棘刺围绕，谓之“棘盆”。内设两长竿，高数十丈，以缯彩结束，纸糊百戏人物，悬于竿上，风动宛若飞仙。内设乐棚[13]，差衙前乐人作乐杂戏[14]，并左右军百戏[15]，在其中驾坐一时呈拽[16]。宣德楼上皆垂黄缘帘，中一位乃御座。用黄罗设一彩棚，御龙直执黄盖掌扇[17]，列于帘外。两朵楼各挂灯球一枚，约方圆丈余，内燃椽烛。帘内亦作乐，宫嫔嬉笑之声，下闻于外。楼下用枋木垒成露台一所[18]，彩结栏槛，两边皆禁卫排立，锦袍，幞头簪赐花，执骨朵子[19]，面此乐棚。教坊、钧容直、露台弟子[20]，更互杂剧。近门亦有内等子班直排列[21]。万姓皆在露台下观看，乐人时引万姓山呼。

注释

①绞缚山棚：捆扎起高大的彩棚。绞缚，捆扎。山棚，高大的彩棚。在宋时，山棚亦名“彩山”。其设置的地点就在大内端门的正对面。在宋徽宗大观年间的开封府尹宋乔年在山棚中部的高处竖起一块大版，上面书写十个大金字“大观（即指徽宗皇帝）与民同乐万寿彩山”。自此之后，年年元夜彩山都竖立起这样的大版，只是把这十个金字中的皇帝年号按在位皇帝的年号加以改动而已。

②击丸：往昔的一种杂技表演，也叫“飞丸”。蹴踘：

原是古代一种球类运动，此处指一种既有踢毽动作又有踢球动作的技艺。

③踏索上竿：走高空悬索和爬竿的技艺。

④赵野人：表演这种技艺的艺人的名字。倒吃：指一个人后仰使自己的身体成反弓状，甚至头顶朝下到几近于自己裤裆的程度，然后伸开双手从助演的手中接过“冷淘”来吃。冷淘：指凉粉、凉面之类的食品。

⑤小健儿吐五色水：“小健儿”是表演该杂技的艺人的名字。关于他所表演的“吐五色水”大约是这样的：他先在台上行走和来回转，在助演开始击鼓的时候，他便可以从嘴中朝天喷出高四五尺的水柱，而且两手的指缝中也能喷出不同颜色的水柱。

⑥嵇琴：也称奚琴，为隋、唐时期北方奚族所使用，因而得名。旧时奚琴被称为“胡乐”。其制为两弦，间以竹片轧之，外形颇似后世的胡琴。也有人说它是胡琴的前身。

⑦箫管：箫管之制六孔，旁一孔用以加竹膜。有人说它就是“尺八管”。

⑧烧炼：炼丹术的异类，它与炼丹不同，因为它是艺术表演。药方已无从查考。剧术：包括射穿弩子、打弹、攒壶瓶（即古之投壶）、手影戏、弄头钱（“头钱”指关扑中定胜负的那一掷的钱数）、变线儿、写沙书、改字等。

⑨杂扮：即“杂班”。参看卷五中的“京瓦伎艺”。

⑩筑球：古代一种棒击的或脚踢的球戏。

⑪沙书地谜：表演者往往于露天设场，以白沙撒成字形，有单字、对联、诗词，边撒边唱。沙字结构匀称漂亮。沙书之字小者仅三四寸，大则二三尺。

⑫文殊、普贤：佛教的菩萨。文殊是释迦牟尼的左胁侍，持剑，骑青狮。普贤是释迦牟尼的右胁侍，乘白象。

⑬乐棚：艺伎娱乐的表演场所。

⑭杂戏：艺伎表演的一种。

⑮左右军：此指京都街道左右两侧，百戏即在街道上演出。百戏：包括上竿、跳索、倒立折腰弄碗注、踢瓶、筋斗。艺人有男有女，全都穿彩服，戴红巾。

⑯呈拽：进行妥帖的安排。

⑰掌扇：具有长柄的掌形大扇，属于皇家仪仗。

⑱露台：露天的、临时架设起来的演出舞台。

⑲骨朵子：也称为“古朵子”，古代的一种兵器，长柄，顶端用金属打造，形如拳头，多用作仪仗队道具。因杖头常是瓜形，也称为“金瓜”。在宋代，贵族仪仗也有用“骨朵子”的。

⑳露台弟子：到露台上做表演的年轻艺人。

㉑内等子：隶属于司法部门的执法人员。

译文

正月十五是元宵节。其实开封府从腊月的冬至起就开始在大内的前面结扎和搭建山棚。为搭建山棚而栽下的大木桩恰就正对着宣德门楼。到了元宵夜，众多的游人早就拥挤在御街上。御街两侧的走廊上到处是那些有奇术异能的人们在表演，还有歌、舞和百戏艺人的表演，一场表演紧挨着另一场表演。乐声、歌声、喧闹声，在十几里地以外都听得见。击丸蹴鞠，踏索上竿，赵野人倒吃冷淘，张九哥吞铁剑，李外宁演药法傀儡，小健儿吐五色水、旋烧泥丸子，大特落灰药，榾柮儿杂剧，温大头、小曹嵇琴，党千箫管，孙四烧炼药方，王十二作剧术，邹遇、田地广杂扮，苏述、孟宣筑球，尹常卖《五代史》，刘百禽虫蚁，杨文秀鼓笛。此外还有猴呈百戏，鱼跳刀门，使唤蜂蝶，追呼蝼蚁。再就是摆摊卖药的、卖卦的、表演沙书地谜的，真的是只有最最精彩的、最最奇异的节目才会到这里来演出，而且演出的节目没有隔日重复的。到正月初七，外国来朝贺的使臣就都辞别京都了。从这一天开始，灯山上的彩灯就都点亮了。那真是金光灿烂，交相映射。山上结扎的锦花绣结与灯光相互衬托。灯山朝向宣德楼门的那一面全都是用缤纷的五彩锦缎来结扎成层层叠叠。上面画了无数的神仙故事。平时在京城里卖药、占卜的那些人们现在聚集到山棚这儿来，他们动手在山棚前扎起了并排的三座门。每座门都张灯结彩，花团锦簇。在这三座门上各立了一个大木牌。中间那座门的木牌上用金色的大字写着“都门道”。左边那座门的木牌上写着“左禁卫之门”。右边那座门的木牌上写着“右禁卫之门”。灯山的中部有更大的一块木牌，牌上写着“宣和与民同乐”。灯山的左侧和右侧分别立了以彩缎色绢制作出来的文殊菩萨和普贤菩萨，分别跨着狮子和白象，各自的两手手指能喷射出五道水柱。在水柱往外喷的时候，他们的手也因之而摇动起来。这水来自灯山最高处的一个大木柜。用辘轳绞水，把水从地面送到木柜里存着。每隔一定的时间，就从木柜里往外放一次水。这样，水就像一道瀑布那样往下流淌。左右两座门上，用草把结扎成游动的龙。龙的全身都用青幕布包遮起来。草把上密密麻麻地置放几万盏灯。从远处望去，这两条龙简直就像是在蜿蜒飞翔。从灯山到宣德门楼横大街的距离大约是一百多丈。官府用棘刺把这一百多丈地段的地块包围起来，为的是不让平民百姓进入这个地块。被围起来的地块叫“棘盆”。在“棘盆”里立了两根长竿。每根竿的长度有数十丈，竿上都饰以多条彩色绳索。在这些彩色绳索上悬挂各式各样纸糊的百戏人物。这些纸做的人物可以在风力的推动下飘动。一阵风吹过来的时候，它们就在空中动起来了。“棘盆”里还搭了一个乐棚。在官署里当差的乐工就在棚里奏乐和表演些杂戏。大街左、右两侧走廊上有为数甚多的百戏演出。一切都准备好了，似乎就只等着皇帝御驾降临。宣德楼各处挂的镶着黄色边框的垂帘都已放下来，中央的那个座位就是皇帝的御座。御座用黄罗搭造的彩棚围了起来。御龙直的士兵们持着黄盖伞和掌扇，在一旁伺候。他们都排列在帘子的外面。宣德门的左、右两楼上则各挂了一个灯球，直径一丈多。灯球里点的蜡烛很粗，像根木椽。宣德楼的内大厅里也在演奏音乐，而且站在宣德楼下能听到宫中的妇女们在帘子后面的说笑声。在宣德楼下，临时用大枋木搭建起一个露天的戏台子。戏台的四周有用彩结装饰的栏杆。在露台的两边，分别整齐地排列着禁卫军的士兵。他们穿着锦袍，戴着幞头，幞头上簪着赐给他们的绢花，手中拿着骨朵子，面朝乐棚站立着。露台上演节目的是教坊和钧容直的艺人，以及那些被指定来演出的艺人。艺人们逐日更换他们演出的剧目。靠近宣德门的两边，有正在执勤的内等子成员，他们整齐地站立在那里。百姓们都聚集在露台下观看演出。台上的艺人和乐班里的人时不时地逗引台下的观众们高呼万岁。

十四日车驾幸五岳观

正月十四日，车驾幸五岳观迎祥池。有对御，谓赐群臣宴也。至晚还内。围子、亲从官皆顶球头大帽[①]，簪花，红锦团答戏狮子衫，金镀天王腰带，数重骨朵。天武官皆顶双卷脚幞头，紫上大搭天鹅结带宽衫[②]。殿前班顶两脚屈曲向后花装幞头[③]，着绯青紫三色撚金线结带望仙花袍[④]，跨弓剑，乘马，一扎鞍辔，缨绋前导[⑤]。御龙直一脚指天一脚圈曲幞头[⑥]，着红方胜锦袄子[⑦]，看带束带，执御从物，如金交椅、唾盂、水罐、果垒、掌扇、缨绋之类。御椅子皆黄罗珠蹙[⑧]，背座则亲从官执之。诸班直皆幞头锦袄束带。每常驾出有红纱贴金烛笼二百对，元宵加以琉璃玉柱掌扇灯。快行家各执红纱珠络灯笼[⑨]。驾将至，则围子数重，外有一人捧月样兀子[⑩]，锦覆于马上，天武官十余人簇拥扶策，喝曰“看驾头！”次有吏部小使臣百余人[⑪]，皆公裳，执珠络球仗，乘马听唤。近侍余官皆服紫绯绿公服，三衙太尉、知阁、御带罗列前导[⑫]。两边皆内等子，选诸军膂力者，着锦袄顶帽，握拳顾望，有高声者，捶之流血。教坊、钧容直乐部前引，驾后诸班直马队作乐，驾后围子外，左则宰执侍从[⑬]，右则亲王、宗室、南班官[⑭]。驾近则列横门，十余人击鞭，驾后有曲柄小红绣伞，亦殿侍[⑮]，执之于马上。驾入灯山，御辇院人员辇前喝“随竿媚来”[⑯]，御辇团转一遭，倒行观灯山，谓之“鹁鸽旋”，又谓之“踏五花儿”，则辇官有喝赐矣[⑰]。驾登宣德楼，游人奔赴露台下。

注释

①围子：天武军是大内禁卫部队的一个组成部分。在天武军内有一个特殊的指挥（一个指挥含500士兵，为一个建制），其任务是专门负责御驾外出时皇帝的贴身安全警卫。这个特殊的指挥就叫“围子”或“禁围”，也叫“宽衣天武”。亲从官：指皇帝的贴身近侍。

②衫：在宋朝时，“衫”为对襟的上衣，有夹的，也

有单的。

③殿前班：殿前司下属班值的统称，负责大内安全等。

④撚：即“捻”。

⑤缨绋：拂尘。

⑥御龙直：其职责是安排皇帝的仪仗队伍。

⑦方胜：部分相互重叠的两个菱形所形成的图案谓之“方胜”。

⑧蹙：刺绣的一种行针方法，使绣上去的丝线相互挨得非常紧密，但又显得很平整。

⑨珠络：在衣物上绣出网络后，在网络的经纬交叉处都缀上一粒小珠，形成“珠络”。

⑩兀子：矮小且可折叠的凳子。

⑪小使臣：从九品的承节郎和从九品的承信郎都被称为“小使臣”。这些小使臣在吏部供职。

⑫御带：武艺精强的内侍会被任命为“御带”，但朝廷也会从三班使臣以上的武将中挑选。在大内可以佩带武器，成为皇帝的警卫和亲信。其官阶低于起居舍人和侍御史，有宿卫的职责。

⑬宰执：担任宰相和执政职务的官员。

⑭南班官：有官阶很高的虚衔，却不担任任何实际职务的宋朝宗室成员，又称“环卫官”。

⑮殿侍：北宋时在大内供职的、无品位的武官。徽宗即位后，改称为“下班祇应”。

⑯御辇院：其职掌是供奉乘舆、步辇、车乘。

⑰喝赐：在皇帝观看灯山的过程中喝叫“随竿媚来”

的口令，使御辇一路畅通，从而获得皇帝的嘉许和赏赐，这种赏赐便叫“喝赐”。随竿媚来：本是当年在京城表演杂技的艺人们用的口令。当杂技演员表演的时候，其师父或班主会手拿一根小指挥棒来指挥其做动作。竿，小指挥棒。媚来，把这个动作做出来。在皇帝观看灯山时，御辇院的头头喊叫“随竿媚来”，用意是要手底下的人们随着他给出的讯号来掌握皇帝乘舆的行走路线。

译文

正月十四那一天，皇帝要幸五岳道观里的那个迎祥池。他要给群臣开个小宴，叫“对御”。直到天黑他才返回大内。他的围子和亲从官们个个都戴球头大帽，帽上都插花。他们穿的上衣都是红锦团答戏狮子衫。腰间束的是镀金的天王腰带。在天子的仪仗队里，有几个人扛着重型的骨朵子。随行的天武官则戴双卷脚幞头，穿着紫色的上大搭天鹅系腰带的宽大的衫。殿前司的那些人员们则一律戴上两脚屈曲向后花装幞头，身上穿着合股金线镶边的红、青、紫三种颜色的腰后系带的望仙花袍。他们都乘马，腰间挂着剑和弓。马匹的鞍辔是同一个式样的。他们在马上手持拂尘，走在最前面，替御驾开道。御龙直的人戴的是一脚指天一脚蜷曲的幞头，身上穿红色方胜图案的锦袄，腰上束的是看带。每人手捧一样皇帝日常随身用具，诸如金色的交椅、唾盂、水罐、果垒、掌伞、拂尘等。皇帝坐椅的椅套是用黄罗缎做的，珍珠是用蹙绣的行针法绣上去的。御椅的椅背靠垫由一名亲从官用手捧着。各个班直的士兵头戴幞头，身穿锦袄，腰间束带。在平常的时候，御驾出来必有二百对红纱贴金的灯笼在前面开道。元宵夜要在灯笼队里增加琉璃玉柱掌扇灯。皇宫的快行报信使者打着红纱珠络灯笼。在御驾即将走近灯山时，围子们就开始分成好几层来把天子的乘舆团团围起来。围子中有一个人骑在马上，他不在包围圈之内，手中捧个形如满月的矮凳子。凳子用锦袱包裹着。十几名天武军的军官帮助护持御驾。他们大声吆喝："看驾头！"接着来了一百多个吏部的小使臣，穿着执勤的正规服装，手里持着珠络球杖，骑在马上待命。大内的近侍以及其他官员都穿红、青、紫三种颜色的正规服装。三衙太尉、知阁和御带也都排进前导的队列中。大街的两侧尽是内等子的人。内等子是由各个军里挑选出孔武有力的人员组成。穿的是锦袄，戴着帽，双手握拳，东张西望。有哪个百姓敢大声喧哗，内等子便会过去揍他几下，甚至会打得头破血流。教坊的乐部和钧容直的乐部走在最前面充任御驾的引导。皇帝乘舆的后边有诸班直骑在马上的乐队奏乐。走在御驾后面的数层围子后是两支队伍：左边一支是宰相们和执政们的侍从人员；右边一支是亲王们以及那些有官衔却无官职的皇家宗室的成员。等到御驾接近灯山时，所有这些人就都到灯山前门的两边列成队。这时有十几个人开始甩响他们手中拿的鞭子。在皇帝乘舆的椅背上竖起一个曲柄的、张开的小红绣伞。这个伞一直由一个骑在马上的殿侍拿着。御驾进入灯山后，御辇院的人员马上赶到御驾的前方去，大声吆喝道："随竿媚来！"当御驾循着灯山的道路转了一圈后，皇帝的乘舆开始倒退着观看灯山。这叫"鹁鸽旋",也叫"踏五花儿"。在完成了"鹁鸽旋"之后，辇院官就会得到一些赏赐了。这个赏赐叫"喝赐"。看完了灯山，皇帝就去宣德楼了。游人们赶紧往露台那儿奔去。

十五日驾诣上清宫

十五日诣上清宫，亦有对御，至晚回内。

译文

元宵节那一天，天子到上清宫。他在那里也设小宴招待群臣，到了天黑才返回大内。

十六日

十六日车驾不出，自进早膳讫，登门[①]，乐作卷帘，御座临轩，宣万姓。先到门下者，犹得瞻见天表，小帽红袍，独卓子[②]。左右近侍，帘外伞扇执事之人。须臾下帘则乐作，纵万姓游赏。两朵楼相对，左楼相对郓王以次彩棚幕次[③]，右楼相对蔡太师以次执政戚里幕次[4]。时复自楼上有金凤飞下诸幕次[5]，宣赐不辍。诸幕次中，家妓竞奏新声，与山棚露台上下，乐声鼎沸。西朵楼下，开封尹弹压[6]，幕次，罗列罪人满前，时复决遣[7]，以警愚民。楼上时传口敕[8]，特令放罪[9]。于是华灯宝炬，月色花光，霏雾融融，洞烛远近。至三鼓，楼上以小红纱灯球缘索而至半空，都人皆知车驾还内矣。须臾闻楼外击鞭之声，则山楼上下灯烛数十万盏一时灭矣。于是贵家车马，自内前鳞切，悉南去游相国寺。寺之大殿前设乐棚，诸军作乐。两廊有诗牌灯云："天碧银河欲下来，月华如水照楼台"，并"火树银花合，星桥铁锁开"之诗。其灯以木牌为之，雕镂成字，以纱绢幂之，于内密燃其灯，相次排定，亦可爱赏。资圣阁前安顿佛牙，设以水灯[10]，皆系宰执、戚里、贵近占设看位。最要闹九子母殿，及东西塔院，惠林、智海、宝梵，竞陈灯烛，光彩争华，直至达旦。其余宫观寺院，皆放万姓烧香。如开宝、景德、大佛寺等处，皆有乐棚，作乐燃灯。惟禁宫观寺院，不设灯烛矣。次则葆真宫有玉柱玉帘窗隔灯。诸坊巷、马行、诸香药铺席、茶坊、酒肆，灯烛各出新奇。就中莲花王家香铺灯火出群，而又命僧道场打花钹，弄对椎鼓，游人无不驻足。诸门皆有官中乐棚。万街千巷，尽皆繁盛浩闹。每一坊、巷口，无乐棚去处，多设小影戏棚子，以防本坊游人小儿相失，以引聚之。殿前班在禁中右掖门里，则相对右掖门设一乐棚，放本班家口登皇城观看。官中有宣赐茶酒妆粉钱之类。诸营班院于法不得夜游[11]，各以竹竿出灯球于半空，远近高低，若飞星然。阡陌纵横，城闉不禁[12]。别有深坊小巷，绣额珠帘，巧制新妆，竞夸华丽。春情荡飏，酒兴融怡，雅会幽欢，寸阴可惜，景色浩闹，不觉更阑。宝骑骎骎[13]，香轮辘辘，五陵年少[14]，满路行歌，万户千门，笙簧未彻。市人卖玉梅、夜蛾、蜂儿、雪柳、菩提叶、科头圆子、拍头焦堆[15]。唯焦堆以竹架子出青伞上，装缀梅红缕金小灯笼子[16]，架子前后亦设灯笼，敲鼓应拍，团团转走，谓之“打旋罗”。街巷处处有之。至十九日收灯，五夜城闉不禁，尝有旨展日。宣和年间，自十二月于酸枣门（二名景龙门）上，如宣德门元夜点照，门下亦置露台，南至宝箓宫，两边关扑买卖。晨晖门外设看位一所，前以荆棘围绕，周回约五、七十步，都下卖鹌鹑骨饳儿、圆子、𫗴拍、白肠、水晶鲙、科头细粉、旋炒栗子银杏、盐豉汤、鸡段、金橘、橄榄、龙眼、荔枝诸般市合，团团密摆，准备御前索唤。以至尊有时在看位内，门司、御药、知省、太尉悉在帘前[17]，用三五人弟子祗应。䊹盆照耀[18]，有同白日。仕女观者[19]，中贵邀住，劝酒一金杯令退。直至上元，谓之“预赏”。惟周待诏瓠羹贡余者，一百二十文足一个，其精细果别如市店十文者。

注释

①登门：登上宣德门楼。

②独卓子：单独的一张桌案。

③幕次：临时立起的帐幕。

④戚里：皇帝外戚的居住区，也指皇帝的外戚。

⑤金凤：用金色的纸或金色金属箔做成的飞鸟状物件。节庆时，从大内的一个高楼上往下掷放。

⑥弹压：维持秩序。

⑦决遣：做出发落或处理的决定。

⑧口敕：天子的口谕。

⑨放罪：宽大处理。

⑩水灯：点燃后可以飘浮在水面上的灯笼。

⑪诸营：各个兵营。班院：班，各个班直。院，指为天子和大内服务的官署。

⑫阛：瓮墙的城门，也泛指城墙。

⑬骎骎：马匹快速奔跑。

⑭五陵年少：本指纨绔子弟，此处指京城阔少。

⑮焦堆：一种蒸饼。

⑯梅红：梅子熟时的那种红色。

⑰门司：指大内的司阍。御药：御药院的官员。知省：天子的贴身内侍。太尉：宋徽宗时官阶最高的武官。本身并不表示任何职务，只是作为武官的尊称。

⑱粘盆：一种金属盆子。在夜间把麻粘置于盆内焚烧照明。

⑲仕女：官宦家庭出身的女性。

译文

正月十六这一天，天子不出门。进早膳之后，他就登上宣德门楼。宣德楼内开始奏乐时，楼上的帘子都卷起来。这时天子就走到面街的那一面墙边，并且口谕内侍传话，召百姓齐集宣德门楼前。百姓闻讯后往宣德门楼这个方向汇聚。先赶到宣德门楼下的百姓能看到天子的仪容。他头上戴个小帽，身上穿一件红袍，站在专为他摆放的一张案子跟前。两旁站着近侍。几个拿着御伞和御扇伺候的内监则站在帘子的外面。过了一会儿，楼里开始奏乐，楼上的那些帘子徐徐落下来。宣德门前的禁卫今天不阻拦游人们在那里徘徊观赏。宣德楼左右两边的朵楼彼此对称。左边的朵楼对着郓王以及地位低于他的那些宗室成员们的彩棚和帐幕。右边的朵楼对着蔡太师的帐幕。时不时地，会从宣德楼上飞出一只“金凤”徐徐落到谁家的帐幕上。凡是有金凤降落的人家就会得到天子的赏赐。在元月里，皇帝因金凤而给出的赏赐没有间断过。这些帐幕的主人在自己家里供养的歌姬现在都相互比赛表演新创的歌曲。靠近山棚那边的露台上，歌舞声和观众的喧闹声汇成一股大潮。西边那个朵楼前的大街上人山人海，因为在那儿的帐幕前面现在是一大批罪犯列队站着。开封府尹派了部队，在那里维持秩序。司法官员要在那个地点发落罪犯，并借此教育那些愚顽的人。时不时传过来皇帝的口谕：准予对某个罪犯从轻发落。整个宣德门前和山棚这一片到处是华灯宝炬，加上满月的光辉和花草的翠色，祥和欢乐，如同白昼般明亮怡人。到了三更天，宣德楼上会释放出小红纱灯球，攀着一根绳索升入半空。这个灯球的升起是一个讯号，告诉人们皇帝返回大内了。不一会儿，听到宣德楼外响亮的马鞭子声，从上到下的几十万灯烛都熄灭了。那些贵胄豪富人家的车马原是在大内的大门前排着，当灯烛熄灭以后，便全部掉转头朝南，往相国寺驶去。相国寺的正殿前已立起一个乐棚，几个乐班在那里演奏。寺内的两廊上分别挂有诗牌灯。一个诗牌上的两行诗是这样写的："天碧银河欲下来，月华如水照楼台"，另一个诗牌写道："火树银花合，星桥铁锁开"。诗牌是木质的，字就刻在上面。木牌和灯笼罩于纱绢罩中，若从外面往里看，是看不见灯的。诗牌灯饰很是令人喜爱和欣赏。佛牙被供奉在资圣阁前面。那儿设置了水灯。宰相和执政、外戚以及近侍们的家眷预先在这儿占好看席。寺里最热闹的地方要算这样几个院，即九子母殿、东西塔院以及惠林、智海、宝梵等院。这几个地方通宵达旦地点着无数的灯烛，光彩耀眼。其他的佛寺道观，比如开宝、景德、大佛寺等，也都允许百姓烧香，而且设有乐棚。不过，大内的道观、佛寺是不准点燃灯烛的。像葆真宫那样的宫观，它们所点燃的是玉柱玉帘窗隔灯。各个坊、巷和马行街上的那些香药铺席、茶坊、酒肆等争奇斗艳。在灯火方面最出众的要算莲花王家香铺。这家香铺请了道士来做道场，也请了僧人来做佛事，道士表演打花钹，和尚表演对椎鼓。凡是路过这家香铺的路人都要驻足观看。京城的各个城门都有官家设的乐棚。城里热闹非凡。某些坊或巷口没有乐棚，那么往往就会设起一个小的皮影戏或手影戏的棚子。这是为了把当地的小孩子或游人吸引住，免得他们到别处乱跑。由于殿前班的机构都设在大内的右掖门的门里，所以就在右掖门的对面立起了一个乐棚，便于殿前班人员的家眷登上皇城观灯。宫中有时会通知说：给这些家眷赏赐一些茶、酒乃至化妆品、脂粉、金钱之类的东西。按规定，各军营、班直、院的人不准上街观灯，所以这些人就各自在其驻地用长竹竿把一个灯球挑到半空中。从街头到街尾，远近高低的半空中都是像点点飞星般的亮光。京城里的街道犹如田野里的阡陌那样纵横交错。在节日期间，城门通宵不闭。即便是在偏僻处的一些小坊小巷人家，也都在门楣上挂锦绣的匾额，门上挂新的珠帘，挖空心思地把房间里装饰一新，相互攀比看谁家更漂亮。人们个个都神采飞扬，欢天喜地地饮酒作乐，兴致盎然，软款细语。大家都觉得良宵苦短,因为这情景令人销魂。不知不觉，更残漏尽，街上仍然车如流水。那些富家子弟还在边走边唱。千家万户笙歌不歇。街上那些小贩在叫卖玉梅、夜蛾、蜂儿、雪柳、菩提叶等头饰以及科头圆子、拍头焦堆之类的食品。焦堆搁在一把青伞上面的竹架子之上，插有梅红色的以金色丝线镶边的小灯笼。人在旁边有节奏地击打一个鼓,围绕竹架子转圈，这叫“打旋罗”。大街小巷都有“打旋罗”的。从正月十六到正月十九，灯逐渐收起来了。正月十五到正月十九这五天城门通宵开放。在以前，朝廷有灯节提前开始庆祝的先例。那是宋徽宗宣和年间的事，从腊月初便开始在酸枣门用灯笼烛火装饰点缀，盛况不亚于往年宣德楼在元宵节时的气派和规模。也如同宣德门楼下那样，搭起一个露台。在那个灯节里，灯笼是从酸枣门开始悬挂的，径直往南挂到宝箓宫前。街的两侧到处都是关扑的摊子，晨晖门外设有一处御用看台。看台的前前后后都用荆棘围起来。荆棘包围圈的直径大约是五十到七十步。圈外卖吃的，鹌鹑骨饳儿、圆子、堆拍、白肠、水晶鲙、科头细粉、旋炒栗子银杏、盐豉汤、鸡段、金橘、橄榄、龙眼、荔枝等，都用盒子包装起来，盒子里放得满满的。这些东西都是为看台上宫中的人们准备的。说不定天子本人就在看台上呢。门司、御药、知省、太尉等人全都在看台上的帘子外面站立着；由三五个教坊里的女弟子招待。点亮的粆盆照耀得到处如同白昼一样。有些官宦人家的妇女凑近观看，有时会被邀去喝一杯酒。欢庆过年的活动从腊月初一直持续到正月十五。宣和年间把灯节提前的做法叫“预赏”。在那一年，周待诏瓠羹店在把宫中需求供应充足之后，会将剩余的瓠羹卖给平民百姓，每份的价钱是一百二十文。这样高价的瓠羹和普通的食品店里卖的十文钱一份的瓠羹在做工和用料上没法对比。

收灯都人出城探春

收灯毕，都人争先出城探春。州南则玉津园外，学方池亭榭、玉仙观，转龙湾西去，一丈佛园子、王太尉园，奉圣寺前孟景初园，四里桥望牛冈、剑客庙。自转龙湾东去，陈州门外，园馆尤多。州东宋门外快活林、勃脐陂[①]、独乐冈、砚台、蜘蛛楼、麦家园、虹桥、王家园。曹、宋门之间东御苑、乾明崇夏尼寺。州北李驸马园。州西新郑门大路，直过金明池西道者院，院前皆妓馆。以西宴宾楼，有亭榭、曲折池塘、秋千画舫，酒客税小舟帐设游赏。相对祥祺观，直至板桥，有集贤楼、莲花楼，乃之官河东[②]、陕西五路之别馆，寻常饯送置酒于此。过板桥，有下松园、王太宰园、杏花冈。金明池角北去水虎翼巷，水磨下蔡太师园。南洗马桥西巷内，华严尼寺、王小姑酒店。北金水河两浙尼寺、巴娄寺、养种园，四时花木繁盛可观。南去药梁园、童太师园[③]。南去铁佛寺、鸿福寺、东西柏榆村。州北模天坡、角桥，至仓王庙、十八寿圣尼寺、孟四翁酒店。州西北元有庶人园、有创台、流杯亭榭数处，放人春赏。大抵都城左近，皆是园圃，百里之内，并无闲地。次第春容满野[④]，暖律暄晴[⑤]，万花争出粉墙，细柳斜笼绮陌[⑥]。香轮缓辗，芳草如茵，骏骑骄嘶，杏花如绣，莺啼芳树，燕舞晴空。红妆按乐于宝榭层楼，白面行歌近画桥流水[⑦]。举目则秋千巧笑，触处则蹴踘疎狂[⑧]。寻芳选胜，花絮时坠金樽；折翠簪红，蜂蝶暗随归骑。于是相继清明节矣。

注释

①勃脐陂：在汴京的宋门外，因该地是一片湿地，多生荸荠，故名。勃脐，即荸荠。陂，起伏不平的坡面。

②之：至。

③童太师：即宦官童贯，开封人，很会向徽宗奉迎邀宠，与蔡京勾结，把持朝政，握兵权近二十年，权倾一时。最后被钦宗处死。

④次第：逐渐，渐次。

⑤暖律：和煦的春日就如同温暖人心的乐律，故称春暖为“暖律”。暄晴：阳光灿烂的晴天。

⑥绮：既指街道繁华，也指万物复苏。陌：指城里街道和郊野的通道。

⑦白面：眉清目秀的年轻男子。

⑧蹴踘：古代的一种球类游戏。

译文

过了元宵节，花灯逐渐收起来，汴京的人们都往城外跑，为的是探觅田野的春色。在州城的南面除了玉津园之外，还有学方池的那一片楼榭亭台。此外还有玉仙观。从转龙湾向西走可以到达一丈佛园子、王太尉园、奉圣寺前的孟景初园、四里桥望牛冈、剑客庙。如果你是从转龙湾向东走的话，那么走到陈州门外就会看到更多园馆。州城东宋门外有快活林、勃脐陂、独乐冈、砚台、蜘蛛楼、麦家园、虹桥、王家园。曹门和宋门之间有东御苑、乾明崇夏尼寺。北面有李驸马园。西面是新郑门大路。这条路直接可以到达金明池的西侧。那儿就是道者院道观。道观前面都是妓院。从这儿往西就是宴宾楼，那儿有亭台楼榭和曲曲弯弯的池塘，岸上有秋千，水中有画舫。宴宾楼喝酒吃饭的客人可以在那里租小船，或在岸上租帐篷赏玩风景。宴宾楼的对面是祥祺观。从这儿往前走，最远到达的地方是板桥。一路上有集贤楼、莲花楼。这个莲花楼是一个专为往河东、陕西那五路去上任的新官们准备的中途驿馆。给即将上任的新官设酒饯行的人都把酒席摆在莲花楼。再往前走可以到下松园、王太宰园、杏花冈等地点。从金明池的角上往北到水虎翼巷。那儿有个水磨坊，其下首是蔡太师园。华严尼寺、王小姑酒店都在南洗马桥西巷内。两浙尼寺、巴娄寺、养种园都在北金水河一带。养种园里四季花木繁盛，值得一看。往南到药梁园和童太师园。继续往南走到铁佛寺、鸿福寺、东西柏榆村。模天坡、角桥在州城北面的那条路上，沿路有仓王庙、十八寿圣尼寺、孟四翁酒店。州城西北原先有个庶人园、创台以及流杯亭榭。这些地点都允许老百姓游玩。靠近都城的地带被菜圃和果园占满，都城四周的百里内没有什么空闲的土地。春意逐渐笼罩整个大地，和煦的春日，晴好的阳光，花卉遍野。

在雪白的围墙里，柳树的枝条向四周舒展着。大街上马车的轮子缓缓向前滚动。碧绿的小草长出来了。到处是芳香的花朵，美得像是刺绣品。莺在树上叫，燕在天空飞。穿着美丽衣服的女子在高楼上抚琴。清秀英俊的年轻男子在风景秀丽的小桥流水边纵情歌唱。一抬头，就会看见俊俏的女子在秋千上开心地欢笑。到处都能看到无拘无束的年轻人在踢球。去风景胜地观看美景时，在外吃饭喝酒时，不经意间，飞扬的柳絮会飘落到酒壶上。在观景的时候，常常会不经意地折下几根长着翠叶的枝条，摘下几朵红花。观完景，骑马回家的路上，都会有蜂和蝶跟在马鞍后面。元宵节过后将要迎来清明节。

卷　七

清明节

清明节，寻常京师以冬至后一百五日为大寒食[1]。前一日谓之“炊熟”，用面造枣䬫飞燕[2]，柳条串之，插于门楣，谓之“子推燕”[3]。子女及笄者[4]，多以是日上头[5]。寒食第三日，即清明节矣。凡新坟皆用此日拜扫。都城人出郊。禁中前半月发宫人车马朝陵，宗室南班近亲，亦分遣诣诸陵坟享祀，从人皆紫衫，白绢三角子，青行缠[6]，皆系官给。节日亦禁中出车马，诣奉先寺、道者院祀诸宫人坟，莫非金装绀幰[7]，锦额珠帘、绣扇双遮，纱笼前导。士庶阗塞。诸门纸马铺，皆于当街用纸衮叠成楼阁之状。四野如市，往往就芳树之下，或园囿之间，罗列杯盘，互相劝酬。都城之歌儿舞女，遍满园亭，抵暮而归。各携枣䬫、炊饼，黄胖[8]、掉刀[9]，名花异果，山亭戏具[10]，鸭卵鸡刍，谓之“门外土”。轿子即以杨柳杂花装簇顶上，四垂遮映。自此三日，皆出城上坟，但一百五日最盛。节日坊市卖稠饧[11]、麦糕、乳酪、乳饼之类。缓入都门，斜阳御柳；醉归院落，明月梨花。诸军禁卫，各成队伍，跨马作乐四出，谓之“摔脚”。其旗旄鲜明，军容雄壮，人马精锐，又别为一景也。

注释

①大寒食：寒食节乃冬至后一百零五日。民间以一百零四日始禁火，谓之大寒食。一百零六日为小寒食；或以一百零五日为官寒食，而以一百零四日为私寒食。寒食前一日谓之“炊熟”。

②枣锢飞燕：把枣锢做成燕子的形状。锢，即炊饼，是一种面粉做的蒸饼。枣锢就是表面上附以枣的蒸饼。

③子推燕：子推指介子推。相传他在晋文公放火烧山时被烧死。在古代，寒食禁火就是为了纪念介子推。枣锢飞燕是为了纪念介子推的，所以叫作“子推燕”。

④及笄：指女子已成年。古时女子年十五为成年，盘发插笄。笄，发簪。

⑤上头：指女子到达笄年，可以束发插笄。

⑥行缠：裹足布或绑腿。

⑦绀：浅天蓝色。幰：车上挂的幔。

⑧黄胖：用汴京城里的春间湖（有人说是金明池）边的黄土捏成的土偶。在游春的时节，大人购回送给小儿们当作玩物。

⑨掉刀：此处不是指兵器，而是做成掉刀样的儿童玩具。

⑩山亭：泥塑的山水风景、亭台楼阁、人物花鸟等玩物。戏具：游戏用具。

⑪稠饧：一种很黏稠的饴糖。

译文

京城的人通常是把冬至后的第一百零五天定为大寒食。大寒食的第三日为清明节。大寒食的前一天叫“炊熟”。在“炊熟”这一天，家家都用面粉做枣𩜾飞燕。做好之后用柳条串起来，挂到门楣上。这样串起来的枣𩜾飞燕叫“子推燕”。家里有十五岁的女孩往往就选在这一天上头。凡是有清明前新坟的人家都选在清明这一天去祭扫。在清明这一天，京城里的人往往都出城去游春。在清明前的半个月里，大内就已开始安排车马，让宫里的人们分头出宫去扫墓。皇家宗室以及南班的那些人也分别到各自先人的墓上祭祀。他们的随从人员一律穿紫色的衣衫，头戴白绢做的三角子，腿上一律是天青色的裹腿。随员们的这种服装是由大内供给的。在清明节的当天，宫中派出车马送宫中的嫔妃们分别到奉先寺和道者院，祭扫已逝宫人的坟墓。宫中派出的车子没有一辆不是金碧辉煌的，都装有天青色的车幔，车厢正面的上方都有锦绣的匾额，挂着珠帘。车前有一对锦绣的掌扇交叉遮掩着车厢。在车的前方，有人手持纱制的灯笼开道。大街上行人熙熙攘攘，往往要驻足观看。各个城门边卖纸人、纸马等冥具的店铺都在街上用纸折叠成楼阁宅第的模型。京城的四郊到了清明节就像个闹市。

中午，游人们在大树底下，或者两家馆舍之间的空地席地而坐，摆上杯盘和酒菜，吃喝起来，还相互敬酒和劝酒。无论在郊外的什么地方，你都能碰上出来玩的歌姬舞女。不到黄昏，这些游客们是不想回城的。回城的时候，他们往往会从郊外买些枣锢、炊饼、黄胖小土偶、小孩玩的掉刀、好看的花草、罕见的水果、山亭、戏具、鸭蛋、小鸡这类东西带回城里。他们把这些东西叫作“门外土仪”。回城的时候，他们的轿子顶上插满了带叶的柳枝和各种野花，向四面下垂，把轿子的窗户都遮住了。三天的时间，从寒食到清明，人们去郊外上坟。大寒食后的第一天出城人数最多。清明节当天，街头巷尾可以买到稠饧、麦糕、乳酪、乳饼之类的食品。人们傍晚归来的时候都是溜达着进入城门。这时候，天边的落日斜照着御街上的垂柳，人们大都带着醉意迈进家门。月亮升起来了，皎洁的月光笼罩着家家户户院里的梨树。京城里禁军各个建制的马队都军容整齐地离开营房出巡去了。这些马队边行进边奏乐。马队的这种出巡叫作“摔脚”，旗帜鲜亮，军容雄壮，士卒和马匹都显得很有精神，是这个节日的另一种风景。

三月一日开金明池琼林苑①

三月一日，州西顺天门外，开金明池琼林苑，每日教习车驾上池仪范。虽禁从士庶许纵赏，御史台有榜不得弹劾[2]。池在顺天门外街北，周围约九里三十步，池面直径七里许。入池门内南岸西去百余步，有面北临水殿，车驾临幸，观争标锡宴于此。往日旋以彩幄，政和间用土木工造成矣。又西去数百步，乃仙桥，南北约数百步，桥面三虹，朱漆阑楯，下排雁柱[3]，中央隆起，谓之“骆驼虹”，若飞虹之状。桥尽处，五殿正在池之中心。四岸石甃向背[4]，大殿中坐，各设御幄，朱漆明金龙床，河间云水戏龙屏风，不禁游人。殿上下回廊皆关扑钱物、饮食、伎艺人作场、勾肆[5]，罗列左右。桥上两边，用瓦盆内掷头钱[6]，关扑钱物、衣服、动使。游人还往，荷盖相望。桥之南立棂星门[7]，门里对立彩楼。每争标作乐，列妓女于其上。门相对街南有砖石甃砌高台，上有楼观，广百丈许，曰宝津楼。前至池门，阔百余丈，下阚仙桥水殿。车驾临幸，观骑射百戏于此。池之东岸临水近墙皆垂杨，两边皆彩棚幕次，临水假赁，观看争标。街东皆酒食店舍，博易场户，艺人勾肆，质库；不以几日解下[8]，只至闭池，便典没出卖。北去直至池后门，乃汴河西水门也。其池之西岸亦无屋宇，但垂杨蘸水，烟草铺堤，游人稀少，多垂钓之士，必于池苑所买牌子[9]，方许捕鱼。游人得鱼，倍其价买之，临水斫脍[10]，以荐芳樽，乃一时佳味也。习水教罢[11]，系小龙船于此。池岸正北对五殿，起大屋，盛大龙船，谓之“奥屋”。车驾临幸，往往取二十日。诸禁卫班直簪花，披锦绣捻金线衫袍，金带勒帛之类结束[12]，竞逞鲜新。出内府金枪，宝装弓剑，龙凤绣旗，红缨锦辔。万骑争驰，铎声震地。

注释

①琼林苑：宋朝的一处皇家园林。

②御史台：官署名，又名“宪台”，专司弹劾之职。

③雁柱：桥柱。

④石甃：用石头砌出的岸壁。

⑤勾肆：宋代艺人俳优的卖艺场所。

⑥头钱：赌博中抽头得到的钱，也指关扑中定胜负的那一掷所得到的钱。

⑦棂星门：指旧时学宫、孔庙的外门，原名“灵星门”。灵星即天田星。宋仁宗天圣六年筑郊台外垣，置灵星门，象天之体，旋又用于孔庙。后人改称为“棂星门”。

⑧解下：这里指把物品解卸下来，送入当铺。

⑨池苑所：金明池及琼林苑的管理机构。

⑩斫脍：薄切鱼片。

⑪水教：古时水军的军事演练。

⑫勒帛：用帛或绢织成的带，有红和紫两色，用以约束绣袍肚和背。有时也作外用的腰带。结束：此指打扮、装束。

译文

金明池和琼林苑都在州城西面的顺天门外。在农历的三月初一这一天，这两个地方是对百姓开放的。在这一天之前，官府要对这两处人员进行训练，让他们学会当御驾临幸金明池时应遵循的礼仪和规范。虽然明令禁止宫内的文学侍从以及平民百姓在平时随心所欲地进入这两处赏玩，但是在农历三月初一这一天，御史台却会出告示，通知有关方面，不要对到这两处的游客有任何刁难。金明池在顺天门外那条大街的北侧，方圆大约是九里零三十步。池面的直径在七里上下。从金明池的南岸往西走一百多步就是临水殿。这个殿是朝北的。御驾来到金明池观看参加比赛的水军争夺锦标的表演时，都是到临水殿。皇帝给夺得锦标的人员赐宴也是在这个殿内。政和年间以前，每逢皇帝行将驾临这个殿之前，保卫部门都会把它用彩色的帐幕围起来。到了政和年间就造土木工程，把这个殿围起来，不再立彩色帐幕。从临水殿往西几百步便是仙桥。它是南北走向的，其长度是几百步，桥身由三个拱组成，状如三条彩虹。桥上的所有护栏都漆成朱红色。这些桥拱都是由雁柱来支撑的。桥身的中央部分隆起。桥中央的那个拱被称为“骆驼虹”。这个拱的轮廓颇像飞入半空的一道虹。桥的北端就是五间大殿，正好在池子的中心点上。这个池子是方形的，四个边的岸壁全用石头砌出，两两相对。五个殿中，居中的那个最大。每个殿都设有御座。各个殿里的御座一律用帐幕围起来。每个殿里都摆放有用油漆漆成朱红色的明金龙床和镂有河间云水戏龙图案的屏风。在三月初一这一天，百姓可以进入这些殿里观看。这几间殿的上下回廊里到处是掷赌钱物的摊子和卖饮食的摊子。左、右走廊里是卖艺人的勾肆。在仙桥上的两侧，人们用瓦盆掷头钱进行赌博。桥上车马行人来来往往，一路望过去尽是车子的顶盖。棂星门立在桥的南头门内两侧各立一座彩楼。当每一场争夺锦标的比赛一开始，这两座彩楼里的乐队便奏起乐来。彩楼里还坐着一帮歌妓。正对着棂星门的那条街的南侧有一个砖石砌起的高台子。台上建有一座楼房，正面宽百丈左右，名叫“宝津楼”。这座楼一直向前延伸到金明池的大门。在那儿，楼的宽度达到一百多丈。从楼上俯视，可以看到仙桥的水殿。皇帝正是在这儿观看骑射比赛和百戏演出。金明池的东岸有一道墙，墙与池水之间的岸上植有垂柳。东岸的两头搭满了诸多彩棚和帐幕。临近池水的那些彩棚帐幕是可以出租的。有人租下它们，是为了观看争夺锦标的比赛。从这儿向北走可以到达金明池的后门。正对着棂星门的那条街的东侧有很多酒食店铺、关扑赌博的摊子、艺人演出的勾栏、当铺等等。当铺里的物品不论约定的当期是多长，只要金明池一闭池，那么所有的当品就全部出卖。从棂星门的那条街向北走通往金明池后门，是汴河的西水门。金明池的西岸那一带没有房舍。靠近水边种的是垂柳，地上则是一片绿茵。游客是不会到这一带玩的，只能见到一些钓鱼人。你若想在这一带钓鱼，那么必须向金明池和琼林苑的管理处购买牌子，才允许钓鱼。当游人看到鱼被钓上来，往往可以出高于市价一倍的价钱把钓上来的鱼买下，然后拿到临近池边的酒食店去，让店里烹饪新钓的鱼。在店里喝酒吃鱼，那才真叫品尝时鲜。待到金明池里的水军演习比赛结束之后，就会有几条小型龙船在池的西岸一带出现。这儿早年建起一座朝北的屋宇，正对着五间水殿，用来存放大型龙船，人们称之为“奥屋”。皇帝往往挑选农历三月二十这一天驾幸金明池。在那一天，所有的禁卫班直士兵都在帽子上簪花，身着锦绣披肩和镶嵌金线的衫袍，腰束金带，头上扎抹额，个个显得精神抖擞。佩带的是从内府刚领出来的金枪，腰间有装饰华丽的剑或弓，举着绣有龙凤的大旗，马匹则用红缨装饰，连马的缰绳都是锦丝做的。禁卫马队迅速前进，马铃声震动大地。

驾幸临水殿观争标锡宴

驾先幸池之临水殿，锡燕群臣。殿前出水棚[①]，排立仪卫。近殿水中，横列四彩舟，上有诸军百戏，如大旗、狮豹、掉刀、蛮牌、神鬼、杂剧之类。又列两船，皆乐部。又有一小船，上结小彩楼，下有三小门，如傀儡棚[②]，正对水中乐船。上参军色进致语[③]。乐作，彩棚中门开，出小木偶人，小船子上有一白衣垂钓，后有小童举棹划船，辽绕数回，作语，乐作，钓出活小鱼一枚，又作乐，小船入棚。继有木偶筑球舞旋之类[④]，亦各念致语，唱和，乐作而已，谓之“水傀儡”。又有两画船，上立秋千，船尾百戏人上竿，左右军院虞候、监、教[⑤]，鼓笛相和；又一人上蹴秋千，将平架，筋斗掷身入水。谓之“水秋千”。水戏呈毕，百戏乐船并各鸣锣鼓，动乐舞旗，与水傀儡船分两壁退去。有小龙船二十只，上有绯衣军士各五十余人，各设旗鼓铜锣，船头有一军校，舞旗招引，乃虎翼指挥兵级也[⑥]。又有虎头船十只，上有一锦衣人执小旗立船头上，余皆著青短衣长顶头巾，齐舞棹，乃百姓卸在行人也[⑦]。又有飞鱼船二只，彩画间金，最为精巧，上有杂彩戏衫五十余人，间列杂色小旗绯伞，左右招舞，鸣小锣鼓铙铎之类。又有鳅鱼船二只，止容一人撑划，乃独木为之也。皆进花石朱缅所进[⑧]。诸小船竞诣奥屋，牵拽大龙船出诣水殿，其小龙船争先团转翔舞，迎导于前。其虎头船以绳索引龙舟。大龙船约长三四十丈，阔三四丈，头尾鳞鬣，皆雕镂金饰，楻板皆退光[⑨]，两边列十阁子，充阁分歇泊[⑩]，中设御座龙水屏风。楻板到底深数尺，底上密排铁铸大银样如卓面大者压重，庶不欹侧也。上有层楼台观槛曲，安设御座。龙头上人舞旗，左右水棚排列六桨，宛若飞腾。至水殿，舣之一边[⑪]。水殿前至仙桥，预以红旗插于水中，标识地分远近。所谓小龙船，列于水殿前，东西相向；虎头、飞鱼等船，布在其后，如两阵之势。须臾，水殿前水棚上一军校以红旗招之，龙船各鸣锣鼓出阵，划棹旋转，共为圆阵，谓之“旋罗”。水殿前又以旗招之，其船分而为二，各圆阵，谓之“海眼”。又以旗招之，两队船相交互，谓之“交头”。又以旗招之，则诸船皆列五殿之东面，对水殿排成行列，则有小舟一军校执一竿，上挂以锦彩银盌之类，谓之“标竿”，插在近殿水中。又见旗招之，则两行舟鸣鼓并进，捷者得标，则山呼拜舞。并虎头船之类，各三次争标而止。其小船复引大龙船入奥屋内矣。

注释

①水棚：当指搭建且浮动于水面的棚子，以及搭建于水畔的棚子。

②傀儡棚：为木偶戏演出而搭建的棚子。

③参军色：宋时，在大内演出舞蹈，舞队的舞台调配人称为“参军色”。其职责是指挥舞队的进场和退场，同时还指挥乐队演奏的始和止。致语：演员正式演出之前向观众说出或唱出的颂辞。

④筑球：宋朝时流行的一种球类运动或杂技表演。

⑤左右军：禁军中的左翼军和右翼军。虞候：军官的军衔，分为都虞候、将虞候和院虞候。但在宋代，有些官僚的随员也称为虞候。监：禁军监官的头衔，分为都监和监押。前者是中级军官，后者则是军中的小吏。教：教头，宋代军中的武术教练，地位很低。

⑥虎翼：宋代的水军称为“虎翼军”。指挥：指虎翼军里的军官。兵级：指士兵。

⑦卸在行人：指在军队中已脱离原任技术职业的人。

⑧朱缅：本为一富商，为其父杀人抵罪，以贿得免死。因遁迹入汴京，后结交童贯、蔡京，乃援引得官，以至于通显。花石纲之议，起于朱缅。

⑨棹板：船上的舱面最高处所铺的板。

⑩阎分：宋朝时对嫔妃的通俗称呼。

⑪舣：停船靠岸。

译文

天子的车驾首先停在金明池的临水殿，在那里，他摆宴席招待臣子们。殿前立起一个水棚，在水棚上安排天子的仪仗队和卫队。离殿前不远的池水中，一字排开地停泊四条彩船。在这四条船上，来自诸军的百戏正在演出。他们演出的节目包括舞大旗、耍狮豹、跳掉刀蛮牌舞、神鬼剧、杂剧等。这四条彩船的边上停靠着两条船，船上载的都是乐队的人。此外还有一条小船，船上搭起一个不大的彩楼，第一层的中央开了三个小门，它的样子就如同一个演木偶戏用的棚子。三个门正对着那两条乐队的船。此时一个参军色出场，说了一通颂辞。他说完后，乐队就奏起乐来。接着彩楼的中门开了，从门里走出一个小木偶人，小船上本有一个穿白衣衫的人在垂钓，在这白衣人的身后有一个小童子举着桨划船，在水中转了几圈。那小童子说了几句颂辞，这时乐队就又奏起乐来。那穿白衣的钓鱼人竟从水中钓上来一条小活鱼。乐队又奏起乐来，这时小船就慢慢地划进水棚去了。接下来演出的是木偶玩筑球的游戏和跳舞旋的节目。每个节目演出之前，照例有一个演员上来说几句颂辞，接着奏乐，然后表演一个节目，都是如此循环。这一套演出被称为“水傀儡”。这时驶来了两条画船，在船上立有秋千架子。船的后半部有那些演百戏的人，在做爬竿的表演。还有来自左翼军和右翼军的院虞候、监官和教头们，在一旁击鼓、吹笛子。一个人一跃上了秋千，在秋千上大幅度地荡了起来，直到秋千板荡到几乎与秋千架的上梁平齐，这时他突然从半空中的秋千板上翻了一个筋斗，一头扎入池水中。这个节目叫作“水秋千”。到此水戏算是表演完了。这时，演百戏的船和乐队的船锣鼓齐鸣。这些船上的大旗飞舞着。所有的百戏船、乐队船与表演水傀儡的船分成两行，分别沿着左、右两边退下去。接着，驶过来二十条小型龙船。每条龙船上都有五十多个穿着红色衣服的士兵，船上有大旗、铜锣和鼓，船头站着一个军校，他挥动着一面旗指挥船移动的方向。这些士兵都隶属于水军司令部。接着驶过来了十条虎头船，每条虎头船的船头都站了一个穿着锦衣的人，手里拿着一面旗子。虎头船上其余的人一律穿着青色的短衫，戴着长顶头巾，动作整齐地划着船桨。他们中有一部分是平民百姓，另一部分则是从水军退役的人。接着驶过来的是两条飞鱼船，船身上有华丽的彩绘，穿插在彩绘之间的是金色的纹饰图案，看起来特别精美。飞鱼船上有五十多人，穿着不同式样的彩色戏装。有些人打着红色的伞，另有些人则拿着不同颜色的旗子挥舞着。这两条飞鱼船上的人还敲小锣，击鼓，敲铙和铎。这时划过来两条鳅鱼船，船很小，只能由一人用竹竿撑或用桨划。这种船是把一根大木头的心挖空造出来的。这种类型的小船是那个给皇帝进贡花石纲的朱缅从江南引进的。现在，所有这些小船在比赛，看哪一条划得最快，先抵达奥屋。它们去奥屋是为了从那里把大龙船拖出来，拖到临水殿。大龙船被别的船拖了出来，往临水殿那个方向移动。那几条小型的龙船走在最前面引导，一面往前移动，一面又争先恐后地在水面上盘旋绕圈。用绳子直接牵引大龙船的是虎头船。大龙船长度是三四十丈，宽度是三四丈，从船头到船尾鳞鬣俱全，而且全是雕镂金饰的。所有的槐板都已经卸掉了。在大龙船上的两边共有十个阁子。这些阁子是供嫔妃在上船后休息用的，中间的阁子里设有御座。座后是刻有龙和水图案的屏风。从槐板向下到船底的距离不超过十尺。船底部满满地摆放着铁铸的银色大元宝，每个元宝近于桌面那么大，用它的重量来稳住船，不致摇摆倾斜。在大龙船上建有多层楼，还有看台。每层楼都有曲折的栏杆围着，每一层楼上都安有御座。把大龙船往临水殿拖的过程中，在大船的船头上站立一个人，手里挥舞一面旗子。大龙船的两侧棚架各设有六个桨。桨如果划起来的话，船就会飞速前进。大龙船被拖到临水殿之后便停靠在一边。从临水殿一直到仙桥的这一片池水事先插好红旗，其作用是标明距离。那些小型龙船都排列在临水殿前，东、西相向停泊着。虎头船、飞鱼船等就分布在小龙船的后面，形成东、西对峙的阵势。过了一小会儿，在临水殿前的水棚上面出现一个军校。他举起一面红旗挥舞一下，所有龙船上的锣鼓都敲响起来，龙船也随之向前移动。它们的棹都划动起来，各龙船也就开始掉头转方向。过了一小会儿，这些龙船就逐渐排列成一个圆阵，叫“旋罗”。临水殿前水棚上的那个军校又把红旗挥舞一下，这些龙船的圆阵就拆散了，编成两个群，而每群又形成一个新的圆阵，这叫“海眼”。水殿前水棚上的那个军校又将红旗挥舞一下，两群龙船相互交换位置，这叫“交头”。那个军校的红旗又挥舞一下，所有的船只就驶向并停靠在五间殿的东面，同时分别排成两行，而且每条船都面对临水殿。这时驶过来一条小船，船上载了一个手执竹竿的军校。那竹竿上挂着锦缎、彩缎、银杯、银碗之类的东西，这叫“标竿”。这个军校把这根竹竿插到离临水殿不远的池水中，又摇动红旗，于是已排成两行的所有船只都敲起了鼓，一起向前冲去，争抢那根“标竿”。划得最快的船只就能抢到那根“标竿”。不论哪条船，只要一抢到“标竿”，船上的人们便山呼万岁，又跳舞又喊叫。那些虎头船也都参与到夺“标竿”的竞赛中去。夺“标竿”的比赛一共进行三次才结束。

水军的竞技比赛到此就结束了。这时，这些小船又靠拢到大龙船的前面来，把它牵引回奥屋。

驾幸琼林苑

驾方幸琼林苑，在顺天门大街面北，与金明池相对。大门牙道[①]，皆古松怪柏。两傍有石榴园、樱桃园之类，徜有亭榭，多是酒家所占。苑之东南隅，政和间创筑华觜冈，高数十丈，上有横观层楼[②]，金碧相射；下有锦石缠道[③]，宝砌池塘[④]，柳锁虹桥，花萦凤舸[⑤]，其花皆素馨、末莉、山丹、瑞香、含笑、射香等闽、广、二浙所进南花。有月池、梅亭、牡丹亭之类，诸亭不可悉数。

注释

①牙道：官道。

②横观：很宽广的。

③锦石：有绚丽纹理的石头。

④宝砌：用高级石料砌成。

⑤凤舸：装饰华丽的船舶。

译文

御驾行将临幸琼林苑，其位于新郑门外的顺天门大街上，大门朝北，恰与金明池隔街相对。进入大门是一条官道，道边尽是年代古老的松树和奇形怪状的柏树。官道两侧是石榴园、樱桃园。琼林苑内有不少亭榭，不过大多数被酒家占用。政和年间，在琼林苑的东南角修筑起被称为华觜冈的楼房，高数十丈，是个多层建筑。每一层的正面都很宽广，而且装饰得金碧辉煌。楼下的那条道路弯弯曲曲，全是用五彩石头砌成的。塘壁用高级的石头砌就。有一道道虹状的桥，躲在柳荫下。那些华丽的游船穿梭于花团锦簇之中，都是素馨、茉莉、山丹、瑞香、含笑、射香等从福建、广东、两浙那边引进的南方花朵。华觜冈左近还有月池、梅花亭、牡丹亭之类的亭榭。亭榭为数不少，就不一一记载了。

驾幸宝津楼宴殿

宝津楼之南有宴殿，驾临幸嫔御，车马在此。寻常亦禁人出入，有官监之。殿之西有射殿[①]，殿之南有横街，牙道柳径，乃都人击球之所[②]。西去苑西门，水虎翼巷；横街之南，有古桐牙道，两傍亦有小园圃台榭。南过画桥，水心有大撮角亭子[③]，方池柳步围绕[④]，谓之“虾蟆亭”，亦是酒家占。寻常驾未幸，习旱教于苑大门[⑤]。御马立于门上。门之两壁皆高设彩棚，许士庶观赏，呈引百戏[⑥]。御马上池，则张黄盖，击鞭如仪。每遇大龙船出及御马上池，则游人增倍矣。

注释

①射殿：天子练习射艺之所。

②击球：宋代盛行的一种马球游戏。

③撮角亭子：谓屋顶每一个檐角都是翘起的亭子。

④柳步：谓该处所植柳树的间距是一步。

⑤早教：步军的训练科目。

⑥呈引：演出。

译文

在宝津楼的南面有一个“宴殿”。每当天子驾幸宝津楼的时候，嫔妃的车驾就借这个宴殿歇脚。平时是不许百姓进出这个宴殿的，总有吏员把守。天子的射殿是在宴殿的西面。宴殿的南面有一条通道，叫“横街”，是一条两侧植柳的官道。在平时，京城里的人们常在这条官道上击球。从宴殿向西走就到达苑西门和水虎翼巷。在上面说到的那条“横街”的南面是古桐牙道（即“梧桐官道”）。这个牙道的两侧也有些园圃、台榭。这个牙道往南走可以到达“画桥”，池水的中间有一个较大的撮角亭子，水池方形，每隔一步植一棵柳树，围绕四周，亭子被称为“虾蟆亭”，同样是被一个酒店占用。在平常的日子里，御驾是不会到这里来的，所以步军就借着琼林苑的大门口那一带的宽广地段来操演步军的训练科目。每逢御驾降临时，御马车的马匹在进入了琼林苑的大门之后才会停住。大门的左、右两侧都架设起高高的彩棚。百戏就是在这些彩棚里演出的，允许百姓来观看。当皇帝换骑御马出发时，黄盖伞就都张开了，军士们按照礼仪规定来甩响鞭子。每次御驾幸临金明池，或是大龙船从奥屋里被拖出来，来这儿游览的人就会比平时陡增一倍。

驾登宝津楼诸军呈百戏

驾登宝津楼，诸军百戏[①]，呈于楼下。先列鼓子十数辈，一人摇双鼓子[②]，近前进致语，多唱“青春三月蓦山溪”也。唱讫，鼓笛举，一红巾者弄大旗，次狮、豹入场，坐作进退，奋迅举止毕[③]。次一红巾者手执两白旗子，跳跃旋风而舞，谓之“扑旗子”。及上竿、打筋斗之类讫，乐部举动[④]，琴家弄令[⑤]，有花妆轻健军士百余，前列旗帜，各执雉尾、蛮牌、木刀，初成行列拜舞，互变开门夺桥等阵，然后列成偃月阵。乐部复动蛮牌令[⑥]，数内两人出阵对舞，如击刺之状，一人作奋击之势，一人作僵仆。出场凡五、七对，或以枪对牌，剑对牌之类。忽作一声如霹雳，谓之“爆仗”，则蛮牌者引退，烟火大起，有假面披发，口吐狼牙烟火如鬼神状者上场。着青帖金花短后之衣[⑦]，帖金皂袴，跣足，携大铜锣，随身步舞而进退，谓之“抱锣”。绕场数遭，或就地放烟火之类。又一声爆仗，乐部动《拜新月慢》曲[8]，有面涂青绿，戴面具金睛，饰以豹皮锦绣看带之类[9]，谓之“硬鬼”。或执刀斧，或执杵棒之类，作脚步蘸立[10]，为驱捉视听之状。又爆仗一声，有假面长髯展裹绿袍靴简[11]，如锺馗像者；傍一人以小锣相招和舞步，谓之“舞判”。继有二、三瘦瘠、以粉涂身，金睛白面如髑髅状，系锦绣围肚看带，手执软仗，各作诙谐趋跄举止若俳戏[12]，谓之“哑杂剧”。又爆仗响，有烟火就涌出，人面不相睹，烟中有七人，皆披发文身，着青纱短后之衣，锦绣围肚看带，内一人金花小帽，执白旗，余皆头巾，执真刀，互相格斗击刺，作破面剖心之势，谓之“七圣刀”。忽有爆仗响，又复烟火出，散处以青幕围绕，列数十辈，皆假面异服，如祠庙中神鬼塑像，谓之“歇帐”。又爆仗响，卷退。次有一人击小铜锣，引百余人，或巾裹，或双髻，各着杂色半臂[13]，围肚看带，以黄白粉涂其面，谓之“抹跄”。各执木掉刀一口，成行列，击锣者指呼各拜舞起居毕，喝喊变阵子数次，成一字阵，两两出阵格斗，作夺刀击刺之态百端讫，一人弃刀在地，就地掷身[14]，背著地有声，谓之“扳落”。如是数十对讫，复有一装田舍儿者入场，念诵言语讫，有一装村妇者入场，与村夫相值，各持棒杖互相击触，如相殴态。其村夫者以杖背村妇出场毕，后部乐作，诸军缴队杂剧一段[15]，继而露台弟子杂剧一段[16]，是时弟子萧住儿、丁都赛、薛子大、薛子小、杨总惜、崔上寿之辈，后来者不足数[17]。合曲舞旋讫，诸班直弟子、常入祇候弟子所呈马骑[18]，先一人空手出马，谓之“引马”。次一人磨旗出马[19]，谓之“开道旗”。次有马上抱红绣之球，系以红锦索，掷下于地上，数骑追逐射之，左曰“仰手射”，右曰“合手射”，谓之“拖绣球”。又以柳枝插于地，数骑以划子箭[20]，或弓或弩射之，谓之“蜡柳枝”[21]。又有以十余小旗，遍装轮上而背之出马，谓之“旋风旗”。又有执旗挺立鞍上，谓之“立马”。或以身下马，以手攀鞍而复上，谓之“騗马”[22]。或用手握定镫袴[23]，以身从后鞦来往，谓之“跳马”。忽以身离鞍，屈右脚挂马鬃，左脚在镫，左手把鬃，谓之“献鞍”，又曰“弃鬃背坐”。或以两手握镫袴，以肩著鞍桥[24]，双脚直上，谓之“倒立”。忽掷脚著地，倒拖顺马而走，复跳上马，谓之“拖马”。或留左脚著镫，右脚出镫离鞍，横身在鞍一边，右手捉鞍，左手把鬃，存身直一脚顺马而走，谓之“飞仙膊马”。又存身拳曲在鞍一边，谓之“镫里藏身”。或右臂挟鞍，足著地顺马而走，谓之“赶马”。或出一蹬，坠身著鞦，以手向下绰地[25]，谓之“绰尘”。或放令马先走，以身追及，握马尾而上，谓之“豹子马”。或横身鞍上，或轮弄利刃，或重物大刀、双刀百端讫，有黄衣老兵，谓之“黄院子”，数辈执小绣龙旗前导；宫监马骑百余[26]，谓之“妙法院女童”，皆妙龄翘楚[27]，结束如男子，短顶头巾，各着杂色锦绣捻金丝番段窄袍[28]，红绿吊敦束带，莫非玉羁金勒[29]，宝镫花鞯，艳色耀日，香风袭人，驰骤至楼前，团转数遭，轻帘鼓声，马上亦有呈骁艺者[30]。中贵人许畋押队招呼成列，鼓声，一齐掷身下马，一手执弓箭，揽缰子就地，如男子仪，拜舞山呼讫，复听鼓声，䠞马而上。大抵禁庭如男子装者，便随男子礼起居。复驰骤团旋分合阵子讫，分两阵，两两出阵，左右使马，直背射弓，使番枪或草棒交马野战[31]。呈骁骑讫[32]，引退，又作乐。先设彩结小球门于殿前。有花装男子百余人，皆裹角子向后拳曲花幞头，半着红，半着青锦袄子，义襕束带[33]，丝鞋，各跨雕鞍花鞯驴子[34]，分为两队，各有朋头一名[35]，各执彩画球杖，谓之"小打"。一朋头用杖击弄球子，如缀，球子方坠地，两朋争占[36]，供与朋头，左朋击球子过门入盂为胜[37]，右朋向前争占，不令入盂，互相追逐，得筹谢恩而退。续有黄院子引出宫监百余，亦如小打者，但加之珠翠装饰，玉带红靴，各跨小马，谓之"大打"。人人乘骑精熟，驰骤如神，雅态轻盈，妍姿绰约，人间但见其图画矣。呈讫。

注释

①诸军百戏：在宋朝，百戏隶属于禁军的左翼军和右翼军，所以当提到百戏时往往冠以"诸军"二字。所谓百戏，包括女伎、踢瓶、踢磬、弄花鼓

椎、踢墨笔、弄球子、拶筑球、弄斗、打硬、叫虫蚁、弄熊、烧烟火、放炮仗、火戏儿、水戏儿、圣花、撮药藏压、药法傀儡、壁上睡、小则剧术、射穿弩子、打弹、手影戏、弄头钱、变线儿、写沙书、改字、踏鞠、踏球、蹴球、杂旋、藏挟、踠剑、踏索、寻橦、筋斗、拗腰、飞弹丸、透剑门等技艺。

②双鼓子：宋朝时的一种手击之鼓。

③奋迅举止：迅速有力的动作。

④举动：开始演奏。

⑤弄令：演奏令曲。令曲即小令，也就是短调的词，或散曲中不成套的曲子。

⑥蛮牌令：令曲的一个曲牌。

⑦青：指青碌，是一种复合的染料，略呈青灰色。帖金花：缝贴上金色的花饰。短后：指衣服的前襟长于后襟。

⑧拜新月慢：曲牌名。

⑨看带：演员、武士常用的一种宽腰带。

⑩蘸立：用脚尖站立。

⑪展裹：辽国或金国朝廷官员的公服。

⑫趋跄：步履踉跄。

⑬半臂：左臂袒露在外的上衣。

⑭掷身：身体向地面扑卧。

⑮缴队：集合起来并退出场去。

⑯露台弟子：表演杂剧的民间艺人。

⑰不足数：无法一一地加以阐述。
⑱马骑：骑马之术。
⑲磨旗出马：驱赶坐骑往前跑，并挥动手中的旗子。
⑳划子箭：箭头像铲的箭。
㉑蜡柳枝："蜡"指年终时在大树林边举行的祭山神之礼。祭完山神要举行射箭比赛。在比赛中用柳树的枝条编成圈。把圈放在地上，并向柳枝圈射出划子箭。此箭射中柳枝圈的话，则圈必折断。这种射箭比赛叫"蜡柳枝"。
㉒䮐马：跃身跳上正在奔跑的马匹。䮐，同"骗"。
㉓镫裤：马镫上供骑者置放脚底的部位。
㉔鞍桥：马鞍前部的拱起处。
㉕绰地：擦着地面。
㉖宫监：禁内。
㉗翘楚：出众的。
㉘窄袍：很合身的袍子。
㉙玉羁：镶了玉的马笼头。金勒：金色的马嚼子。
㉚骁艺：马术。
㉛野战：在空旷的地方交战。
㉜骁骑：大胆惊险的马术。
㉝义：肥大，宽大。襕：一种上下衣相连的服装。
㉞花鞯：绣花的马鞍垫子。
㉟朋头：参加竞赛游戏的一个队的首领。
㊱朋：这里指一伙人，一班人。
㊲盂：指接球的网或容器。

译文

等到天子在宝津楼里坐定之后，诸军百戏的节目就在宝津楼下开始了。首先上场的是十几个鼓手，其中一个艺人手里摇动着一个双鼓子，走到台前对观众说了些迎宾的颂辞。像这样的双鼓子手在台上往往要唱“青春三月蓦山溪”这样一首曲子，在他唱完之后，笛子就吹了起来，鼓声也响了起来。一个头上戴着红头巾的人开始舞动一面大旗，接着狮子和豹子开始入场。动物在驯兽者的指挥下做着起立、蹲下、前进、后退的动作，它们的动作快速、灵活、有力，表演完后就退下去。接着出来一个头戴红头巾的人，他的双手各执着一面白色的旗子。他在台上又是跳跃，又是打旋，像一阵旋风似的，这个表演叫“扑旗子”。然后上台表演的是爬竿、翻筋斗之类的节目。这个表演完后，乐队开始演奏，琴师也开始抚琴弹奏小令曲。这时有一百多个穿着花哨衣衫的年轻健壮、士兵模样的人在几面旗帜的引导下出现在台上，手执雉尾、蛮牌和木制的刀子。他们先是站成整齐的行列向观众行礼和跳舞，接着开始变换队形，依次摆出“开门”“夺桥”等阵势，然后排列成“偃月阵”。这时乐队又奏起了《蛮牌令》的曲调，同时有两个人从“偃月阵”里出来。他们面对面地跳舞，在跳舞中加进了彼此击刺的动作。不一会儿，其中一人奋起向对方刺过去，他的对手就装作被刺中而直挺挺地扑倒在地，同时趁这个机会悄悄退场。接着从“偃月阵”里陆陆续续地出来五对或七对人，每一对都是这样既对舞又对刺，然后一人装作被刺倒，而后悄悄退场。或是以枪对蛮牌，或是以剑对蛮牌，不一而足。这时突然发出一声如霹雳的巨响，这个巨响名为“爆仗”。巨响声过后，那些持蛮牌的人都从台上退下去。台上烟火大起，出现戴着假面具、披头散发、口中露出狼牙而且吐出烟火、状如鬼怪的人。他的上身是青碌石色彩、饰以金花的短后衣，下身是饰有金色花朵的黑裤子，赤着脚，手上提一面大铜锣。那铜锣绕着他的身体飞舞，随着他的身体和四肢的动作以及他的步伐而进进退退，这个表演叫“抱锣”。他在台上绕了几圈，有时候停下来放一下烟火。不一会儿，又是一声爆仗响起，乐队开始奏《拜新月慢》。台上出现一个面上涂青绿颜色还戴着面具的人。面具上的眼睛是画上去的火眼金睛。他的身上披的是豹皮，腰上系着绣花的锦看带，这个角色叫“硬鬼”，通常拿着刀斧、杵棒一类的武器，在台上踮起脚尖走路，即便站立的时候也是踮起脚尖的。在台上做出驱鬼或捉鬼、觅鬼、倾耳听鬼的动作。这时又是一声爆仗响起，台上出现一个人，他戴着面具，长着长胡须，穿着绿色的展裹袍子，脚上穿着靴子。他的样子有点像打鬼的钟馗。在他的旁边，有一个人敲着一面小锣伴奏。这两个人的表演叫“舞判”。接着走上台的是两三个皮包骨头的瘦人，似乎浑身上下都涂上了白色粉末，他们的脸是雪白的，两个眼眶似乎在放光芒，看起来简直就像髑髅。腰间系了看带，还戴着绣花的锦围肚，手里拿着可以弯曲的手杖，他们一直在做各种滑稽的动作，步履踉跄，好像在演俳戏。这个表演被称作“哑杂剧”。这时爆仗又响了，台上马上涌起一股烟火，台上的人伸手不见五指。在这股烟雾中，冒出七个人，个个披头散发，而且身上布满文身。他们身上穿的是青纱的短后衣，腰间围着看带和锦绣的围肚。其中一人戴一顶插有金色花朵的小帽，手中拿着白旗。其余六人只戴头巾,手中拿的都是真刀。他们在台上相互格斗击刺。有的人似乎脸被打破了，胸膛也被破开了，这个表演的名叫“七圣刀”。突然间爆仗又响了，跟着又是一股烟火冒到台上来，浓烟在台上扩散。他们用青色的帐幕把烟围起来。这时台上出现几十个人，个个都戴着假面具，穿着奇异的服装，看起来就像庙里的神鬼塑像，这个表演叫“歇帐”。爆仗又响了，台上的帐幕被卷了起来，这几十个人同时退下去。接着，一个人击着一面小铜锣上场，跟在他后面上场的有百十人，有的用头巾裹头，有的梳着双髻。这些人穿着不同颜色的服装，一只胳臂露在衣服外面，都有围肚和看带。他们的脸上搽了黄色、白色的粉末。这叫“抹跄”。每个人手里拿着一把木质掉刀，在台上排成整齐的行列。这时候，那个击小铜锣的人开始发命令，让这些人做各种舞蹈动作，以及鞠躬行礼的动作。在这些动作都做完之后，击小铜锣的人继续发号令，让他们做了几次队列变化的表演。然后，这些人排成一字长蛇阵。接着，每次有两个人从长蛇阵里走出来。出阵之后，进行一番格斗。他们一对一对地表演各种夺刀、击刺的动作。等这些表演都结束之后，突然有一个人把刀往台上一扔，腾空跳起，瞬间就落下，全身着地，他的背部与台面相撞而嘭然出声，这个表演叫“扳落”。在他做完之后，陆续有几十对人来做这个“扳落”表演。在这些表演结束之后，台上出现一个扮成乡下佬的演员。当他在台上念诵一番，一个扮成村妇的人上场来。他们俩见面以后，拿起棍子，相互捅过来捅过去，好像在斗殴。最后，乡下佬用手中的棍子把村妇挑起来，背在自己的背上，退下台去。这时，后台乐声大作，诸军的演员集合起来，在台上演出一段杂剧。然后露台弟子出来演出一段杂剧。那时露台弟子中走红的是萧住儿、丁都赛、薛子大、薛子小、杨总惜、崔上寿等人。至于在当时名声比他们低的露台弟子还有很多，这里就不提及了。露台弟子演出合曲和舞旋，接着是诸班直和常入祗候的弟子表演马术。最先出场的是一个人空手骑马，这叫“引马”。接着是一个人舞动着一杆旗骑在马上冲出来，这叫“开道”。在开道之后，是一个人在马上抱着一个红绣球上场，在球上系着一根红色的棉索，他把红色球掷到地上之后，就有若干人骑着马、手持弓箭追红球，并向它射箭。用左手指来抠拉弓弦发箭的射法叫“仰手射”，用右手指来抠拉弓弦发箭的射法叫“合手射”。这种向红绣球追射的活动叫“拖绣球”。接下来，有人把柳枝扎成的圆圈立在地面上，然后有几个骑马的人上场。他们用弓或弩来把划子箭射向柳枝扎成的圆圈。这就叫“蜡柳枝”。还有一个人先在一个轮子的圆周上插十多面小旗，接着他把这个轮子驮在自己的背上，然后骑上一匹马奔驰，这叫“旋风旗”。还有骑手挺立在正在奔跑的一匹马上,这叫“立马”。有个骑手让自己的双手捉住马鞍，同时纵身使自己的身体离开马鞍，双脚落地，而在双脚刚落地的那一瞬间又从地上跃起骑到马鞍上，这样的动作叫“骗马”。有的骑手用他的双手握牢镫裤，然后让他的下肢在马的后鞦盖上左右甩动，这个动作叫“跳马”。有时候他会双脚踩着马镫直立起来，屁股抬离马鞍，然后把他的右脚抬起并挂到马鬃上，而左脚却还留在镫里，这时他只用左手把住马鬃,这个动作叫“献鞍”,也叫“奔鬃”。有时候，他整个人的正面朝后、背面朝前地坐在马鞍上。有时候两手握住镫裤，肩贴在鞍桥上，两脚垂直向上伸，脚底朝天头朝下，这种动作叫“倒立”。让双脚从空中落到地面上，脸和身体的正面朝天，马倒拖着他往前走。过一小会儿，他又跃上马鞍，这些动作叫“拖马”。有时他让自己的左脚留在马镫里，右脚脱开马镫，屁股离开马鞍，让他自己的身子处于水平状态，然后逐渐把他的上身转到马的左侧，右手抓住马鞍，左手抓住马鬃，身体的正面朝向前方，右脚垂直下探,脚底触及地面,随着马向前,这个动作叫“飞仙膊马”。把右腿缩回，全身蜷成一团，贴靠在马身的一侧，这个动作叫“镫里藏身”。伸出右臂搂住马鞍，身体的正面朝前方，伸出一条腿使脚尖在马行走的过程中不断点触地面，这个动作叫“赶马”。一只脚在脱出马镫之后往后伸去，以钩住马的后鞦，然后让自己的身子下俯，并向下伸出一条胳臂，使自己的手触及地面，这个动作叫“绰尘”。走在地面上，放任马往前走若干步之后，追上去抓住马的尾巴，并纵身跃上马背，这个动作叫“豹子马”。还要横躺在马鞍上，手里舞弄着刀剑，或举着重物，或耍着大刀、双刀等兵器。在马术表演完以后，有一个穿黄衣服的年老的军士走上台来，人们管他叫“黄院子”。跟在他后面上台的是几个手执小旗的人们。他们拿的小旗上都绣着龙。这几个人是充前导的。后面走上来的是一百多个骑着马的、来自大内的年轻女性，人们管她们叫“妙法院女童”，年轻漂亮，但全着男装，头上戴着短顶头巾，衣裳的料子是各种颜色的绣花锦缎。她们穿的是捻金丝番段窄袍，还有红绿两色的吊敦束带。马笼头上镶着玉石，马嚼子全是金色的。马镫子上镶了宝石，连鞍垫上都绣了花。个个光艳照人，香气袭人。这一队女骑手一路奔驰到宝津楼前，跑了几个圆圈，一阵清晰的鼓声响起，女骑手中有人出来表演一些迅猛的马术。其中名叫许畋的人（他是大内的近侍）是这个马队的押队，发号令让马队排成一列。这时鼓声又响起，所有的女骑手同时跃身下马，一手持弓箭，另一手揽着缰绳，向观众行男子的礼数，向皇帝跪拜磕头，山呼万岁。鼓声又响起，她们骑到鞍上。大内凡是着男装的女性，都是对别人行男子礼数的吧。这些女骑手上马之后，又在宝津楼前盘旋绕圈并表演若干个队形变化。然后，分成两个队列。接着，分别从这两个队列中陆续两两出列，相互配合左右奔驰，做各种“仰手射”和“合手射”的动作，拿着短番枪，拿着短木棍，骑在马上，在宝津楼前的开阔地上对打起来。表演结束,就退下去，乐队开始演奏起来。在宝津楼前的空地上立起用彩结装饰的小球门。一百多个穿着花花绿绿衣裳的男演员出场。他们一律戴着裹角子向后拳的曲花幞头，有一半的人穿的是红色的锦袄子，另一半人则穿青色的锦袄子。袄子外罩着肥大的襕裳，腰间围着带子，脚上穿着丝鞋，他们骑的是驮着雕花鞍子、绣花鞍鞯的驴子。上台以后，他们分成两队，每个队有个队长。队长手里拿的是球杖，杖上饰有彩画、他们要表演的节目叫“小打”。这个节目开始时，由一个队的队长用球杖把球子钩起，使它离开地面，然后用球杖耍弄着球，尽力使它不落地。当球一落地，两个队的人来抢这个球。谁把球抢到手，就立即把它交给自己的队长。队长得到队员抢来的球以后，便立即把球往球门击过去。如果击进小球门而坠入“球盂”中，就算是赢了。当队长想把球往小球门击去时，另一个队的所有队员都蜂拥过来阻拦。就这样争来夺去，一直到双方都分别赢得一定的分数，并向皇帝叩头谢恩，“小打”这一节目才算结束。之后黄院子又领一百多个来自于大内的人走上台，这些人的打扮和“小打”那些人类似，所不同的是后上台的这一百多人有珠翠装饰，腰间都围着玉带，脚上穿的是红靴，骑着小马，他们表演的节目叫“大打”。他们对骑术非常精通熟练，对坐骑的控制十分到位，一举一动轻巧优美，每一个场面都像是一幅图画，非常美。宝津楼前的诸军百戏表演就这样结束了。

驾幸射殿射弓

驾诣射殿射弓，垛子前列招箭班二十余人，皆长脚幞头，紫绣抹额，紫宽衫，黄义襕，雁翅排立，御箭去则齐声招舞，合而复开，箭中的矣。又一人口衔一银碗，两肩两手共五只，箭来皆能承之。射毕，驾归宴殿。

译文

天子到射殿去练射箭，在箭垛的前面已经有二十多个招箭班的人在那里等候。他们都戴着长脚幞头，扎着紫色绣花的抹额，穿着紫色的宽衫和黄色的宽大襕袍。他们分立在箭垛的两侧，一字排开，颇像两行飞雁的雁列。当御箭从皇帝的弓上飞向箭靶时，这些招箭班的人们便手舞足蹈地喧哗起来，而且两列人便立即蜂拥到一起。如果蜂拥到一起的人们又分开返回他们各自原先站的位置上去，那么这就表示皇帝射出的箭中的了。有时从招箭班的人中会走出一个人，他的嘴里叼着一个银碗，两肩上和两手里分别放了一个银碗，一共有五个银碗。凡是射向他的箭，他都可以靠这五个碗中的一个来接住。天子练习射箭之后，回到宴殿。

池苑内纵人关扑游戏

池苑内，除酒家艺人占外，多以彩幕缴络，铺设珍玉、奇玩、匹帛、动使、茶酒器物关扑。有以一笏扑三十笏者。以至车马、地宅、歌姬、舞女，皆约以价而扑之。出九和合①，有名者，任大头、快活三之类，余亦不数。池苑所进奉鱼藕果实②，宣赐有差。后苑作进小龙船③，雕牙缕翠，极尽精巧。随驾艺人池上作场者，宣、政间④，张艺多、浑身眼，宋寿香、尹士安小乐器⑤，李外宁水傀儡⑥，其余莫知其数。池上饮食：水饭、凉水菉豆、螺蛳肉、饶梅花酒、查片、杏片、梅子、香药脆梅、旋切鱼脍、青鱼、盐鸭卵、杂和辣菜之类。池上水教罢，贵家以双缆黑漆平船，紫帷帐，设列家乐游池。宣、政间亦有假赁大小船子，许士庶游赏，其价有差。

注释

①出九：提供赌具。出，提供。九，“玖”的变体。“玖”本指次等的黑色玉石，适于做赌具，因而“玖”字也泛指赌具。和合：此指纠集或诱劝一伙

人来参赌。

②池苑所：琼林苑和金明池的管理机构。

③后苑作：“后苑造作所”的简称。

④宣、政：指宋徽宗宣和年间以及政和年间。

⑤小乐器：只用两三件乐器来演奏的音乐节目。

⑥水傀儡：在船上表演的木偶戏。

译文

在琼林苑里和金明池里，除了已为酒家和艺人占去的房屋和地盘，余下的地段往往是用彩色的帷幕成片成片地围起来。人们在里面玩关扑以赌财物。投进关扑的赌物可以是珍珠、玉器、精巧的玩物、布、帛、各种日常生活中不可或缺的物品、茶、酒、酒具等等。人们可以赌到玩命的程度。有人竟敢以一份投赌物同时与其他三十个人投入的赌物做关扑，甚至可以拿自己的车马、地宅、歌姬、舞女到关扑的场所去作价以参赌。在琼林苑里和金明池里干关扑这个营生最出名的大概就是任大头、快活三那一帮人。这一号人为数不少，在这里就不一一说及名字了。池苑所负责向皇帝贡献鱼、藕、蔬果。皇帝则把池苑所贡献的物品赏赐给臣属。后苑作负责为皇帝献贡和遵照特定的要求来制造龙船模型、象牙雕刻品、玉石珠翠镶镂品等手工艺品。跟随御驾的一些手工艺人就在琼林苑里和金明池里的某些场所表演他们的技艺。在宣和年间和政和年间，有名气的手工艺人有张艺多、浑身眼等人。宋寿香和尹士安做的小乐器也是很有名的。李外宁以表演水傀儡而闻名。其实这样的手艺人还很多，这里就不一一讲述。金明池的酒家常常提供下列饮食：水饭、凉水绿豆、螺蛳肉、饶梅花酒、山楂片、杏片、梅子、香药脆梅、旋切鱼脍、青鱼、盐鸭卵、杂和辣菜等。每当水军在金明池预定的训练结束后，京城里的富贵人家就会往池水里放进他们私有的双缆黑漆的平底船，在船上立起紫色的帷帐，带上他们自己家里的乐队，全家人坐着船，在金明池里游玩。宣和及政和年间，在金明池边就有人做出租游船的生意，大船和小船都能租到。那些年里金明池是对平民百姓开放的。在一年的不同季节，进金明池的费用是不同的。

驾回仪卫

驾回则御裹小帽[①]，簪花乘马，前后从驾臣僚，百司仪卫，悉赐花。大观初[②]，乘骢马至太和宫前，忽宣小乌，其马至御前拒而不进，左右曰："此愿封官。"敕赐龙骧将军，然后就辔，盖小乌平日御爱之马也。莫非锦绣盈都，花光满目，御香拂路，广乐喧空，宝骑交驰，彩棚夹路，绮罗珠翠，户户神仙，画阁红楼，家家洞府。游人士庶，车马万数。妓女旧日多乘驴，宣、政间惟乘马，披凉衫，将盖头背系冠子上[③]。少年狎客，往往随后，亦跨马，轻衫小帽。有三五文身恶少年控马，谓之"花褪马"。用短缰促马头，刺地而行，谓之“鞅缰”。呵喝驰骤，竞逞骏逸。游人往往以竹竿挑挂终日关扑所得之物而归。仍有贵家士女，小轿插花，不垂帘幕。自三月一日至四月八日闭池，虽风雨亦有游人，略无虚日矣。是月季春，万花烂熳，牡丹、芍药，棣棠、木香，种种上市。卖花者以马头竹蓝铺排，歌叫之声，清奇可听。晴帘静院，晓幕高楼，宿酒未醒，好梦初觉，闻之莫不新愁易感，幽恨悬生，最一时之佳况。诸军出郊，合教阵队。

注释

①御裹：拥裹，包裹，围裹。

②大观：宋徽宗的一个年号。

③盖头：为妇女用的一种下垂至肩的蒙脸的纱巾。背系：指在颈部的后面系连在一起。

译文

当皇帝从金明池返回大内时，通常戴一顶能把头部团团围住的小帽，帽上簪了花，他的坐骑是一匹马。大臣和近侍们前呼后拥。他给随行的所有官员、近侍和仪仗队都赏赐锦花。在大观之初，皇帝骑一匹毛色青白的马来到太和宫前，忽然吩咐把一匹名叫小乌的马牵到跟前来。但那匹马快要走到皇帝跟前时，却不肯再走了。皇帝身边的人对皇帝说，这马是想要皇帝给它封个官才肯走。于是皇帝就封它为“龙骧将军”。这样，这马才让人给它戴上嚼子和缰绳。之所以要给这匹马封个官衔，是因为它是皇帝的爱马。在那些年月，京城里户户锦绣，到处是一片好风光，御街上花香扑鼻，无处不有动人的乐声，满街上跑的是神气活现的壮马，举目望去，街头巷尾都是彩棚，家家的门和窗都垂锦挂珠，没有一家不是过着神仙般的生活。处处画阁红楼，无一户人家不像神仙洞府。路上有无数的车马，无数的行人。在更早的岁月里，妓女出门往往都是骑驴的。但宣和年间和政和年间，妓女出门就改骑马匹了。她们出门就披一件凉衫，把盖头的尾巴拉到自己的颈后，系到冠子上。那些年龄不大的嫖客常穿一身轻薄的衣裳，戴一顶小帽，骑上一匹马，跟在妓女的马后。有时会有三五个不太规矩的年轻人，故意露出他们身上的文身，骑着一种称为“花褪马”的马匹，把马的头压得低低的，为的是逼使他们的马匹在向前走的时候马鼻一直贴近地面，这叫“鞅缰”。马一路跑着，他们骑在马背上大呼小叫，比赛谁在马背上更潇洒。游人常常把他们关扑一天所赢到手的物品挂在一根长竹竿的梢头，扛起竹竿，往回家的路上走。街上有时能见到一些上层社会的女性坐的小花轿，小轿的顶上插满了花，不垂挂窗帘。琼林苑和金明池从农历三月一日开放，一直到农历四月八日才闭门。在这些日子里，即使风雨天也照样有游客去那里玩，没有一天是没有游客的。农历的三月是季春，处处有鲜花，有牡丹、芍药、棠棣、木香等，市面上可以买到任何品种的鲜花。卖花人把各种鲜花铺开，放到马头上挂的一个竹篮子里，供游客们自由挑选。他们的叫卖声听起来好像是在唱歌，城里人听见感到很清新，也很奇妙。街道上家家户户挂的门帘是鲜亮的，院子里很清静。早晨的阳光照在高楼窗户的帘幕上，屋里睡觉的人还没从宿醉中醒来。当这些人听到那清新奇妙的卖花声，他们说不定产生一丝莫名其妙的伤感。这大概就是季春怅惘的情景吧？这样的境况是一时的佳境。在这个季节，禁军的三军都要开拔出城，做联合训练。

卷　八

四月八日

四月八日佛生日[①]，十大禅院各有浴佛斋会，煎香药糖水相遗，名曰“浴佛水”。迤逦时光昼永，气序清和。榴花院落，时闻求友之莺；细柳亭轩，乍见引雏之燕。在京七十二户诸正店，初卖煮酒[②]，市井一新。唯州南清风楼最宜夏饮，初尝青杏，乍荐樱桃，时得佳宾，觥酬交作。是月茄瓠初出上市，东华门争先供进，一对可直三五十千者。时果则御桃[③]、李子、金杏、林檎之类[④]。

注释

①佛生日：释迦牟尼的诞生日。又称“佛诞日”。佛教一般认为佛诞日在农历四月初八。也有人说是二月八日。在这一天，各寺庙要举行灌佛会，因此这一天又叫“浴佛节”。

②煮酒：此处“酒”指“新酒”。

③御桃：此果名源自汉献帝典故：“汉献帝自洛迁许，许州之小李色黄，大如樱桃，帝爱而植之，后即名曰御桃”。

④林檎：亦作“林禽”，植物名，又名花红、沙果。

译文

农历四月八日为释迦牟尼佛的生日。京城的十大佛寺都分别举行浴佛斋会。在这一天，各寺都会煮加糖的香药水来彼此赠送，人们把这种甜香药水叫“浴佛水”。春日，白昼变得越来越长，天气变得越来越暖。院落里的榴树都在开花，还时常听到莺的叫声。园林里，亭轩边的垂柳都在吐絮，新生的小燕子在柳丛里学飞。京城里那七十二家大酒店开始卖去年底酿出的新酒。城里面目一新。初夏时节最适于小饮的酒家莫过于州城南边的清风楼。新杏开始上市，颜色还有点青。樱桃也开始上市。在这个节候里，找几个要好的朋友一起喝几杯，真是快意的事情！在农历四月份，茄子和瓠子也是刚上市。这两样菜蔬最先只是在东华门那一带的菜市里才有卖的。最先上市的茄瓠，每一对可以卖到三十千至五十千的钱。这时节的时令水果有御桃、李子、金杏、林檎等。

端午

端午节物：百索[①]、艾花、银样鼓儿花[②]、花巧画扇、香糖果子、粽子、白团、紫苏[③]、菖蒲、木瓜，并皆茸切[④]，以香药相和，用梅红匣子盛裹。自五月一日及端午前一日，卖桃、柳、葵花、蒲叶、佛道艾[5]；次日家家铺陈于门首，与粽子、五色水团[6]、茶酒供养；又钉艾人于门上，士遮递相宴赏。

注释

①百索：用五色丝线编结的索状饰物，亦名长命缕。

②银样鼓儿花：颜色雪白、状如小鼓的人造花。

③紫苏：一年生草本，茎、叶、子、实均可入药，有止咳、祛痰及利尿之功。又名桂荏。

④茸切：切成碎末。

⑤佛道艾：即伏道艾。在宋朝被认为是艾中佳品，因产于河南汤阴之伏道，故称伏道艾。端午节可用以辟邪。

⑥五色水团：一种用糯米粉制作的团子，也叫水团、白团。其精者名滴粉团。往往杂以染了各种颜色的糯米粉来捏成人形、兽形、花果形。民间往往是在端午节才做水团。

译文

端午节的节日物品包括百索、艾花、银样鼓儿花、花巧画扇、香糖果子、粽子、白团、紫苏、菖蒲、木瓜等。紫苏和菖蒲要切碎，然后与香药糅合在一起，都装进梅红色的盒子里。从农历五月一日起到端午节的前一天为止，满街叫卖的都是桃枝、柳枝、葵花、蒲叶、佛道艾等物。端午节那一天家家都把这些东西陈列于门口。

家家都用粽子、五色水团、茶、酒来招待客人，把艾草做成的草人钉在门上。人们相互来往和宴饮。

六月六日崔府君生日二十四日神保观神生日

六月六日，州北崔府君生日[①]，多有献送，无盛如此。二十四日，州西灌口二郎生日[②]，最为繁盛。庙在万胜门外一里许，敕赐神保观。二十三日，御前献送后苑作与书艺局等处制造戏玩，如球杖、弹弓、弋射之具，鞍辔、衔勒、樊笼之类，悉皆精巧。作乐迎引至庙，于殿前露台上设乐棚，教坊、钩容直作乐，更互杂剧舞旋。太官局供食，连夜二十四盏，各有节次。至二十四日，夜五更争烧头炉香，有在庙止宿，夜半起以争先者。天晓，诸司及诸行百姓献送甚多。其社火呈于露台之上[③]。所献之物，动以万数。自早呈拽百戏[④]，如上竿、趯弄、跳索、相扑、鼓板、小唱、斗鸡、说诨话、杂扮、商谜、合笙、乔筋骨、乔相扑、浪子杂剧、叫果子、学像生、掉刀、装鬼、砑鼓、牌棒、道术之类，色色有之，至暮呈拽不尽。殿前两幡竿，高数十丈，左则京城所，右则修内司[⑤]，搭材分占[⑥]，上竿呈艺解[⑦]。或竿尖立横木，列于其上，装神鬼，吐烟火，甚危险骇人。至夕而罢。

注释

①崔府君：姓崔名珏，字子玉，唐乐平人。其父崔让生性乐善好施，年近五十，膝下无子，遂与其妻同往北岳祠祷祝求子。是夜，夫妻两人梦见一童子擎一盒，内盛美玉两枚让其吞食。于是崔夫人十月怀胎，于隋大业三年（607）六月六日生下一子，遂取名珏。崔珏幼时即神采秀美，聪敏好学。唐贞观七年（633），崔珏入仕，授长子县令。人们有这样的传说：崔珏“昼理阳事，夜断阴府”，死后被上帝封为磁州土地神，并建祠祀之。“安史之乱”后，因其曾显灵于玄宗，被封为灵圣护国侯。宋仁宗景祐二年（1035），加封为护国显应公。元符二年（1099）改封为护国显应王。金兵南下，崔珏显圣挡驾，泥马渡康王。南宋淳熙十三年（1186）改封为“真君”。随着崔珏封号的升级，崔府君庙由磁州兴建至全国各地。

②二郎：李冰之子。相传其在蜀地寻洪水祸源，勇擒孽龙，遏制水患。

③社火：一种民间的文化娱乐活动，每逢春节或重大节日表演，因表演时常常伴有烟火，而称之为“社火”。一般诸如耍狮子、跑旱船、舞龙灯、扭秧歌、打腰鼓、打鞭子、打春牛、跑驴等民间歌舞娱乐活动，都可称为“社火”。有时民间群众只把化装了的戏剧人物，以踩高跷、骑马等形式表现各种姿势、动作的文艺演出称为“社火”。

社火作为最古老的风俗，在中国有数千年的历史，它来源于古老的对于土地与火的崇拜，是远古时期巫术和图腾崇拜的产物，是用来祭祀拜神的宗教活动。社，土地之神。火，即火祖，是传说中的火神。

④呈拽：安置，安排。

⑤修内司：官署名。北宋、金、元皆置。在宋朝时，修内司属将作监，掌宫殿、太庙修缮事务。北宋设勾当官。以大内内侍充任。神宗元丰改制后，修内司改隶将作监。

⑥搭材：各自投入材料。

⑦呈艺解：表演各种技艺。

译文

农历的六月六日是崔府君的生日，他的庙在州城的北面。这一天送到他庙里的供奉有很多。别的神庙很少有这种情形。六月二十四日是二郎神的生日。当日他庙里香火之盛是当地的其他神庙没法比的。他的庙位于州西灌口，在距万胜门外一里多的地方。庙名是御赐的，叫“神保观”。在农历六月二十三日，大内就把后苑作和书艺局等机构制作的各种工艺品送到二郎庙里来作为供品，包括球杖、弹弓、弋射之具、鞍辔、衔勒、樊笼等，都非常精致。这些东西是用鼓乐前导送达庙里的，庙里则在大殿前的露台上架设起一个乐棚。在乐棚里进行演奏的是来自教坊和钧容直的乐师，整个过程里还加了杂剧和舞旋的演出。太官局负责给所有参加二郎神生日庆典的人提供饮食，提供的饮食有二十四样，按一天的不同时间段供应食品和饮料。到了二十四日凌晨的五更天，便有人赶到庙里争烧当天的头炉香，甚至有人在二十三日夜里就住到庙里，以便午夜就起来，好烧二十四日的头炉香。二十四日拂晓，京城的各个官衙以及各阶层的老百姓都往庙里送供品。庙里的露台上点起社火。到了这个时辰，送进庙门的礼物已不下万件。从清晨开始，庙里就开锣上演百戏，其节目包括上竿、趯弄、跳索、相扑、鼓板、小唱、斗鸡、说诨话、杂扮、商谜、合笙、乔筋骨、乔相扑、浪子杂剧、叫果子、学像生、掉刀、装鬼、砑鼓、牌棒、道术等，没有哪一种百戏的节目是不可以在庙里上演的。从清晨演到天刚黑，还不停止。大殿前有两根很高的旗杆，每一根都有几十丈长。左面的那根是由京城所投工投料树起来的，右面的那根是由修内司立起来的。艺人们就在这两根旗杆上各展技艺。有的艺人在旗杆顶端把一根粗木条横向固定在旗杆上，然后在那根粗木上站若干人。这几个人在高处的粗木上装神弄鬼，还口吐烟火，实在很吓人。这些表演直到天大黑了才停止。

是月巷陌杂卖

是月时物[①]，巷陌路口，桥门市井，皆卖大小米水饭、炙肉、乾脯、莴苣、笋、芥辣瓜儿、义塘甜瓜、卫州白桃、南京金桃、水鹅梨、金杏、小瑶李子、红菱、沙角儿、药木瓜、水木瓜、冰雪凉水荔枝膏，皆用青布伞当街列床凳堆垛。冰雪惟旧宋门外两家最盛，悉用银器。沙糖菉豆、水晶皂儿、黄冷团子、鸡头穰、冰雪、细料馉饳儿、麻饮鸡皮、细索凉粉、素签、成串熟林檎、脂麻团子、江豆碢儿、羊肉小馒头、龟儿沙馅之类。都人最重三伏，盖六月中别无时节，往往风亭水榭，峻宇高楼，雪槛冰盘②，浮瓜沉李，流杯曲沼③，苞鲊新荷，远迩笙歌，通夕而罢。

注释

①是月：接上文的“六月六日崔府君生日”以及“二十四日神保观神生日”的月份而言，指六月份。时物：六月份市面上的各种货物。

②槛：箱子或柜子。

③流杯曲沼：古民俗，大家坐在河渠两旁，在上流放置酒杯，酒杯顺流而下，停在谁的面前，谁就取杯饮酒，可以除去不吉利。这种游戏非常古老。

译文

农历的六月，京城里的街头巷尾，城门边和城里的热闹地段常可以见到卖大小米水饭、炙肉、干脯、莴苣、笋、芥辣瓜儿、义塘甜瓜、卫州白桃、南京金桃、水鹅梨、金杏、小瑶李子、红菱、沙角儿、药木瓜、水木瓜、冰雪凉水荔枝膏等瓜果和食品。卖这些东西的小贩总是当街撑开一把大青布伞，伞下放着床铺或长凳子，堆满货物。专门卖用冰雪保存的食物的店家要数旧宋门外两家店铺生意最好。它们的商品都是贮存在银质容器里，常卖的是：沙糖绿豆、水晶皂儿、黄冷团子、鸡头穰、冰雪、细料馉饳儿、麻饮鸡皮、细索凉粉、素签、成串熟林檎、脂麻团子、江豆碙儿、羊肉小馒头、龟儿沙馅等食品。京城里的人注重过好三伏，因为在六月里除了三伏就没有其他节气了。他们往往选择四边通风的亭子、建在水上的楼榭来避暑，或者是住到高高的楼房里，在木柜里存着冰，在盆子里用雪水浸泡瓜果。再不然，沿着溪流做流杯曲沼的游戏，嘴里嚼着苞鲊新荷，聆听着从远处或是近处传来的悠扬笙歌。这样的享受常常要到夜幕降临才结束。

七夕

七月七夕，潘楼街东宋门外瓦子、州西梁门外瓦子、北门外、南朱雀门外街及马行街内，皆卖磨喝乐[①]，乃小塑土偶耳。悉以雕木彩装栏座，或用红纱碧笼，或饰以金珠牙翠，有一对直数千者。禁中及贵家与士庶为时物追陪[②]。又以黄蜡铸为凫、雁、鸳鸯、鸂鶒[③]、龟、鱼之类，彩画金缕，谓之“水上浮”。又以小板上傅土[④]，旋种粟令生苗，置小茅屋花木，作田舍家小人物，皆村落之态，谓之“谷板”。又以瓜雕刻成花样，谓之“花瓜”。又以油面糖蜜造为笑靥儿，谓之“果食”，花样奇巧百端，如捺香方胜之类。若买一斤，数内有一对被介胄者[5]，如门神之像。盖自来风流[6]，不知其从[7]，谓之“果食将军”。又以菉豆、小豆、小麦、于磁器内以水浸之，生芽数寸，以红蓝彩缕束之，谓之“种生”。皆于街心彩幕帐设出络货卖。七夕前三、五日，车马盈市，罗绮满街，旋折未开荷花，都人善假做双头莲，取玩一时，提携而归，路人往往嗟爱。又小儿须买新荷叶执之，盖效颦磨喝乐。儿童辈特地新妆，竞夸鲜丽。至初六日、七日晚，贵家多结彩楼于庭，谓之“乞巧楼”。铺陈磨喝乐、花瓜、酒炙[8]、笔砚、针线，或儿童裁诗[9]，女郎呈巧，焚香列拜，谓之“乞巧”。妇女望月穿针。或以小蜘蛛安合子内，次日看之，若网圆正，谓之“得巧”。里巷与妓馆，往往列之门首，争以侈靡相尚。（元老自注：“磨喝乐，本佛经‘摩睺罗’，今通俗而书之。”）

注释

①磨喝乐：梵文音译。原指佛教八部众神之一的“摩睺罗”神。在宋朝时百姓借其名制作一种土偶，于七夕供养，也叫“化生”，意思是供养以祝祷生育男孩。后成儿童的玩具。

②追陪：作为陪衬。

③㶉鶒：一种类似鸳鸯的水鸟，羽毛多为紫色，性喜结偶而游，故又称紫鸳鸯。

④傅土：薄薄地铺垫一层土。

⑤介胄：铠甲和头盔。

⑥自来风流：从来都很时尚。风流，时尚。

⑦从：起源。

⑧酒炙：此指雄黄酒和艾草。

⑨裁诗：此指按格律来凑诗句。

译文

七夕的时候，在潘楼街东宋门外瓦子、州西梁门外瓦子、北门外、南朱雀门外街及马行街内等地段，都是卖磨喝乐的店家和小铺。什么叫磨喝乐？它是个不大的土偶或木偶。这样的木偶完全是用木料雕镂出来的，然后加以彩绘，再安上底座，在底座上还添上雕栏。有的磨喝乐还罩以红色的纱，或是绿色纱笼。有的还用金色的珠子、白色的象牙或是翠玉装饰。最贵的一对磨喝乐可以卖到几千钱。大内里的人以及有钱的人家，乃至平常百姓家常常在买了七月七的各种节日物品之后，还要再买上一个磨喝乐作为陪衬。在街上还有卖用黄蜡做的凫、雁、鸳鸯、㶉鶒、龟、鱼之类的小玩意儿。它们虽是黄蜡做的，但都是用彩画金镂来作为装饰的，被称为“水上浮”。在街上还有卖一种小型玩意儿，它的制作方法是这样的：先在一块小板上铺上一层不厚的土，在土里种上粟。浇水让粟发出芽、生出苗来，然后在这一块土上放小茅屋、花草、小树等，再在这块土上放穿着农村衣着的人物，这样就使小木板显出一派田园风光，称之为“谷板”。另有一种小玩意儿是在瓜上雕刻出各种花样，称之为“花瓜”。还有人用油、面粉、糖、蜂蜜做成一种面食，并给它取名叫“果食”。“果食”的造型真是千变万化、新奇古怪。举例来说，有手艺的人可以把“果食”做成香方胜之类的造型。如果你一次买下一斤之多的“果食”，那么，很可能就会有一对“果食”的造型像两个披铠甲戴头盔的门神爷。把“果食”做成奇奇怪怪的形状，是那时的一种时尚。谁也弄不清这样的时尚在当初是怎么兴起的。人们把样子像门神的“果食”叫“果实将军”。还有人把绿豆、小豆、小麦放进一个瓷器内用水泡，让它们发起几寸高的芽，然后用红色和蓝色的丝线把那些芽束起来，称之为“种生”。他们往往在当街搭起彩色帐篷，把红、蓝丝缕一一剔除掉，把那些数寸高的芽摆在彩色帐篷里出售。七夕之前的三到五天，街上很是热闹，车水马龙，人们都穿着鲜艳亮丽的衣服。他们喜欢到池塘去摘回尚未开的荷花。很多人会用手工来做假的双头莲，可以玩一段时间而不坏。做好的双头莲拿到街上，路人见了都很羡慕。如果家里有儿童的话，那就得去买些荷叶让儿童拿着，因为拿着荷叶的小孩的样子有点像磨喝乐。在七夕那一天，孩子们特意穿上漂亮的新衣服。比比看谁穿得更好看。初六和七夕的夜里，有钱的人家会在自家院子搭起彩楼，人们把这样的彩楼叫作“乞巧楼”，摆出磨喝乐、花瓜、酒炙、笔砚、针线等物，还让男孩子们来作诗，让女孩子把各自做得出色的针线活拿出来陈列，依次烧香叩拜，这叫“乞巧”。七夕那天夜里，妇女们都要望着月亮来穿针。有的妇女们就抓些小蜘蛛放进盒子里。到第二天打开盒子看，如果蜘蛛在盒子里结的网是圆的和端正的，那么这就叫“得巧”。住在一条巷子里的各家各户以及京城里的各妓院，在这个晚上往往都把过七夕用的物品摆在自家的门口，看谁家的过节物品更奢靡。

中元节

七月十五日，中元节[①]。先数日，市井卖冥器[②]、靴鞋、幞头、帽子、金犀假带、五彩衣服，以纸糊架子盘游出卖[③]。潘楼并州东西瓦子，亦如七夕，要闹处亦卖果食、种生、花果之类，及印卖《尊胜目连经》[④]。又以竹竿斫成三脚，高三五尺，上织灯窝之状，谓之盂兰盆[⑤]，挂搭衣服、冥钱在上焚之。勾肆乐人，自过七夕，便般“目连救母”杂剧[⑥]，直至十五日止，观者增倍。中元前一日，即卖楝叶，享祀时铺衬卓面。又卖麻谷窠儿[⑦]，亦是系在卓子脚上，乃告祖先秋成之意。又卖鸡冠花，谓之“洗手花”。十五日供养祖先素食，才明即卖穄米饭[⑧]，巡门叫卖[⑨]，亦告成意也。又卖转明菜花、花油饼、馂䭔、沙䭔之类。城外有新坟者，即往拜扫。禁中亦出车马诣道者院谒坟。本院官给祠部十道[10]，设大会，焚钱山，祭军阵亡殁，设孤魂之道场。

注释

①中元节：俗称鬼节，佛教称为盂兰盆节，时间在农历七月十五。宋朝时成为民间的一个传统节日，要上坟扫墓，祭拜祖先。民间传说，在中元节这一天，地府阎王会释放出全部鬼魂，所以民间就普遍进行祭祀鬼魂的活动。宋朝在道教盛行后特别重视附会古老的传统，因此那时的道教创立了天、地、水三官神祇。据说天官生日定在农历正月十五日，称上元节，其主要意义是为人间赐福。地官生日定在农历七月十五日，称中元节，其主要的意义是为人间赎罪。水官生日定在农历十月十五日，称为下元节，其主要意义是为人间解厄。

②冥器：焚化给死者的纸制器物。

③盘游：四处游乐。

④尊胜目连经：佛家经卷。

⑤盂兰盆：梵文音译，意思是“救倒悬”。旧传目连从佛言，于农历七月十五日置百味五果，供养三宝，以解救其亡母于饿鬼道中所受倒悬之苦。南朝梁以降，成为民间超度先人的节日。是日延僧、尼结盂兰盆会，诵经施食。后仅具祭祀仪式，而不延请僧尼。

⑥“目连救母”杂剧：这部杂剧源出佛教故事，最早

见于东汉初由印度传入我国的《佛说盂兰盆经》。故事叙述佛陀弟子目连拯救亡母出地狱的事。目连，原名为“大目犍连”，“目连”为其略称。

⑦麻谷窠儿：在农历七月十五日，京城郊外的乡民习惯于到田地里把玉蜀黍苗和麻粟苗连根带土拔出来，捆成把，带回家，在自己家大门的左右两侧各钉上一大把。此外还要把三大捆的玉蜀黍苗和麻粟苗竖立在门外，并供面果，这叫“祭麻谷窠儿”。

⑧穄米：即糜，似黍而不黏，易熟。

⑨巡门：挨家挨户。

⑩祠部：官署名。三国时魏朝之尚书有祠部曹，掌礼制，历代沿袭。北周时始改为礼部。隋、唐别置祠部曹，属于礼部，掌祠祀、天文、漏刻、国忌、庙讳、卜祝、医药等，及僧尼簿籍。宋、元时虽迭有变革，但大体上沿袭唐制。此处所提的“祠部十道”是指祠部给僧、尼等颁发的度牒。唐、宋以来，祠部发给或售给出家人凭证，可免地税及徭役。此度牒自尚书省祠部司发出，故称祠部牒。凡与佛寺道观有关之事或宗教活动需经中央政府批准者，均以祠部牒的形式来下达意见。

译文

中元节在农历七月十五日。在这个节日之前的数日，街上便有卖各种冥器、靴鞋、幞头、帽子、金犀假带、五彩衣服的，还有人拿着用纸糊出来的各种物品、房屋等到街上去到处兜售。潘楼那一带以及州东西瓦子那一带，热闹得犹如七夕的夜里那样，也有卖果食、种生、花果之类的食品；还有人在卖刻印出来的《尊胜目连经》。另有些人把一根高三到五尺的竹竿的一头劈开成三个脚，把这样的竹竿立在地面上，并在竹竿的顶上编织出一个状如油灯碗的造型，称之为“盂兰盆”，竹竿上搭挂纸做的衣服、冥钱之类，然后把这些东西都焚烧了。勾肆里的那些艺人们在接近中元节前的几天夜里往往都不到大街上来，只在勾栏里演出“目连救母”的杂剧。到了七月十五那天，勾栏里的观众会比平时多出一倍。七月十四日那一天，人们会去买楝叶，七月十五祭祀时要用楝叶铺满供桌。人们还会买麻谷窠儿，是为了把它捆绑在桌子腿上，在祭祀祖先的时候向先人们报告这一年的秋收会是什么光景。街上还有人卖鸡冠花，称之为“洗手花”。在七月十五这一天，给祖先供的食品都是素食。天刚刚亮，街上就有卖穄米饭的，他们挨家挨户地叫卖。这也是一种向先人禀告秋收光景的方法。街上还有卖转明菜花、花油饼、馂䭕、沙䭕之类食品的。凡是今年在城外筑了新坟的，在七月十五这一天都要到那儿去祭扫。大内在这一天也要派出车马送宫中的人到道者院去上坟。道者院领受了祠部的十道牒，因而有资格举办大斋会。在斋会上要焚烧用纸和竹篾制作的钱山，以祭奠既往为国捐躯的战士们，也开设道场凭吊孤魂野鬼。

立秋

立秋日，满街卖楸叶[1]，妇女儿童辈皆剪成花样戴之。是月，瓜果梨枣方盛。京师枣有数品：灵枣、牙枣、青州枣，亳州枣。鸡头上市，则梁门里李和家最盛。中贵戚里[2]，取索供卖。内中泛索[3]，金合络绎。士庶买之，一裹十文，用小新荷叶包，糁以麝香，红小索儿系之。卖者虽多，不及李和一色拣银皮子嫩者货之。

注释

①楸叶：落叶乔木，可造船，亦可做器具。宋朝民俗以楸叶为秋日到来的象征。

②中贵戚里：天子最亲信的显要内侍以及天子的外戚及其家属。

③内中泛索：皇帝及他的后妃们临时提出的索取或要求。

译文

到了立秋这一天，京城满街都是卖楸叶的。妇女和儿童买回楸叶以后，就把它们剪成各式各样的花样佩戴在自己的身上。立秋前后的这一个月是瓜、果、梨、枣上市最多的时节。京城里卖的枣有以下几个主要品种：

灵枣、牙枣、青州枣，亳州枣等。在京城里卖鸡头（也就是芡实）的只有梁门里的李和这家店铺生意最好，连显要的内侍们和皇帝的外戚家人都喜欢买。大内会突然要大量地从李和店家买进。这家店铺的货都装在金色盒子里，陆续地往大内送。卖给百姓的鸡头是十文一包，一律用小张荷叶包装，包上撒一点麝香水并用红色的细绳捆着。城里卖鸡头的店家虽多，但除了李和家的店铺以外，没有哪一家肯专门卖经过精选的一律银色皮子而且肉很嫩的鸡头。

秋社

八月秋社[①]，各以社糕、社酒相赍送贵戚[②]。宫院以猪羊肉、腰子、奶房、肚肺、鸭饼、瓜姜之属，切作棋子片样，滋味调和，铺于饭上，谓之“社饭”，请客供养。人家妇女皆归外家，晚归，即外公、姨、舅皆以新葫芦儿、枣儿为遗，俗云宜良外甥[③]。市学先生预敛诸生钱作社会，以致雇倩、祗应白席[④]、歌唱之人。归时各携花篮、果实、食物、社糕而散。春社、重午、重九亦是如此[⑤]。

注释

①秋社：立秋后第五个戊日，约新谷登场的八月，是为秋社。此节日始于汉代。在古代，每年当收获

已毕，则官府与民间皆于此日祭祀神祇报谢。宋时有食糕、饮酒、妇女归宁之俗。后世秋社渐微，其内容多与中元节（七月半）合并。

②社糕、社酒：为社日所准备的糕与酒。

③宜良：给人带来好运。

④白席：承担筵会组织安排工作的人。

⑤重九：农历九月九日，因含两九故称重九，俗称重阳。重阳又称“踏秋”，这一天要登高，插茱萸，赏菊花。

译文

在农历八月秋社到来的时候，家家户户都相互馈送社糕和社酒。宫廷里则是把猪羊肉、腰子、乳房、肚、肺、鸭饼、瓜、姜之类的菜肴切成棋子大小的片，经过烹调，调和滋味，然后摊铺在米饭上，称之为“社饭”，用来招待客人和奉祀。在秋社这一天，妇女们会带着孩子回娘家，早上去，傍晚归。外公、姨娘、舅舅们会拿些新的葫芦，并且在葫芦里装了新枣，送给外甥们，这是风俗，会给外甥们带来吉利。各地社学里的师长们在秋社到来之前从学生那里收些钱，在秋社之日给学生办聚会。到了秋社这一天，学堂里会雇请一些人做服务性的工作，还会请来俗称“白席”的人，以及会说唱的人活跃气氛。散会的时候，学生人手一个花篮回家，里面装着水果、食品和社糕。秋社是这样，春社、端午和重阳也都这样过。

中秋

中秋节前，诸店皆卖新酒，重新结络门面彩楼。花头画竿①，醉仙锦旆②。市人争饮，至午未间。家家无酒，拽下望子。是时螃蟹新出，石榴、榅桲、梨、枣、栗、孛萄、弄色枨橘③，皆新上市。中秋夜，贵家结饰台榭，民间争占酒楼玩月。丝篁鼎沸④，近内庭居民，夜深遥闻笙竽之声，宛若云外。闾里儿童，连宵嬉戏。夜市骈阗⑤，至于通晓。

注释

①花头画竿：彩绘、顶端有花朵状饰物的高耸旗杆。

②醉仙锦旆：绣有李白画像的锦旗。

③弄色：故意显露美色，此处指颜色鲜艳。枨橘：橙子的一种。

④丝篁鼎沸：此指弦、管乐器的喧闹声。丝篁，泛指弦乐器和管乐器。

⑤骈阗：聚集在一起。

译文

临到中秋节，酒店都卖当年新酿的酒。每个酒店都重新修整门面，重新搭建大门口的彩楼。在大门前立起顶端有花饰的彩绘旗杆，挂上新的绣有醉仙像的酒旗。

城里的人们纷纷到酒店里去喝新酿出的酒，酒店里人来人往，从清晨到晌午，门庭若市，这个热闹劲一直维持到新酒卖光为止。不论哪家酒店，只要店里的新酒卖罄，便立即把自家门口的酒旗摘下来。到中秋时节，螃蟹恰好上市。新上市的水果有石榴、榅桲、梨、枣、栗子、葡萄、弄色枨橘等。在中秋那天的夜里，富贵人家都把自己家的亭台楼榭张灯结彩，装饰一新。平民百姓到酒店里争占便于赏月的座次或包间。丝管悠扬，鼓乐喧天。家住在大内附近的居民直到夜深还能听见宫廷传出的笙竽之声，那乐声似乎是从云端飘下来的。街道弄堂里的孩子在中秋的夜里通宵达旦地嬉戏。城里的夜市大家聚集在一起，要热闹一整夜，直至天亮。

重阳

九月重阳，都下赏菊有数种：其黄白色蕊若莲房曰“万龄菊”，粉红色曰“桃花菊”，白而檀心曰“木香菊”，黄色而圆者曰“金铃菊”，纯白而大者曰“喜容菊”，无处无之。酒家皆以菊花缚成洞户。都人多出郊外登高，如仓王庙、四里桥、愁台、梁王城、砚台、毛驼冈、独乐冈等处宴聚。前一二日，各以粉面蒸糕遗送，上插煎彩小旗，掺饤果实[①]，如石榴子、栗子黄、银杏、松子肉之类。又以粉作狮子、蛮王之状，置于糕上，谓之“狮蛮”。诸禅寺各有斋会，惟开宝寺、仁王寺有狮子会[②]。诸僧皆坐狮子座上，作法事讲说，游人最盛。下旬即卖冥衣、靴鞋、席帽[③]、衣段[④]，以十月朔日烧献故也。

注释

①掺饤果实：各种水果混杂堆放在一起。掺，混杂在一起。饤，堆积。

②狮子会：宋朝重阳节时，京城大寺院里僧人例行的一种法会。

③席帽：大帽，也叫大裁帽，以黑縠为之，以隔风尘。席帽多为未有功名之士所戴。它是未中举人的人士之身份标志。

④衣段：用看来像缎料的事物做成的冥衣。

译文

农历九月重阳节，京城里的菊花有以下几个品种："万龄菊"是黄白色的，花蕊像莲蓬；"桃花菊"是粉红色的；"木香菊"是白色的，花蕊是檀木色；"金铃菊"是黄色的，花朵是圆的；"喜容菊"是纯白色的，而且花朵很大。这些种类的菊花在京城里到处可见。酒店喜欢用菊花来彩扎成门户的样子。重阳这一天，不少京城里的人到城外爬山登高，如仓王庙、四里桥、愁台、梁王城、砚台、毛驼冈、独乐冈。到了这些地方，他们就在那儿宴饮聚会。重阳节前一两天，人们用粉面来做蒸糕，相互赠送。送人的蒸糕上插上剪裁好的小彩旗，还堆放水果，石榴子、栗子黄、银杏、松子肉之类，另外还用面粉做成狮子的像，或是为文殊菩萨牵狮子的蛮王的像。狮子、蛮王像也都摆放在糕上，叫“狮蛮”。京城里的禅寺都举行斋会，只有开宝寺和仁王寺举行狮子会。在狮子会上做法事的时候，众僧人坐在狮子座上听大德高僧宣讲经文真谛。到这两个禅寺的游客要比别处多。到了农历九月下旬，京城里就有卖冥衣、靴鞋、席帽、衣段的，因为在农历的十月初一便该把这些东西烧献给已故之人了。

卷 九

十月一日

十月一日，宰臣已下受衣著锦袄[①]。三日，今五日，士庶皆出城飨坟[②]。禁中车马出道者院，及西京朝陵[③]。宗室车马亦如寒食节。有司进暖炉炭[④]。民间皆置酒作暖炉会也[⑤]。

注释

①宰臣：即"宰相"。

②飨：奉献祭品，祭祀。

③及：去往，到达。西京：指洛阳。北宋诸帝的陵寝都在今河南巩义，而巩义紧靠西京。从汴京出发到巩义去飨先帝之陵的话必经西京。

④暖炉：冬天取暖用的火炉。

⑤暖炉会：指聚在炉边叙谈、宴饮。

译文

到了农历十月初一，天子要赐锦缎做的袄和其他衣着给宰相以下的百官。十月初三，如今则改在初五这一天，百姓都要出城到先人的坟上祭祀。也是在这一天，宫里要派出车马送宫里的人到道者院扫祭已故嫔妃或宫女的坟，并送宫里的人及宗室的人到西京祭祀皇陵。送宗室人车马的程序、礼仪和规模都和寒食节时的情况类似。大内总管这时就要把冬季取暖用的薪炭分别向内廷各处运送。普通百姓人家邀来一些亲朋好友，围在炉边欢聚、宴饮。

天宁节

初十日天宁节①。前一月，教坊集诸妓阅乐②。初八日，枢密院率修武郎以上③；初十日，尚书省宰执率宣教郎以上④，并诣相国寺罢散祝圣斋筵，次赴尚书省都厅赐宴⑤。

注释

①天宁节：在宋代，凡是皇帝的生日都定为国家的一个节日。农历十月十日是徽宗皇帝的生日，定为“天宁节”。

②阅乐：排练和预演音乐节目。

③枢密院：中央官署名，也称枢府，主管官称枢密使。在宋代，枢密院与中书省分掌军、政大权，因而它们也被称为“二府”。修武郎：宋代官阶名。宋徽宗政和（1111—1117）中，定武臣官阶五十三阶，第四十四阶为修武郎。

④宰执：宰相与执政的简称。宣教郎：宋代官职名，为迪功郎的别称。

⑤都厅：此指尚书省的总办公厅。宋时诸郡皆有都厅。宣和三年，尚书省公相厅改作都厅，内、外都厅均并入尚书省都厅。

译文

农历在十月初十是天宁节。九月初，教坊就把所有的歌妓集中起来，为天宁节的音乐演出进行审查、排练和预演。十月初八这一天，枢密院使率领修武郎以上的官员到相国寺，在那里恭敬地等待着，一直到该寺举行的给圣上祝寿的斋事结束才敢离开，然后回到尚书省的都厅参加皇帝赐的宴席。到了初十那天，由尚书省的宰相和执政率领宣教郎以上的官员完成这个程序。

宰执亲王宗室百官入内上寿

十二日，宰执、亲王、宗室、百官入内上寿大起居[①]。搢笏舞蹈[②]。乐未作，集英殿山楼上[③]，教坊乐人效百禽鸣，内外肃然，止闻半空和鸣，若鸾凤翔集。百官以下谢坐讫，宰执、禁从[④]、亲王、宗室、观察使已上，并大辽、高丽、夏国使副[⑤]，坐于殿上。诸卿少百官[⑥]，诸国中节使人[⑦]，坐两廊。军校以下，排在山楼之后。皆以红面青墩黑漆矮偏钉，每份列环饼、油饼、枣塔为看盘[8]，次列果子。惟大辽加之猪、羊、鸡、鹅、兔连骨熟肉为看盘，皆以小绳束之。又生葱、韭、蒜、醋各一碟。三五人共列浆水一桶，立杓数枚。教坊色长二人[9]，在殿上栏杆边，皆诨裹宽紫袍[10]，金带义襕[11]，看盏[12]。斟御酒，看盏者举其袖唱引曰："绥御酒"[13]，声绝，拂双袖于栏干而止。宰臣酒，则曰："绥酒"，如前。教坊乐部列于山楼下彩棚中，皆裹长脚幞头，随逐部服紫、绯、绿三色宽衫[14]，黄义襕，镀金凹面腰带，前列拍板[15]，十串一行[16]，次一色画面琵琶五十面，次列箜篌两座。箜篌高三尺许，形如半边木梳，墨漆镂花金装画，下有台座，张二十五弦，一人跪而交手擘之[17]。以次高架大鼓二面，彩画花地金龙，击鼓人背结宽袖，别套黄窄袖，垂结带[18]，金裹鼓棒，两手高举互击，宛若流星。后有羯鼓两座[19]，如寻常番鼓子[20]，置之小桌子上，两手皆执仗击之，杖鼓应焉[21]。次列铁石方响[22]，明金彩画架子[23]，双垂流苏。次列箫、笙、埙、篪、觱篥、龙笛之类[24]。两旁对列杖鼓二百面，皆长脚幞头，紫绣抹额，背系紫宽衫，黄窄袖，结带黄义襕。诸杂剧色皆诨裹，各服本色紫、绯、绿宽衫，义襕，镀金带。自殿陛对立，直至乐棚。每遇舞者入场，则排立者叉手，举左右肩，动足应拍，一齐群舞，谓之"挼曲子"[25]。

第一盏御酒，歌板色一名[26]，唱中腔一遍讫[27]，先笙与箫笛各一管和，又一遍，众乐齐举，独闻歌者之声。宰臣酒，乐部起倾杯[28]。百官酒，三台舞旋[29]，多是雷中庆[30]。其余乐人舞者诨裹宽衫，唯中庆有官，故展裹。舞曲破、撷前一遍[31]，舞者入场，至歇拍[32]，续一人入场，对舞数拍，前舞者退，独后舞者终其曲，谓之“舞末”。

第二盏御酒，歌板色唱如前。宰臣酒，慢曲子。百官酒，三台舞如前。

第三盏，左、右军百戏入场，一时呈拽。所谓左、右军，乃京师坊市两厢也，非诸军之军。百戏乃上竿、跳索、倒立、折腰、弄盌注、踢瓶、筋斗、擎戴之类[33]，即不用狮、豹、大旗、神、鬼也。艺人或男或女皆红巾彩服。殿前自有石镌柱窠，百戏入场，旋立其戏竿。凡御宴至第三盏，方有下酒：肉、咸豉、爆肉，双下驼峰角子[34]。

第四盏如上仪，舞毕，发诨子，参军色执竹竿拂子，念致语口号[35]，诸杂剧色打和[36]，再作语，勾合大曲舞[37]。下酒榼[38]：炙子骨头、索粉、白肉胡饼。

第五盏御酒，独弹琵琶。宰臣酒，独打方响。凡独奏乐，并乐人谢恩讫，上殿奏之。百官酒，乐部起三台舞，如前毕。参军色执竹竿子作语，勾小儿队舞[39]。小儿各选年十二三者二百余人，列四行，每行队头一名，四人簇拥，并小隐士帽，著绯、绿、紫、青生色花衫，上领四契[40]，义襕束带，各执花枝排定。先有四人裹卷脚幞头紫衫者擎一彩垫子，内金贴字牌，擂鼓而进，谓之“队名”。牌上有一联，谓如“九韶翔彩凤，八佾舞青鸾”之句。乐部举乐，小儿舞步进前，直叩殿陛。参军色作语问，小儿班首近前进口号，杂剧人皆打和毕，乐作，群舞合唱，且舞且唱，又唱破子毕[41]，小儿班首入进致语，勾杂剧入场，一场两段。是时教坊杂剧色鳖膨、刘乔、侯伯朝、孟景初、王颜喜而下，皆使副也。内殿杂戏，为有使人预宴，不敢深作谐谑，惟用群队装其似像市语，谓之“拽串”。杂戏毕，参军色作语，放小儿队，又群舞《应天长》曲子出场。下酒：群仙炙、天花饼、太平毕罗、乾饭、缕肉羹、莲花肉饼。驾兴，歇座[42]，百官退出殿门幕次[43]。须臾追班起居再坐[44]。

第六盏御酒，笙起慢曲子。宰臣酒，慢曲子；百官酒，三台舞。左、右军筑球，殿前旋立球门，约高三丈许，杂彩结络，留门一尺许。左军球头苏述，长脚幞头，红锦袄，余皆卷脚幞头，亦红锦袄，十余人。右军球头孟宣，并十余人，皆青锦衣。乐部哨笛杖鼓断送[45]。左军先以球团转，众小筑数遭[46]，有一对次球头，小筑数下，待其端正，即供球与球头，打大膁过球门[47]。右军承得球，复团转，众小筑数遭，次球头亦依前供球与球头，以大膁打过，或有即便复过者胜。胜者赐以银盌锦彩，拜舞谢恩，以赐锦共披而拜也。不胜者球头吃鞭，仍加抹跄[48]。下酒：假鼋鱼、蜜浮酥捺花。

第七盏御酒，慢曲子。宰臣酒，皆慢曲子。百官酒，三台舞讫，参军色作语，勾女童队入场。女童皆选两军妙龄容艳过人者四百余人，或戴花冠，或仙人髻[49]，鸦霞之服[50]，或卷曲花脚幞头，四契红黄生色销金锦绣之衣[51]，结束不常，莫不一时新妆，曲尽其妙。杖子头四人，皆裹曲脚向后指天幞头，簪花，红黄宽袖衫、义襕，执银裹头杖子。皆都城角者，当时乃陈奴哥、俎姐哥、李伴奴、双奴，余不足数。亦每名四人簇拥，多作仙童丫髻仙裳，执花舞步，进前成列。或舞《采莲》[52]，则殿前皆列莲花。槛曲亦进队名。参军色作语问队，杖子头者进口号，且舞且唱。乐部断送《采莲》讫，曲终，复群舞，唱中腔毕，女童进致语，勾杂戏入场，亦一场两段讫，参军色作语，放女童队，又群唱曲子，舞步出场。比之小儿，节次增多矣。下酒：排炊羊、胡饼，炙金肠。

第八盏御酒，歌板色一名唱踏歌[53]。宰臣酒，慢曲子。百官酒，三台舞。合曲破舞旋[54]。下酒：假沙鱼、独下馒头、肚羹。

第九盏御酒，慢曲子。宰臣酒，慢曲子。百官酒，三台舞。曲如前。左、右军相扑[55]。下酒：水饭、簇饤下饭[56]。驾兴。

御筵酒盏，皆屈卮如菜盌样[57]，而有手把子。殿上纯金，廊下纯银。食器，金银錂、漆碗碟也。宴退，臣僚皆簪花归私第，呵引从人皆簪花并破官钱[58]。诸女童队出右掖门，少年豪俊争以宝具供送饮食酒果迎接，各乘骏骑而归，或花冠，或作男子结束，自御街驰骤，竞逞华丽，观者如堵。省宴亦如此[59]。

注释

①大起居：宋制，文武朝官每五日赴内殿参见皇帝一次，称为大起居。每逢大起居，宰执应侍班于垂拱殿隔门外东廊庐中，而三帅则应在庭下声喏。此时大殿上卷帘及半，天子起身答礼。这是大起居的主要礼仪。

②搢笏舞蹈：舞动着笏板行跪拜礼。搢，摇动，舞动。舞蹈，指跪拜礼仪。

③山楼：临时搭建的有彩饰的楼棚。

④禁从：指皇帝身边的随从人员。特别是指诸如翰林学士之类文学、艺术等方面的随从官员。观察使：宋朝于诸州置观察使，无职掌，无定员，亦不驻本州，仅为武臣准备升迁之寄禄官，实系虚衔。

⑤使副：外国的使臣及其副使臣。

⑥卿少：卿监里的少卿监。

⑦中节使人：出国使节的随员。

⑧枣塔：枣制食品的一种。看盘：供陈设的糕点果品。也有用猪羊等熟食来做成看盘的。

⑨色长：教坊司管理乐工的属官。教坊通常是隶属于宣徽院，设有使、副使、判官、都色长、色长等官员。

⑩诨裹：头巾一类的东西。裹成各类滑稽样式，以逗乐取笑。

⑪义襕：合乎规范的襕衫。义，通“仪”，合乎规范的。

⑫看盏：宋代百官进宫给皇帝祝寿进酒的一种仪式。

⑬绥御酒：此处指向在座诸人劝酒。绥，由“啐”变音而来，“啐”即送酒声。

⑭随逐部：艺人在教坊所属的部。部，指教坊里的部(如大鼓部、杖鼓部等)，而不是作为官署的乐部。

⑮拍板：简称“板”，古时多用檀木制作，又名檀板。有大小之分，大的9块板，小的6块板。拍板由少数民族传入中原，流行于唐代。宋以后不仅用于宫廷雅乐，也用于说唱艺术中。

⑯十串一行：由十个执拍板的人组成一行。串，指一个拍板，因为一个拍板是由六或九片木板串在一起而成的。

⑰擘：演奏弦乐器的一种指法，用大拇指来勾弦。

⑱结带：指腰带的扣是位于身体的背部，而不是在身体的正面。

⑲羯鼓：我国古代的一种鼓，也称为两杖鼓，腰部细。据说起源于羯族，也有说是起源于印度，从西域传入内地。

⑳番鼓子：从外邦传入中原的鼓。

㉑杖鼓：北宋时期，始有杖鼓之名，并用于宫廷燕乐的大曲部、鼓笛部中。唐朝时杖鼓被称为“两杖鼓”，因为两头皆用杖。宋时，只用手来击打杖鼓

的一头，另一头则用杖击。

㉒方响：一种古磬之类的打击乐器。由十六枚大小相同、厚薄不一的长方形铁片组成，分两排悬于架上。用小铁槌击奏，声音清浊不等。

㉓明金：一种金、玉装饰品的制造工艺，把玉饰品嵌入金器或鎏金铜器中，金玉辉映。

㉔龙笛：一种笛子，又称龙颈笛。

㉕挼：轻拍或轻揉。音乐演奏上指击节打拍以配合曲子由慢到快的演奏速度。

㉖歌板：指拍板，是一种打击乐器。在歌唱时用歌板来打拍子，所以叫歌板。色：指艺人或演员。"歌板色"是一个艺人，他在演唱的时候有人为他执歌板击打节拍。

㉗中腔：宋朝大曲的构成内容之一。遍：乐曲的一套。

㉘倾杯：即"倾杯乐"，词牌名，又名《倾杯》《倾杯序》《古倾杯》，一百零四字格，双调，上阕十句，四仄韵；下阕十一句，四仄韵。最有名的是柳永的《倾杯乐》，是柳永落第离京后所作。

㉙三台：本是唐教坊曲名，乐部中有促拍催酒，谓之三台。

㉚雷中庆：北宋神宗时著名舞人，舞艺极天下之工。世人皆呼之谓"雷大使"。

㉛破、撷：各是一个被通称为"解"的曲调的名字，是名为"大遍"的大舞曲的组成部分。

㉜歇拍：宋时的一个大曲的名字。在宋朝时，凡是大

曲，都有散序、靸、排遍、攧、正攧、入破、虚催、实催、衮遍、歇拍、杀衮等曲目。

㉝擎戴：一种拿顶技巧，是在北魏时流行的倒立技巧和柔软体操的基础上，以及唐人的“叠置伎”的基础上发展而成的一种新节目。宋朝人比较喜欢双人表演的对手顶。

㉞双下驼峰：指饺子的形状像骆驼的双峰。角子：即“饺子”。

㉟致语：古代官廷艺人在演出开始时的说唱颂辞。口号：此指献给皇帝的颂诗。

㊱打和：做演出。

㊲勾合：合并在一起。勾，结合在一起。

㊳榼：古代盛酒的器具，后也用来指形状像盒子的容器。

㊴小儿队舞：宋代的官廷舞，分小儿队和女弟子队两大类。

㊵上领：上衣的领子。四契：指上衣的领子分成同等大小、向外伸出的四块。

㊶破子：大曲或联章的尾声。

㊷歇座：酒宴中间的短暂休息。

㊸幕次：临时搭起的帐篷。

㊹追班：指百官按位次排列，谒见皇帝。起居：请安。

㊺断送：宋时指“度过时光”。

㊻小筑：轻缓地敲打。筑，打击，敲打。

㊼打大臁过球门：使用大臁这一击球的技法，把球送

进球门。

㊽抹跄：脸上傅以粉墨。

㊾仙人髻：亦称“仙髻”。绾于头顶。相传此髻始于秦始皇宫里，至唐宋犹有为之者。

㊿鵶霞：鬓发黑如鸦，脸如红霞。鵶，即“鸦”。

51生色：颜色鲜亮。

52《采莲》：即《采莲曲》，乐府清商曲名。

53踏歌：亦作“蹋歌”，即拉手而歌，以脚踏地为节拍，边歌边舞。

54曲破：词的一种体裁。它将一部大曲分开，用其中的一遍演为歌舞。一般有曲无词，将故事融入歌舞之中，类似于歌舞戏。《凉州彻》《伊州遍》《霓裳中序》等都属于曲破。

55相扑：一种类似摔跤的体育活动，秦汉时期叫角抵，南北朝到宋元时期叫相扑。

56下饭：即菜肴，或用来佐餐的食品。

57屈卮如菜盌：意思是酒杯有菜碗大。屈卮，酒杯。

58呵引：即喝道。破官钱：由官库支给赏钱。

59省宴：省试发榜之后，在京城琼林苑里举行的庆祝宴会。

译文

农历十月十二日，宰相、执政、各亲王、宗室成员以及百官都要进大内，向天子朝觐请安和祝寿。手执笏板，跪拜磕头。在他们行大礼的时候，乐队是完全静音的。教坊的乐人都齐集到集英殿的山楼上，发出百禽的鸣声。内外都十分恭敬。只听到鸟鸣声仿佛是从半空中传来的，声音和谐，让人感到仿佛是一群鸾凤正聚集在天空中。等到百官们拜完寿并坐下来之后，宰相、执政、各亲王、宗室成员以及辽、高丽、夏国的正、副使臣便都被请到殿上去坐。各卿监的正、副长官以及来祝寿的外国使臣的随从人员被安排到殿下两边的走廊上。军、校以及级别比他们低的人员到彩楼后面，都是青色墩子，黑漆的矮桌子，桌上铺红色的面子。每一张桌上都摆放着环饼、油饼、枣塔。这些是作为陈列用的糕点果品。除此之外，桌上还堆放着各种水果。辽国使臣面前的桌上摆放猪、鸡、鹅、兔带骨的熟肉。每一块肉都用小绳子扎着。每个桌上还摆放了生葱、韭、蒜、醋各一碟。每三至五个人备一桶浆水，桶内放几个杓。有两个来自教坊的色长站在殿上栏杆的旁边。这两人头上戴的是诨裹，穿的是肥大的紫色袍子、义襕，并束着金色的腰带。他们的任务是劝酒。每当尚书举起酒壶准备给皇帝斟酒时，这两个教坊的色长就马上举高双袖并高声吟唱道："绥御酒！"吟唱完就立即把双袖往下拂到栏杆上。这样就结束了一次斟酒。当向每一位宰相敬酒时，这两个色长就只吟唱"绥酒"两个字，同时也像给皇帝敬酒时那样举袖和拂袖。教坊的乐队集中在集英殿山楼下的彩棚里，每个艺人的头上都戴着长脚幞头，身上穿的衣着分别是紫、绯红或绿色的宽衫。每一个艺人都穿黄色义襕，腰间束着凹面镀金的带子。站在第一排的人手执拍板，十人一排，后面的艺人共有五十个，每人拿着一个琵琶，琵琶上绘有彩画。之后还有两个箜篌。箜篌高三尺左右，形状像一个木梳的半边，上了黑漆，上面雕刻着花纹和金装画，下面有个台座。箜篌二十五根弦，演奏的人必须跪着用两手拨弦。另外还有两个大鼓，分别高置于架上。鼓身上都是彩绘的花纹，在花纹上画着金龙。击鼓的人身穿宽袖的衣衫，后腰束着带子，在宽袖衫的上面套着黄色的窄袖衫，腰间的丝带往下垂着。鼓棒上裹了金箔。在击鼓的时候，他两手高举着交替击鼓，手的动作像流星一般迅速。在两面大鼓的后面是两座羯鼓，其形状像通常的番鼓子，放在小桌子上，鼓手的两手各执一条杖来击打。擂动羯鼓的节奏是和擂大鼓的节奏一致的。排在羯鼓后面的是用铁料做的方响和用石料做的方响。方响挂在架子上，那架子不但有彩画装饰，而且架身镶嵌了玉石、金或鎏金的饰品，两边用流苏装饰。在方响的后面排列着箫、笙、埙、篪、觱篥、龙笛之类的乐器。乐队两边列着杖鼓，总共是二百面。这些杖鼓手头上都戴着长脚幞头，前额上露出紫色绣花的抹额，穿着紫色宽衫，腰上有束带，外面套着黄色的窄袖衫。他们都穿着结带的黄色义襕。所有杂剧的艺人一律头戴诨裹。身上穿的衣着分别是紫、绯红或绿色的宽衫，穿着义襕并束镀金带，分列两行，相对而立，从殿陛一直排列到集英殿下的乐棚。每有一拨舞人入场，这帮排在殿陛两侧的杂剧艺人就把两手叉在胸前，耸着左、右肩，脚尖点地打着节拍，同时把身体舞动起来，这叫“挼曲子”。

敬第一盏御酒的时候，出来一个歌板色。她一开始时演唱完中腔的一个遍。一个笙、一管箫和一根笛为她伴奏，接着她唱了另一个遍，这时整个乐队为她伴奏，她的歌声非常清晰。在给宰相敬酒的时候，整个乐队齐奏《倾杯乐》。到了向百官敬酒的时候，乐队演奏的是题为《三台》的劝酒曲子，演奏的同时有舞旋演出。这些舞蹈艺人大多是由雷中庆训练出来的。乐手和舞蹈艺人一律戴诨裹和穿宽衫，只有雷中庆一人是穿朝服的，因为他有官衔。当乐队把舞曲演奏到离唱破和攧还有一个遍的时候，一个舞蹈演员入场了。她一直跳到歇拍才结束舞蹈。另有一个舞蹈演员入场，她们俩对舞几个来回之后，前者退出舞台，后者一直跳到舞曲终了，这叫“舞末”。

敬第二盏御酒的时候，歌板色唱的曲子与敬第一杯御酒时相同。在向宰相敬第二杯酒的时候，唱的是慢曲子。向百官敬第二杯酒和敬第一杯酒时一样。

敬第三盏御酒的时候，左、右军百戏入场表演。这里说的“左、右军”是指京城的两厢，而不是指禁军里的左、中、右诸军。献演的百戏有上竿、跳索、倒立、折腰、弄盌注、踢瓶、筋斗、擎戴等，不表演狮、豹、大旗、神、鬼之类的节目。演百戏的艺人不论男女都穿红巾彩服。殿前本来就有现成的石镌柱窠，所以艺人们一入场就能把戏竿立起来。到敬第三杯御酒的时候，开始给各桌送下酒的菜肴。送上桌的下酒菜肴有肉、咸豉、爆肉、双下驼峰角子等。

敬第四盏御酒的时候，乐队和舞者的表演与前边相同。舞蹈演员表演完了，滑稽表演上场了。参军色拿着竹竿、拂子上场，朗诵颂诗。演杂剧的角色就和参军色一唱一和，然后参军色再来念和唱，紧跟的是乐队大曲和舞蹈。这时，装着下酒菜肴的食品榼子开始往各桌上送，榼子里装的是炙子骨头、索粉、白肉胡饼。

敬第五盏御酒的时候，一位艺人上场独奏琵琶。在向宰相敬第五杯酒的时候，一位艺人上场独奏方响。独奏结束，独奏的演员向皇帝和所有的祝寿官员谢恩，立即有内侍上殿去向皇帝禀报独奏演员对皇帝的感激之情。在向百官敬第五杯酒的时候，乐部演奏《三台》，舞者表演舞蹈，这些都和前几次敬酒的情形相同。这些表演结束后，参军色又出来致辞，导引小儿队的舞蹈队入场。小儿队共有二百余人，选的是年龄在十二三岁的儿童。他们上场后排成四行，每行有一名小头目，小头目由四个小孩簇拥着。所有的孩子们都戴着隐士帽，分别穿着绯红、绿、紫、青的颜色鲜亮的衣服，衣服的领子分成四瓣向外张开。他们穿着义襕，束着腰带，手里拿着花枝，排着整齐的队形。这时，四个头戴裹卷脚幞头、身穿紫衫的艺人捧着一块彩色垫子，垫子上贴有一块金色的字牌，擂鼓入场，这叫“队名”。金色字牌上有一副对联：“九韶翔彩凤，八佾舞青鸾”。乐部开始奏乐，小儿队踏着舞步到场子的前方，一直走到殿陛，小儿们向殿上叩头。于是参军色就发话问小儿队，而小儿队的班首就向前跨了几步，并开始朗诵颂诗，杂剧艺人就跟着颂诗的朗诵而不时发出对颂诗的恰当应对话语。这些结束之后，乐队便开始奏乐，场上的所有艺人开始舞蹈并合唱，然后他们唱了破子。接着，小儿队的一个班首走进场来高声唱念颂词，然后引领着杂剧艺人入场，开始表演。这场表演分为两个段落。当时一些名演员如鳖膨、刘乔、侯伯朝、孟景初、王颜喜等人，以及一些名声比他们小的演员，都已晋升为教坊各部的头头了。那一天是给皇帝祝寿的场合，演出地点是在大内，加上有一些外国使节到场，这些杂剧艺人在场上都不敢放肆，因此装腔作势地说些市井间的俏皮话。他们把这种演出路子叫作“拽串”。杂剧演出结束后，参军色又上场说话，然后他引小儿队上场表演谢幕前的一个舞蹈。小儿队一起表演由《应天长》曲子来伴舞的舞蹈。表演结束后，给各个桌上送去新的下酒菜肴，包括群仙炙、天花饼、太平毕罗、乾饭、缕肉羹、莲花肉饼等。皇帝起身，离开座位出去了。宴会到此宣布暂时休息。百官们都退出殿门，前往幕帐里休息。短时间之后，他们回到各自座位上，并再度向皇帝行叩拜之礼，然后才敢坐下。

敬第六盏御酒的时候，笙单独奏起慢曲。向宰相敬第六杯酒的时候也奏慢曲子。在向百官敬第六杯酒的时候，乐部奏的是《三台》，舞者跳起舞来。这时左、右军的球队到场上来表演球赛。他们上场之后很快在殿前立起球门，球门高三丈左右，装饰了五色彩络。球门两柱的距离仅一尺左右。左军球队队长是苏述，他和他的队员们头戴卷脚幞头，穿红锦袄，一共是十几个人。右军球队队长是孟宣，他的队员也是十几个人，一律穿青锦衣。球队入场后到比赛开始之前，乐部吹起哨笛，敲起杖鼓。球赛开始时，球在左军的队员之间相互传递，他们只用轻缓的动作相互传球，到了两个副队长之间，他们俩用轻缓的动作彼此传递。就这样，他们把球推到了一个位置，在那个位置上，他们的队长能很方便地使用大膁这种击球的技法把球往球门送。轮到右军拿到球。右军的队员们拿到球后，也相互传球，用轻缓的动作彼此传递，副队长按照之前的方式把球传给队长，队长用大膁的技法把球送入球门。哪个队击球进球门的次数多，哪个队获胜。获胜的队会得到银杯和一匹彩色锦缎作为奖品，之后要向皇帝叩拜谢恩。在叩拜谢恩的时候，他们要把那匹锦缎摊开，分披在所有队员的身上。输球一队的队长要挨鞭抽，而且要用黑白油彩把他的脸涂花。这时，给各个桌上送的菜肴是假鼋鱼和蜜浮酥捺花。

现在要敬第七盏御酒了。在向宰相敬第七杯酒的时候奏慢曲子。向百官敬第七杯酒的时候仍然演奏《三台》，舞者表演舞蹈，结束后，参军色又出来致辞并且引导女童队入场。被选入左、右军女童队的女孩都年轻漂亮。这一天到场演出的有四百多人。有的戴花冠，有的把头发梳成仙人髻。她们身上穿的是黑红两色相间的衣裳，有些戴着卷曲花脚幞头，穿鲜亮的红黄相间的绣花锦衣，而且在衣服上镶了金色的丝线。所有这些女童的装束都是标新立异的，是最时尚的。每个女童都打扮得恰到好处，十分得体。杖子队有四个领头的，都头戴曲脚向后指天幞头，头发上都簪了花，身上穿的是红黄相间的宽袖衫和义襕，手里拿着银色头部的杖子。这四个女童在京城里都是有名气的，分别叫陈奴哥、俎姐哥、李伴奴、双奴，其他女童是没法和这四人相比的，所以就不在这里叙述了。每个领头的女童都由杖子队的四个队员簇拥着。这四个领头的女童头发梳成仙童丫髻，穿着仙裳，手上持花，走路时踏着舞步，和各自的四个簇拥队员排成一列前进。每当她们跳《采莲曲》的舞蹈时，殿前就会到处出现莲花，殿周的栏杆上也显现出了杖子队的队名。这时参军色出来向杖子队发问，于是杖子队的一个领头就开始朗诵颂诗，她的队员们则边唱边舞。乐部一直在演奏《采莲曲》，为杖子队的舞蹈伴奏，一直到杖子队跳完这个曲子为止。在《采莲曲》演奏完了之后，所有的艺人都跳起舞来，而且唱中腔。待到中腔唱完之后，又有一个女童出来朗诵，然后她引导杂戏艺人入场。杂戏开始表演。杂戏表演也分前后两段。杂戏演完之后，参军色又出来说了一些话，把女童队领到场上来，让她们做谢幕前的最后一次表演。于是女童队合唱了几支曲子，踏着舞步退出场。和小儿队相比，女童队表演的节目在内容和艺术层次上都高得多。与此同时，新的菜肴又送到各桌上，有排炊羊、胡饼、炙金肠。

敬第八盏御酒的时候，有一位歌板的演员上场演唱踏歌。向宰相敬第八杯酒的时候仍是演奏慢曲子。在向百官敬第八杯酒的时候，乐部仍然演奏《三台》，场上所有艺人群舞。乐部转而演奏一些曲破，舞者也转而跳舞旋。这时送往各桌的下酒菜肴是假沙鱼、独下馒头、肚羹。

敬第九盏御酒的时候，乐部演奏慢曲子。向宰相敬第九杯酒的时候，乐部仍是演奏慢曲子。在向百官敬第九杯酒的时候，乐部仍是像前面那样演奏《三台》，而舞者则在场上跳舞。为跳舞伴奏的音乐和在敬前几杯酒时相同。接着左、右军的相扑队上场来表演。这时送往各桌的下酒菜肴是水饭和簇饤下饭。接着，皇帝起驾，结束祝寿，返回内廷。

祝寿御宴上用的酒盏大如菜碗，且有手柄。殿上那些人用的酒盏都是纯金的，两廊上用的酒盏都是纯银的。所有的食器都是镀金或镀银的铜制和漆器碗碟。御宴结束以后，所有臣僚都被赐予花朵，在帽子上都簪上赐予的花朵回各自的家。跟班喝道的仆役们也个个簪花，而且能从朝廷的官库领到些赏钱。女童队的所有队员们从右掖门退出大内。京城里潇洒的有闲阶层的年轻人都争先恐后地用昂贵的容器装上高级的饮食酒果，迎接女童队。女童们都骑着骏马，她们中有些人戴着用花朵编成的花冠，另有些人着男装。她们在御街上驰骋，展现自己的俏丽。沿路围观的人把路堵得水泄不通。在省试发榜后，天子给及第的士子们赐宴，结束后的情景也是这样。

立冬

是月立冬。前五日，西御园进冬菜。京师地寒，冬月无蔬菜，上至宫禁，下及民间，一时收藏，以充一冬食用。于是车载马驼，充塞道路。时物：姜豉[①]、折子[②]、红丝、末脏、鹅梨、榅桲、蛤蜊、螃蟹。

注释

①姜豉：生姜和豆豉。

②折子：薄肉片。

译文

立冬节气是在农历十月。立冬前五天，西御园向大内献冬菜。京城一带气候较冷，到了冬天就种不了蔬菜，上至大内，下至平民百姓，都需要收藏冬菜，以备整个冬天之需。到了着手贮存冬菜的时候，从菜园里往外运出冬菜得用车和牲口来驮运，城区里的交通为之堵塞。冬令上市的物品是：姜、豆豉、切好的薄肉片、红丝、末脏、鹅梨、榅桲、蛤蜊、螃蟹。

卷 十

冬至

十一月冬至。京师最重此节，虽至贫者，一年之间，积累假借，至此日更易新衣，备办饮食，享祀先祖。官放关扑，庆贺往来，一如年节。

译文

冬至在农历十一月。京城的人对这个节气非常看重。城里即便是生活很困难的人家，一年下来也要千方百计地攒点钱，甚或伸手向别人借点钱，为的是让一家人在冬至这一天到来的时候能穿上件新衣，准备一些好吃的，用供品祭祀祖先。官府允许百姓玩关扑，人们忙于庆贺、来往应酬，就像过年一样。

大礼预教车象[①]

遇大礼年，预于两月前教车象。自宣德门至南薰门外，往来一遭。车五乘[②]，以代五辂轻重[③]。每车上置旗二口，鼓一面，驾以四马。挟车卫士皆紫衫帽子[4]。车前数人击鞭。象七头。前列朱旗数十面，铜锣鼙鼓十数面。先击锣二下，鼓急应三下。执旗人紫衫帽子，每一象则一人裹交脚幞头，紫衫人跨其颈，手执短柄铜镬[5]，尖其刃，象有不驯，击之。象至宣德楼前，团转行步数遭成列，使之面北而拜，亦能唱喏[6]。诸戚里、宗室、贵族之家，勾呼就私第观看[7]，赠之银彩无虚日。御街游人嬉集，观者如织。卖扑土木粉捏小象儿[8]，并纸画，看人携归，以为献遗。

注释

①大礼：庄严隆重的典礼。车象：驯服之后驾车或驮物的大象。

②五乘：五辆车子。

③五辂：也叫“五路”，即天子所乘的玉路、金路、象路、革路以及木路五种车子。轻重：此处指天子所乘车子的规格。

④挟车：挨在车子的左右两边走动。

⑤镬：类似镐的工具。

⑥唱喏：指大象立起前腿，作拱手状。

⑦勾呼：引领。

⑧卖扑：一种赌博形式。参赌者掷铜钱，猜其正、反面以定胜负。

译文

遇到朝廷准备举行某种大典，在大典日期到来之前的两个月就要对驾车的大象进行训练。接受训练的车子每天从宣德门出发，一直走到南薰门外，然后从那里拉着车返回宣德门。接受训练的车共五辆，以象征天子的五辂。这五辆车子上都立起两面旗，一面鼓，由四匹马拉着。车的左、右两边各有头戴紫帽、身穿紫衫的卫士。车子前方有几个手中执鞭的人。牵来参与训练的大象共七头。在大象的前方排着几十面红旗、十几面铜锣和鼙鼓。训练开始时先响两声锣，紧接着是三声鼙鼓。举旗子的人戴紫帽、穿紫衫，每一头象的颈上都骑着一个头裹交脚幞头、身穿紫衫的人，这个人手中拿着一个短柄的铜镬，它的尖磨得很锋利。每到大象不听话的时候，他就用铜镬锋利的尖刺它一下。每头象来到宣德门楼前的时候，要围着楼转几圈，然后走去和其他的象排成一列。驯象的人指挥它们面北而拜，还会站立起来，把两前脚合在一起作揖和点头。皇亲国戚和富贵人家还会招呼驯象的人把它牵到他们的府邸去，仔细地观看大象。几乎每天都有大象被牵到皇亲国戚、达官贵人家里去，驯象的人就能得到赏银。御街上人们嬉戏游玩聚在一起，人山人海。大象一来，街道交通就堵塞了。那些搞卖扑的人就用木头、泥土或粉做成小象。还有画在纸上的象，也在街上卖。有人买了这小玩意儿，拿回家送人。

车驾宿大庆殿

冬至前三日，驾宿大庆殿。殿庭广阔，可容数万人。尽列法驾仪仗于庭①，不能周偏②。有两楼对峙，谓之“钟鼓楼”。上有太史局生测验刻漏③。每时刻作鸡唱，鸣鼓一下，则一服绿者执牙牌而奏之④，每刻曰“某时几棒鼓”⑤，一时则曰“某时”正。宰执百官，皆服法服⑥，其头冠各有品从⑦。宰、执、亲王加貂蝉笼巾九梁⑧，从官七梁，余六梁至二梁有差⑨。台谏增解豸角也⑩。所谓“梁”者，谓冠前额梁上排金铜叶也。皆绛袍皂缘，方心曲领⑪，中单⑫，环珮⑬，云头履鞋⑭。随官品执笏。余执事人，皆介帻绯袍⑮，亦有等差。惟阁门御史台加方心曲领尔⑯。入殿祗应人给黄方号⑰，余黄长号、绯方长号，各有所至去处。仪仗车辂，谓信幡、龙旗、相风乌、指南车⑱、木辂、象辂、革辂、金辂、玉辂之类。自有《三礼图》可见⑲，更不缕缕。排列殿门内外及御街，远近禁卫、全装铁骑⑳，数万围绕大内。是夜内殿仪卫之外，又有裹锦缘小帽、锦辂缝宽衫兵士，各执银裹头墨漆杖子㉑，谓之“喝探”。兵士十余人作一队，聚首而立，凡数十队。各一名喝曰：“是与不是？”众曰：“是。”又曰：“是甚人？”众曰：“殿前都指挥使高俅㉒。”更互喝叫不停。或如鸡叫。又置警场于宣德门外㉓，谓之“武严兵士”。画鼓二百面，角称之㉔。其角皆以彩帛如小旗脚装结其上㉕。

兵士皆小帽，黄绣抹额，黄绣宽衫，青窄衬衫。日晡时、三更时，各奏严也[26]。每奏先鸣角，角罢，一军校执一长软藤条，上系朱拂子，擂鼓者观拂子，随其高低，以鼓声应其高下也。

注释

①法驾：皇帝的卤簿计有三种：大驾、法驾、小驾。法驾为皇帝自己所乘之车。

②周偏：占用。

③太史局：宋初沿唐制，管理天文的机构称“司天台”，太宗端拱元年改名为“司天监”。元丰改制，改称“太史局”。生：属员，工作人员。刻漏：中国古代计时器。

④牙牌：用象牙或骨头制成的用以记事的牌板。

⑤刻：古代用漏壶计时，一昼夜共一百刻。今用钟表计时，一刻等于十五分钟。

⑥法服：根据礼法规定的不同等级的服饰。

⑦品从：相对于“正从”，指古代官吏的正品与从品。

⑧貂蝉笼巾：貂蝉冠，系织藤漆上，形正方，如平巾帻。饰以银，前有银花，上缀玳瑁蝉，左右为三小蝉，衔玉鼻，左插貂尾。貂蝉、貂尾与蝉羽，皆古代显官的冠饰。

⑨有差：有差别。

⑩解豸：一种神兽的名字，相传它能辨曲直，似鹿而一角。古代把它作为谏官的象征。

⑪方心：指袍服的胸部是方正的。曲领：指袍服的领子是圆形的。

⑫中单：亦作“中禅”，古时朝服、祭服的里衣。公卿以下祭服，里有中衣，即谓之中单。

⑬环珮：亦作“环佩”，古人所系的佩玉。后来多用来指女子所佩的玉饰。

⑭云头：云状的饰物。

⑮介帻：古代的一种长耳裹发巾。始行于汉、魏，即后来的进贤冠。绯袍：绯色的袍子。

⑯阁门：宋代负责官员朝参、宴饮、礼仪等事宜的机关。

⑰祇应人：当差的人员。

⑱信幡：古代用于显露官号和彰显符信的旗子。龙旗：绣有龙的图案的旗帜。相风乌：一种仪仗用的物品，是立在肩舆上的一根长木棍，在棍头雕有鸦头为饰。指南车：常用作天子车驾卤簿的前导。

⑲三礼图：书名，或题《三礼图集注》，二十卷，是宋代著名学者聂崇义参互考订多种《三礼图》而纂辑。其书有图，有解说（即所谓的集注）。凡图三百八十余幅，原文文字约十余万言。书中所绘图像虽“未必尽如古昔”，但援据经典，考释器物，具有重要的参考价值。

⑳全装：完备的装束。

㉑杖子：用作仪仗的棍棒以及用作刑具的棍棒。

㉒高俅：开封府人，其事迹可见于《挥麈录》。根据

该书的记载，高俅原是苏东坡的小厮，“笔札颇工”。后来跟随王诜，徽宗时曾随刘仲武立下功劳，然后又随林摅出使辽国，擢为三衙管军，官至太尉。在徽宗退位后，他即失势。宋钦宗靖康元年五月十四日病逝。史实里的高俅并无显著的恶行。

㉓警场：指负责警夜守鼓的卫士。

㉔角：军中号角。称：相陪衬。

㉕旗脚：也叫“旆脚”，即旗的尾部。

㉖奏严：奏乐严鼓。在古代，夜里戒严即称为“严”，因而把夜间戒严的更鼓也称为“严”。

译文

冬至前三天，皇帝要暂时移居于大庆殿。这个殿的庭院非常大，可以容纳几万人。即便是把皇帝的全部法驾仪仗都搬来，那也占不满这个庭院。庭院里有两座楼，它们是隔着庭院相对的。一座叫钟楼，另一座叫鼓楼。太史局就设在这两座楼上。这个局的属员就是在这儿测验刻漏的。时间每过一时或一刻，就会发出鸡鸣声和鼓声。每逢鸡鸣和鼓响的时候，就会有一个穿绿衣拿牙牌的属员高声报告时间。如果是“刻”到了，那么他就会宣称“现在的时间是某时辰的第几棒鼓”。如果是“时”到了，那么他就会宣称“现在的时间是第几时辰正”。皇帝移驾大庆殿之后，宰、执和百官都必须穿法服，而戴的冠冕显示官阶和级别。宰相、执政、亲王加戴貂蝉笼巾，冠上有九梁，侍从戴的冠上则是七条梁，其余官员的冠上从六梁到二梁各不相同。台谏官还有解豸角的饰物。前面说到的“梁”是指镶嵌在冠的前额上的金片或铜片的数量。所有到大庆殿来的官员一律穿镶了黑边的绛红色、圆领方胸的袍子，袍内有衬袍，人人都戴环珮，鞋是前部有云状装饰物的履鞋。不同官阶的人分别拿着不同的笏板。除了官员以外，服务人员一律头戴介帻，身穿绯袍。不过，即便是这些当差的人员也能分清级别的不同。只有阁门的人和御史台的人才穿圆领方胸的袍子。那些进入大殿里当差服务的人持的通行号牌是黄颜色、方形的。不进入大殿的通行号牌或是黄颜色、长形的，或是绯色、方形的，或是绯色、长形的，这要视具体地点而定。所有大官们各自的仪仗车辂——信幡、龙旗、相风乌、指南车、木辂、象辂、革辂、金辂、玉辂等仪仗物品的配备情况，查看一下《三礼图》便会了然，我就不在这里逐项说明了。仪仗车辂不只停放在大庆殿的大门内外，而且沿着御街不间断地停放到远处去。禁卫军的骑兵穿上完备、规范的武装，出动的人数有好几万，全都被部署在大内的四周。当天夜里，不仅内殿仪卫全部上岗，而且还出现了头戴镶有织锦边的小帽、身穿锦络缝制的宽衫的士兵。这些士兵手里拿的都是墨漆的棍棒，棍棒的头部是银色的。人们管这些士兵叫“喝探兵士”。他们十几个人一队，各小队聚集在一起站着，共有几十个小队。每个小队里都会有一个人高声喊：“是还是不是？”大家一起应声答道：“是。”这个人接着又问：“是什么人？”大家一起应声答道：“殿前都指挥使高俅。”

就这样来回不停地问答。他们中有些人的声音就像鸡叫。除了这些喝探兵士以外，在宣德门外还布置了一个“警场”。部署在这个警场里的士兵被称为“武严兵士”。他们携带了二百面画鼓，还配了号角。每个号角都饰以彩帛，彩帛的形状犹如旗子的尾部。这些武严兵士一律戴小帽和绣花的黄色抹额，身上穿的是黄色绣花的宽衫，宽衫的里面是青色的窄衬衫。到了申时（即下午三点到五点）以及夜里三更时，这些士兵就要擂起乐严鼓。擂鼓之前先吹号角，号角吹过，就会有一个军校走出来。他手里拿一根长而软的藤条，藤条上系了一个红色的拂尘。擂鼓的士兵都注视着拂尘的起落，当拂尘往高处扬时鼓就敲得响些，拂尘落下时就敲得轻些。

驾行仪卫

次日五更，摄大宗伯执牌奏中严外办[①]，铁骑前导番衮，自三更时相续而行。象七头，各以文锦被其身，金莲花座安其背，金辔笼络其脑，锦衣人跨其颈，次第高旗大扇，画戟长矛[②]，五色介胄。跨马之士，或小帽锦绣抹额者，或黑漆圆顶幞头者，或以皮如兜鍪者[③]，或漆皮如戽斗而笼巾者[④]，或衣红黄罨画锦绣之服者[⑤]，或衣纯青纯皂以至鞋裤皆青黑者，或裹交脚幞头者，或以锦为绳如蛇而绕系其身者，或数十人唱引持大旗而过者，或执大斧者，挎剑者，执锐牌者[⑥]，持镫棒者[⑦]，或持竿上悬豹尾者，或持短杵者[⑧]。其矛戟皆缀五色结带铜铎，其旗扇皆画以龙、或虎、或云彩、或山河。又有旗高五丈，谓之“次黄龙”。驾诣太庙青城[⑨]，并先到立。斋宫前叉竿含索旗座约百余人[⑩]，或有交脚幞头、挎剑、足靴如四值使者千百数，不可名状。余诸司祇应人，皆锦袄。诸班直、亲从、亲事官，皆帽子、结带、红锦，或红罗上紫团答戏狮子、短后打甲背子[⑪]，执御从物[⑫]。御龙直皆真珠结络、短顶头巾、紫上杂色小花绣衫、金束带、看带、丝鞋。天武官皆顶朱漆金装笠子、红上团花背子。三衙并带御器械官皆小帽、背子或紫绣战袍[⑬]，跨马前导。千乘万骑，出宣德门，由景灵宫太庙。

注释

①摄大宗伯：兼任大宗伯职务。牌：牙牌。奏：报告。中严：指已在中庭布置好警戒。外办：宫廷外围的警卫也已布置好。

②画戟：亦称“方天戟”，古代兵器。

③兜鍪：头盔。

④戽斗：灌溉用具，状略似斗，用竹或藤做成。两侧穿上绳，由两个人分别拉着戽两侧的绳子从低处往高处提水。

⑤罨：色彩鲜明。

⑥锐：古代一种类似槊的兵器。牌：指盾牌。

⑦镫棒：古代作为仪仗用的一种棒子，其中一头饰以铜的马镫状饰物。

⑧杵：古代一种棍棒类武器。

⑨青城：宋斋宫名。一在南薰门外，为祭天斋宫，谓之南青城；一在封丘门外，为祭地斋宫，谓之北青城。

⑩斋宫：供斋戒用的宫室、屋舍。此处指青城。叉竿：带叉头的竿。

⑪背子：亦作“褙子”，汉服的一种样式。出现于宋代，流行于宋、元、明三朝。

⑫执御：管理，安排。从物：必需的物件。

⑬三衙：宋代管辖禁兵和厢兵的中央机构，即殿前都指挥使司（殿前司）、侍卫亲军马军都指挥使司（侍卫马军司）和侍卫亲军步军都指挥使司（侍卫步军司）。带御器械：官职名。宋初，选亲信官员侍卫皇帝，称之为“御带”。咸平元年（998），改称“带御器械”，为武臣荣衔。

译文

皇帝移宿大庆殿，第二天五更，兼任大宗伯的大官员手持牙牌向皇帝启奏：“已在中庭布置好警戒，宫廷外围的警卫也已布置好。”身穿铁甲的禁军骑兵部队已依次出动，在前面开道和搜索。从三更天开始，人员就已经陆续向前进发了。一共带了七头大象，每头大象的身上都披着绣花的锦缎，背上都安放了金色的莲花座。大象头上和脑门上的辔也是金色的。骑在象颈上的是穿着锦缎制服的人。大旗和大扇，画戟和长矛都有序地在仪仗队里排列着。仪仗队员们都身披彩色介胄。在向前进发的人群中，有些人骑马，头上戴着小帽，额上露出绣花的锦抹额，或则头戴黑漆圆顶幞头；有些人戴着皮制的兜鍪状的帽子，还有些人戴的是用上了漆的皮子做成的、既像戽斗又像笼巾的帽子。有的人穿着有鲜明彩画和绣花的、红黄相间的锦衣。有的人则是浑身上下全青全黑的颜色，从裤子到鞋都是纯青纯黑的。有的人头上包着交脚幞头。有的人把锦缎拧成粗绳来缠绕整个身躯，仿佛一条蛇缠在身上。更有数十个人结成一伙的。他们高声地唱着，一面走一面挥动着大旗。有的人手持大斧。有的人腰间挎着一把剑。有的人手里或是拿着锐，或是拿着盾牌。有的人握着镫棒。有的人抱着一根竿子,竿头上悬着豹尾。有的人手拿短杵。拿着矛或戟的人用五颜六色的带子把铜铃铛系在武器上。在他们扛的大旗或大扇上面都绘有龙虎或云彩、河山的图样。人群中出现了一面大旗，它的高度是五丈。人们把它叫作“次黄龙”。皇帝的御驾准备到青城太庙去。但在御驾到达那儿之前，按理说“次黄龙”早就应当在斋宫的前面竖立起来才对。这面大旗的底座带有绳索和带叉头的竿子，用于竖立大旗的。有一百多人来竖立这面大旗，此外还有千百人都头戴交脚幞头，腰里挎剑，脚上还穿着靴，装扮很像“四值功曹”，真叫人说不清这千百人到底是干什么的。除了以上所说的人，余下的便是官署、衙门的听差，不过这些听差也都个个穿着锦袄。班直、亲从官、亲事官身穿红锦袄，或身穿红罗大袍，袍上绣有紫团答戏狮子，或身穿短后襟的打甲背子。他们的手上分别拿着皇帝日常必须用到的物品。御龙直的人头戴顶上缝着珍珠的结络短顶头巾，身上穿着紫底上绣着杂色小花的衫子，腰间扎着金色束带和看带，脚上穿着丝鞋。天武军的军官们头戴朱漆金装的笠，身穿红底绣团花的背子。那些来自三衙的官员和带御器械官员一律头戴小帽，身穿背子或紫底绣花战袍。这些官员们骑着马，走在最前面，以便给整个浩浩荡荡的大队领路。千乘万骑，走出了宣德门，一直向景灵宫太庙的方向前进。

驾宿太庙奉神主出室

驾乘玉辂[①]，冠服如图画间星官之服，头冠皆北珠装结[②]，顶通天冠[③]，又谓之卷云冠，服绛袍，执元圭[④]。其玉辂顶皆缕金大莲叶攒簇[⑤]，四柱栏槛缕玉盘花龙凤，驾以四马，后出旗常[⑥]。辂上御座惟近侍二人，一从官傍立，谓之“执绥”[⑦]，以备顾问。挟辂卫士皆裹黑漆团顶无脚幞头，着黄生色宽衫，青窄衬衫，青裤，系以锦绳。辂后四人，擎行马[⑧]。前有朝服二人，执笏面辂倒行。是夜宿太庙，喝探警严，如宿殿仪。至三更，车驾行事[9]。执事皆宗室。宫架乐作[10]，主上在殿上东南隅西南立，有一朱漆金字牌曰“皇帝位”。然后奉神主出室，亦奏中严外办，逐室行礼毕，甲马仪仗车辂，番衮出南薰门。

注释

①玉辂：古代帝王所乘之车，以玉为饰。

②北珠：又称东珠。松花江下游及其支流所产的珍珠，颗大光润，极为名贵，在宣和年间，围寸者价至二三百万钱。

③通天冠：也称“高山冠”，或“卷云冠”。皇帝戴的一种帽子。高九寸，正竖，顶稍斜却，乃直下为铁卷梁，为乘舆所常服者。

④元圭：一种较大的圭。圭，古代帝王或诸侯在举行典礼时拿的一种玉器，上圆下方。

⑤攒簇：紧密地集合在一起。

⑥旗常：即太常，王侯用的旗帜。

⑦执绥：持绳索登车，也借指那些陪帝王乘车的侍臣。

⑧行马：古代官府门前阻拦人马通行的木架子。

⑨行事：此指行祭祀之事。

⑩宫架乐：指宫廷音乐。

译文

皇帝乘坐玉辂到太庙，恭请先帝神主出室。穿戴的衣冠简直像图画中星神身上穿的衣服。戴的是通天冠，冠顶上布满了北珠，这种冠又叫“卷云冠”。身着深红色的袍子。手里拿着巨型的圭。他乘坐的玉辂的顶上密集镶嵌金丝的大莲叶，四角的柱子和栏杆镶嵌了玉雕的盘花龙凤．玉辂是用四匹马驾的。天子的太常列在车后。在车上紧挨天子身边站着的只有两名近侍,一个侍从官——人们管这个侍从官叫“执绥”——靠在一边站立着，等候天子差遣。车的左、右两边站有卫士，他们都戴着裹黑漆团顶无脚幞头。上身穿的是鲜亮的黄色宽衫，外罩青窄衬衫，下身穿青裤，腰间扎的是锦绳。车后还有四个人举着行马。在玉辂的前方，有两个穿着朝服、手执笏板、面向玉辂而立的人。他们倒退着行走。那天夜里,皇帝就在太庙里过夜。喝探和警严的部署都和前一天御驾移驻大庆殿的情况一样。到了次日三更，皇帝开始履行祭祀祖先的礼仪，只有宗室人员才有资格参加这个仪式。宫架乐开始奏鸣，天子走到殿的东南角，朝西南方向站立，正好面对着一个朱红漆的牌位，牌位上用金字写有“皇帝位”三个字。然后他走上前去，捧起祖先的神主牌，走出大殿里的祖先灵牌室。官员来向他报告:殿庭里已戒严，太庙外也都部署好警卫。于是他就依着固定的顺序走进大殿里个个先帝的灵牌室，逐一向各位先帝的灵牌行礼。待到行遍礼之后，身穿铁甲、负责开道的马军、皇帝的全部仪仗队以及玉辂准备停当，皇帝的一行人马便从南薰门向大内依次出发了。

驾诣青城斋宫

驾御玉辂诣青城斋宫。所谓“青城”，旧来止以青布幕为之，画砌甃之文①，旋结城阙殿宇。宣、政间悉用土木盖造矣。铁骑围斋宫外，诸军有紫巾绯衣素队约千余②，罗布郊野。每队军乐一火③。行宫巡检部领甲马来往巡逻④，至夜，严警，喝探如前。

注释

①砌甃之文：在青布上画上纹道，使青布幕乍看起来如同用砖砌成的墙一样。砌甃，用砖砌井壁，或用砖砌墙。甃，砖。文，纹理。

②素队：卫队。

③火：按古代军队的编制，一火为两列，每列为五个人，共十个人。

④行宫巡检部：官署名。北宋每逢皇帝出巡时就临时设置这样一个官署，官署长官称为“行宫长官”。后来为避英宗赵曙名讳，改称行宫都总管。行宫，供帝王出行时居住的宫室，也指帝王出京后临时寓居的官署或住宅。

译文

皇帝的玉辂到青城斋宫去。所谓“青城”，过去只不过是设置了用青布拉起来的一条布帐而已，然后在拉起来的青布上画上犹如砖墙的纹理，在这样的布帐后面搭建起城阙殿宇。到了徽宗的宣和年间和政和年间，用土和木料盖起真房和真墙。自从有了真房真墙的青城斋宫之后，那儿就日夜有穿着铁甲的骑兵警戒。京城禁军下属的各个军联合派出一千多人的卫队。这个卫队的士兵们都戴紫头巾，穿绯色制服，在斋宫附近的田野里到处可以见到他们。这个卫队分成若干分队。每个分队都有一个由十人组成的小乐队。行宫巡检部的任务是组织穿铁甲的骑兵从早到晚来回巡逻，到了夜间，则布置好前文里所说的那种警戒和喝探。

驾诣郊坛行礼

三更，驾诣郊坛行礼[①]。有三重壝墙[②]。驾出青城，南行曲尺西去约一里许[③]，乃坛也。入外壝东门，至第二壝里，面南设一大幕次，谓之“大次”。更换祭服：平天冠，二十四旒[④]，青衮龙服[⑤]，中单[⑥]，朱舄[⑦]，纯玉佩。二中贵扶持行至坛前[⑧]，坛下又有一小幕殿[⑨]，谓之“小次”，内有御座。坛高三层七十二级，坛面方圆三丈许[⑩]，有四踏道[⑪]。正南曰午阶，东曰卯阶，西曰酉阶，北曰子阶。坛上设二黄褥，位北面南曰“昊天上帝”[⑫]，东南面曰“太祖皇帝”[⑬]。惟两矮案，上设礼料[⑭]。有登歌道士十余人[15]，列钟磬二架，余歌色及琴瑟之类，三、五执事人而已。坛前设宫架乐，前列编钟玉磬，其架有如常乐方响[16]，增其高大。编钟形销扁，上下两层挂之，架两角缀以流苏。玉磬状如曲尺，系其曲尖处，亦架之，上下两层挂之。次列数架大鼓，或三或五，用木穿贯[17]，立于架座上。又有大钟曰景钟，曰节鼓[18]；有琴而长者，如筝而大者，截竹如箫管，两头存节而横吹者；有土烧成如圆弹而开窍者，如笙而大者，如箫而增其管者。有歌者，其声清亮，非郑、卫之比[19]。宫架前立两竿，乐工皆裹介帻如笼巾，绯宽衫，勒帛[20]。二舞者，顶紫色冠，上有一横板，皂服，朱裙履。乐作，初则文舞[21]，皆手执一紫囊，盛一笛管结带。武舞[22]，一手执短矟[23]，一手执小牌，比文舞加数人，击铜铙、响环[24]，又击如铜灶突者[25]。又两人共携一铜甕就地击者[26]。舞者如击刺，如乘云，如分手，皆舞容矣[27]。乐作，先击柷[28]，以木为之，如方壶画山水之状，每奏乐，击之，内外共九下，乐止则击敔[29]，如伏虎，脊上如锯齿，一曲终以破竹刮之。礼直官奏请驾登坛[30]，前导官皆躬身侧引至坛止，惟大礼使登之[31]。先正北一位拜跪酒，殿中监东向一拜进爵盏[32]；再拜，兴；复诣正东一位。才登坛而宫架声止，则坛上乐作。降坛则宫架乐复作。武舞上，复归小次。亚献终献上亦如前仪[33]。当时燕、越王为亚、终献也[34]。第二次登坛，乐作如初，跪酒毕，中书舍人读册[35]，左右两人举册而跪读。降坛复归小次，终献如前。再登坛，进玉爵盏，皇帝饮福矣[36]。终献毕降坛，驾小次前立，则坛上礼料币帛玉册由西阶而下[37]。南壝门外去坛百余步，有燎炉[38]，高丈许，诸物上台，一人点唱[39]，入炉焚之。坛三层四踏道之间，有十二龛，祭十二宫神[40]。内壝外祭百星。执事与陪祠官皆面北立班[41]。宫架乐罢，鼓吹未作[42]，外内数十万众肃然，惟闻轻风环佩之声。一赞者喝曰："赞一拜[43]！"皆拜，礼毕。

注释

①郊坛：古代为祭祀所筑的土坛，设在南郊。郊坛从天盘至地高三丈二尺四寸，通七十二级，分四层。

②壝墙：围绕着郊坛的三道不高的土墙。

③曲尺：此处指道路上近于直角的拐弯处。

④平天冠：冕的俗称。一般广七寸，长尺二寸，前圆后方，朱绿里，玄上，前垂四寸，后垂三寸，系白玉珠为十二旒，以其绶采色为组缨。三公诸侯七旒，青玉为珠；卿大夫五旒，黑玉为珠。皆有前无后，各以其绶采色为组缨，旁垂黈纩。郊天地，祭宗祀，拜明堂之时则冠之。旒：古代帝王礼帽前后悬垂的玉串。

⑤衮龙服：即衮龙袍，是古代皇帝的朝服，上有龙纹，故称。

⑥中单：亦作“中禅”，此处指朝服、祭服的里衣。

⑦朱舄：朱红色的鞋。舄，鞋。

⑧中贵：指“中贵人”，也就是天子所亲信的内侍。

⑨幕殿：南宋帝王举行郊祀时架设起的房屋，上下四周围以帷幕，外形像个宫室，故称。

⑩坛面：坛的顶层的平台。

⑪踏道：指台阶。

⑫昊天上帝：古文献记载，虞舜、夏禹时已有昊天上帝，称为“类”。在殷商甲骨文中，昊天上帝是“帝”，或称“上帝”，是自然和下国的主宰，周围还有日、月、风、雨等臣工。

⑬太祖皇帝：太祖作为帝王庙号使用时多指皇朝的创基立业者，常见于开国皇帝，也有为其先人追授者。受中华文化影响的一些邻近国家的帝王亦有使用此称号者。此处指的是赵匡胤。

⑭礼料：祭祀的各种用品。

⑮登歌：亦作“登哥”，指负责祭奠时升堂奏歌的(人)。古代举行祭典、大朝会时，乐师要登堂而歌。

⑯常乐：指通常的乐队。

⑰穿贯：连接到一起。

⑱节鼓：古代乐器，状如博局，中开圆孔，恰容其鼓，击之以节乐。

⑲郑、卫：春秋战国时，郑、卫两国的民间音乐。因不同于雅乐，曾被儒家斥为“乱世之音”。

⑳勒帛：丝织腰带。

㉑文舞：古代宫廷雅乐舞蹈之一，用于郊庙祭祀。

㉒武舞：雅舞的一种，与“文舞”相对。始于周代。舞时手执斧、盾。内容为歌颂统治者武功。用于郊庙祭祀及朝贺、宴飨等大典。

㉓稍：同“槊”，即长矛。

㉔铙：又称为钲、执钟。我国最早使用的青铜打击乐器之一，其最初的功能为军中传播号令之用。流行于商代晚期，周初沿用。响环：古乐器名。

㉕灶突：灶上烟囱。

㉖甕：一种盛水或酒的陶器。

㉗舞容：舞蹈时的姿态和风格。

㉘柷：古代打击乐器，像方匣子，用木头做成，奏乐开始时敲打。

㉙敔：古代打击乐器，奏乐将终时，击之使演奏停止。

㉚礼直官：吏名。宋神宗元丰(1078—1085)改制，太常寺置，其下又设副礼直官，掌有关细务。

㉛大礼使：北宋制，行南郊之类的大礼应置“五使”，宰相为大礼使，学士为礼仪使、卤簿使，御史中丞为仪仗使，知开封府为桥道顿递使。

㉜爵盏：祭祀时专门用于三次献酒的酒盏。

㉝亚献终献：三献礼是祭祀祖先的礼节。古代郊祭时，陈列好供品之后行三次献酒，即初献爵、亚献爵、终献爵，三献礼由此而来。后人用三献礼而不是三献酒。

㉞燕、越王：指宋徽宗的两个弟弟燕王俣和越王偲。

此二人都随徽宗北去。

㉟册：古代帝王祭告天地的文辞。

㊱饮福：古礼。祭祀完毕，饮食供神的酒肉，以求得赐福。

㊲币帛：一种古代用在祭祀、献供、馈赠等场合的礼品。玉册：亦作“玉策”，古代册书的一种，帝王祭天或上尊号时使用。用玉简制成，故称玉册。

㊳燎炉：燎祭用的大火炉。

㊴点唱：古时在祭祀临结束时要焚烧祭品，此时有一人在炉边站立并高声报告投入大火中的祭品的名称。

㊵十二宫神：又称“十二宫辰星君”，包括如下十二位星君：天秤宫尊神、天蝎宫尊神、人马宫尊神、磨蝎宫尊神、双鱼宫尊神、宝瓶宫尊神、白羊宫尊神、金牛宫尊神、阴阳宫尊神、巨蟹宫尊神、狮子宫尊神、双女宫尊神。

㊶立班：古代官员上朝时依品秩而排队站立。

㊷鼓吹：以打击乐器、吹奏乐器的合奏形式为主的音乐。其初常用鼓、角、箫（排箫）、笳等乐器，曲目中亦常有歌词，可供歌唱。作为历史上的乐种，鼓吹乐特指汉魏以来，宫廷、军府、官府中与仪仗、军旅、宴飨有关并见于乐府或太常等机构编制的乐种。

㊸赞一拜：也就是“赞拜”，祭祀时的朝拜、礼拜的礼仪，就是司仪大声唱出的行礼的仪式。

译文

在三更天的时候，皇帝便下诏，御驾前往南郊坛做郊祀。郊坛的外围有三道壝墙。出行的御驾经过青城之后便往南走，经过一个道路的直角形拐弯处，然后往西走一里多路就到郊坛了。御驾由最外一道壝墙的东门进入。到了第二道壝墙时便看到有一个大幕帐，人们管它叫“大次”，门朝南。进了大次后，皇帝换上祭服。他的祭服包括：二十四旒的平天冠，青色的衮龙服，一套中单，朱红色的鞋，纯玉佩。接着，两名中贵上来搀扶着他一直走到坛的前头。在坛的下方有一个不大的、四周用帷幕围起来的房屋，称之为“小次”，在小次里面设有御座。这个坛共三层，有七十二级台阶。坛的最高层高三丈左右，共有四道台阶，正南方向的台阶叫“午阶”，东面的台阶叫“卯阶”，西面的台阶叫“酉阶”，北面的台阶叫“子阶”。在坛的顶层设有两个黄色的褥垫，一个在坛的北部，朝南，人们称它为“昊天上帝”；另一个黄褥垫在坛的东南面，人们称它为“太祖皇帝”。坛上只摆放两张矮桌子，桌上陈列着各种祭品。有十几个登歌道士在坛上，除了两架钟和磬之外还有歌色以及琴、瑟之类的乐器，另外还有三五个在那里照应场面的人。坛的前面分布着大内乐部。乐部的前面架设起编钟、玉磬。乐部用的乐器架子与通常乐队的乐器架子似乎是相同的，只不过大内乐部用的方响略高大些，而且编钟形状似乎也稍为扁一些而已。大内乐部的编钟分成两层挂在架上，架的两个角都有流苏装饰。乐部的玉磬状如曲尺，从它的两臂直角相交处的尖端有一根绳，使它可以挂载在一个架子上。架子上的诸多玉磬也是挂成两层。玉磬后面罗列的是若干面大鼓。每三面或五面大鼓便用一个木架子把它们固定在一起，每个木架子的下面有个底座。除了这些乐器以外，还有名叫“景钟”的大钟，叫“节鼓”的鼓和一种琴。那个琴的琴身很长，样子像筝，但比筝大。还有一种像箫的横吹乐器，看起来像是根截去了两头的竹子。还有一个用土烧制的圆形、用口吹的乐器，在它的中央开了一个窍。还有一个乐器的样子有点像笙但比笙大，像箫但管子却比箫多。乐部里有一个歌手，他的声音很清澈，毫无郑、卫靡靡之音之嫌。在乐部的前面竖立了两根竿子。所有乐工都戴着类似笼巾的介帻，穿着绯色的宽衫，束着丝织的腰带。有两个跳舞的人都戴着紫色的冠，冠上有一条横板，她们穿的是黑色的衣服、朱红色的裙子和鞋履。当乐声响起以后，她们起先跳的是文舞，两个人的手里都拿一个紫色袋子，袋子里装着一条笛管的结带。一会儿她们改跳武舞。这时她们的一只手中拿的是一条短矟，另一只手中持的是一个小盾牌。在她们俩开始跳武舞之后，跳舞的人数增加了几个。舞者击打铜铙和响环，击打一个铜质的、样子像灶上的烟突的不知名的乐器。还有两个人，提着一个铜质的、样子像瓮的乐器就地敲打起来。跳舞的人做出拿着武器击刺的动作，有的做出在天上的彩云间飞行的动作，有的做出彼此道别的动作。舞姿千变万化。一会儿音乐又响起来，首先是击柷的声音。柷是木质的，像表面上画了山水风景的方壶。在乐队奏乐的时候，击柷是伴奏，既击它的外面，也击它的里面，在一支曲子中共击九下。等到音乐停止后就击敔，敔的样子像一只趴着的老虎，背脊像是一条有齿的锯条。当一支曲子演奏完时，乐工就用一块竹片来从敔脊的头刮到尾，发出连续的短促声音，以此告诉听众，一支曲子已演奏完了。现在礼直官走过来叩请皇帝登坛。给皇帝引路的前导官们躬着、侧着身体引路，直到把皇帝带到坛前为止。前导官们都没有登坛的资格，只有大礼使才有登坛的资格。皇帝登坛之后，大礼使首先独自在面向正北的位置上拜了拜，然后下跪、献酒。殿中监则面向东方拜了一拜，然后献上一爵盏酒。献酒之后，殿中监又拜了一拜，然后平身，走到面向正东的位置上。当皇帝起步登坛之时，坛前的乐部的乐声便马上停止，而坛上面的乐声响起来。当皇帝开始从坛上往下走的时候，坛前的乐部的音乐又开始响起来。与此同时，武舞的表演开始了。由于现在皇帝已完成这次郊坛行礼的初献，所以他退出坛走向小次。亚献、终献的礼仪和初献的礼仪完全一样。在那一天，由燕王偲和越王俣来代替皇帝完成亚献、终献的礼仪。现在这两位王第二次登坛，他们登坛时的奏乐情况和初献时奏乐情况一样。在大礼使和殿中监的跪酒礼节都完成之后，由中书舍人宣读皇帝祭天、地、神祇的文书，文书由两个人共同举着，由中书舍人跪着宣读。礼仪都完成之后，这两位王就第二次降坛回到小次。终献的礼仪是和亚献的礼仪相同的。现在这两位王第三次登坛，同时给留在小次里面的皇帝送去用玉爵盏装的酒。皇帝起身喝这个酒的动作叫“饮福”。当这两位王把终献的礼仪都完成之后，他们便第三次降坛。这时皇帝立在小次的门前，看着坛上所有祭品、币帛和祭天地的文书玉册通过西阶这条踏道搬下坛来。在壝墙南门外面有一个燎炉，它离坛有一百多步远，高度超过一丈。所有通过西阶这条踏道搬下坛来的祭品、币帛和祭天地的文书玉册，一概搬上燎炉边的一个平台。然后由一个人高声地逐件唱出物品名字，同时把它们推入燎炉里焚烧。郊坛的三层四踏道之间共有十二个龛，是祭十二宫神的处所。至于祭所有星宿的处所，那是在内壝墙的外面。祭十二宫神和所有星宿的时候，在坛里有差事的人以及陪祠官都按各自的职位列好队，面北而立。这时乐部停止奏乐，所有打击和吹奏乐器也都静下来，坛内外有几十万人恭敬而安静地立着，除了柔风吹动环佩，什么声音都听不到。这时，一位赞礼官高声喝道:“赞一拜！”所有在场的人都躬身下拜。这个祀郊的大典就这样结束了。

郊毕驾回

驾自小次祭服还大次，惟近侍椽烛二百余条[①]，列成围子，至大次更服衮冕，登大安辇[②]。辇如玉辂而大，无轮，四垂大带[3]，辇官服色，亦如挟路者。才升辇，教坊在外壝东西排列，钧容直先奏乐，一甲士舞一曲破讫，教坊进口号，乐作，诸军队伍鼓吹皆动，声震天地。回青城，天色未晓。百官常服入贺。赐茶酒毕，而法驾，仪仗，铁骑，鼓吹入南薰门。御路数十里之间，起居幕次，贵家看棚，华彩鳞砌[4]，略无空闲去处。

注释

①椽烛：特别粗长的蜡烛。

②辇：天子及其后、妃专乘的车。

③大带：指御用车舆上作为装饰的宽带。

④鳞砌：像鱼鳞般密密麻麻地排列。

译文

在坛上结束了全部郊祀的礼仪之后，皇帝从小次出来，身上仍穿着祭服，他的身边只跟着一帮近侍，拿着二百多根点亮的蜡烛照路。蜡烛又粗又长。近侍们把皇帝围在中间，向前走着，到了大次后，皇帝在那里脱掉祭服，换上他原来穿的衮冕，坐上了宽大的安辇。这个辇比玉辂大，由人抬着走的，四个角垂着大带。抬辇官员的服装和玉辂两边的护卫人员的服装是一样的。在皇帝升安辇的时候，教坊的人们早就已经在外壝门外的东、西两侧排列好。这时钧容直就领先奏起乐来。一个身披铁甲的舞者开始跳一段由一个曲破伴奏的舞。他跳完了，就由教坊的一个人出来朗诵颂诗，同时奏起音乐来。乐队都开始演奏起来，这乐声能让天地震动。浩浩荡荡的队伍开始返程，甚至到这一行郊祀人马返回青城的时候，天都没亮。在青城斋宫里，皇帝接受百官来贺，他们都只穿常服。在皇帝给他们赐茶赐酒之后，皇帝的法驾、仪仗以及随护的铁骑就一路吹吹打打，向南薰门进发。从南薰门到大内的这一条御路有几十里长，排列着由百官们设置的迎接皇帝的幕帐，以及富贵人家搭建的看棚，华丽非凡，争奇斗艳，像鱼鳞般密密麻麻排列，基本没有空闲处。

下赦

车驾登宣德楼，楼前立大旗数口，内一口大者，与宣德楼齐，谓之“盖天旗”。旗立御路中心不动。次一口稍小，随驾立，谓之“次黄龙”。青城、太庙，随逐立之，俗亦呼为“盖天旗”。亦设宫架，乐作，须臾，击柝之声[①]，旋立鸡竿，约高十数丈，竿尖有一大木盘，上有金鸡，口衔红幡子，书“皇帝万岁”字。盘底有彩索四条垂下，有四红巾者争先缘索而上，捷得金鸡红幡，则山呼谢恩讫。楼上以红锦索通门下一彩楼，上有金凤衔赦而下[②]，至彩楼上，而通事舍人得赦宣读[③]。开封府、大理寺排列罪人在楼前[4]，罪人皆绯缝黄布衫[5]，狱吏皆簪花鲜洁，闻鼓声，疏枷放去，各山呼谢恩讫，楼下钧容直乐作，杂剧舞旋，御龙直装神鬼，斫真刀掉刀。楼上百官赐茶酒，诸班直呈拽马队[6]，六军归营[7]。至日晡时，礼毕。

注释

①柝：此指木梆。

②赦：指颁布赦令的诏书。

③通事舍人：官名，属阁门司。宋朝以内廷诸司及三班使臣充阁门祗候，从中选试通识文字，善能宣赞，熟于祗应者迁阁门通事舍人，都称阁职。天禧中，只称通事舍人。政和六年（1116），改为宣赞舍人。掌殿庭传宣赞谒，隶于东、西上阁门使。

④开封府：又称南衙，中国历史上的一个首府名，位于今河南省开封市。五代十国后梁开平元年(907)，汴州改为开封府，北宋时作为京城，开封府是京畿路下辖唯一的州府。宋仁宗皇祐五年（1053），在开封府设立京畿路。金国统治时于贞元元年(1153)改汴京为南京，置南京路，开封府为南京路首府。大理寺：官署名。相当于现代的最高法庭，掌刑狱、案件审理。秦、汉时称廷尉，北齐称大理寺，历代因之。隋以后沿用。大理寺所断之案，须报刑部审批。凡遇重大案件，唐制由大理寺卿与刑部尚书、侍郎会同御史中丞会审，称三司使。

明、清由大理寺、刑部、都察院会审，称三法司。决狱之权仍在刑部，但大理寺不同意时，可上奏圣裁。

⑤绯缝黄布衫：黄色的布衫，缝有红色的布条。

⑥呈拽：调整，安排。

⑦六军：泛指禁军。

译文

皇帝来到宣德楼上。在该楼的前面立起数面大旗，其中最大一面旗的顶部和宣德楼一样高，称之为“盖天旗”。它立在御路的中心，即便是有风吹来，旗杆也纹丝不动。比它略小的一面旗架立在皇帝车驾停放处的旁边。这一面略小的旗子叫“次黄龙”。在宣德楼的前面立起了这样的旗帜之后，青城和太庙也随着立起类似的大旗。老百姓把这两个地方立起的大旗也称为“盖天旗”。这一天，在皇帝登上宣德楼之前，大内乐部早就已经在楼前准备停当。皇帝登楼之后，乐部就开始奏乐。过了一小会儿，传来一阵木梆的击响声，一根粗竿子在楼前立了起来，称之为“鸡竿”。竿子约高十数丈，竿顶有一个大木盘，木盘上立一个木雕的金色公鸡，公鸡的嘴里叼一条红色的幡子，红幡上写有“皇帝万岁”四个大字。木盘的底部垂下四条彩色的绳索，有四个戴着红头巾的人在那里，各人抓住一条彩索，争先恐后地攀缘彩索而上，比赛谁先攀缘到木盘的底部，取下木鸡嘴里叼的红幡子，谁能以最快速度取下红幡子，谁就可以得奖。领得奖品之后，要向宣德楼山呼万岁，叩头谢恩。当叩头谢恩后，这个节目就结束了。有一根红锦绳，从宣德楼上拉到宣德楼楼门前的一个彩楼上。一只手工制造的金凤鸟，嘴里衔了皇帝的赦令诏书，沿着这条红锦绳滑到彩楼的上面。一位通事舍人从金凤的嘴里取下皇帝的赦令诏书，当众宣读。在这之前，开封府和大理寺早就把待赦的犯人们押解到宣德楼前，让他们列好队。这些犯人身上穿的是黄色的布衫，上面缝有红色的布条。狱吏们的帽子上都簪了花，而且穿了鲜亮明洁的制服。赦令诏书宣读完了之后是一阵鼓声，在鼓声中，狱吏们把犯人身上的枷卸去。这些获赦的犯人都山呼万岁，叩头谢恩。接着，宣德楼下排列的钧容直开始奏乐，杂剧和舞旋开始表演了，而御龙直的艺人开始表演神鬼剧。在剧中，他们挥舞着真的斫刀和掉刀相互厮杀。皇帝在宣德楼上给百官赐茶赐酒，诸班直开始调动骑兵的队伍，禁军的其他部队也开始做开拔回营的部署。到了下午三四点钟，大赦的仪式就结束了。

驾还择日诣诸宫行谢

驾还内，择日诣景灵东、西宫行恭谢之礼三日[①]。第三日毕，即游幸别宫观或大臣私第。是月卖糍糕、鹑兔方盛[②]。

注释

①景灵东、西宫：位于山东省曲阜市城东四公里，在旧县村北边、吴陵之南约五十米的交阜平原上。宋真宗“推本世系，遂祖轩辕”，以轩辕黄帝为赵姓始祖。大中祥符五年（1012）闰十月，诏曲阜县更名为仙源县，将县城迁往寿丘之西，又兴建景灵宫奉祀黄帝。当时的景灵宫各种殿、宫、门等共有1320间，规模宏大，富丽庄严，祭祀时用太庙礼仪。

②鹑兔：鹌鹑和兔子，也泛指各种野味。

译文

大赦的仪式结束后，皇帝就起驾返回大内。他打算选择一个合适的日子到景灵宫的东、西两宫去一趟，为的是向赵氏的祖先行恭谢之礼，停留三天，行完全部的恭谢之礼后就到一些离宫、道观以及若干大臣的家里去看望。这个月份，汴京到处在卖糍糕、鹌鹑、兔肉以及其他一些野味。

十二月

十二月，街市尽卖撒佛花、韭黄、生菜、兰芽、勃荷、胡桃、泽州饧。初八日，街巷中有僧尼三五人作队念佛，以银、铜沙罗或好盆器[①]，坐一金、铜或木佛像，浸以香水，杨枝洒浴，排门教化。诸大寺作浴佛会，并送七宝五味粥与门徒[②]，谓之“腊八粥”。都人是日各家亦以果子杂料煮粥而食也。腊日[③]，寺院送面油与门徒，却入疏教化上元灯油钱[④]。闾巷家家互相遗送。是月景龙门预赏元夕于宝箓宫[⑤]，一方灯火繁盛。二十四日交年[⑥]，都人至夜请僧道看经，备酒果送神[⑦]，烧合家替代钱纸，贴灶马于灶上[⑧]。以酒糟涂抹灶门，谓之“醉司命”。夜于床底点灯，谓之“照虚耗”。此月虽无节序，而豪贵之家遇雪即开筵，塑雪狮，装雪灯以会亲旧。近岁节，市井皆印卖门神、钟馗、桃板、桃符，及财门钝驴[⑨]、回头鹿马[⑩]、天行帖子。卖乾茄瓠、马牙菜，胶牙饧之类[⑪]，以备除夜之用。自入此月，即有贫者三数人为一火，装妇人神鬼，敲锣击鼓，巡门乞钱，俗呼为“打夜胡”，亦驱祟之道也。

注释

①沙罗：古代的盥洗用具，形状像盆，也叫“沙锣”。

②七宝五味粥：腊八粥，用八种当年收获的新鲜粮食和瓜果煮成，南方一般为甜味粥，而中原地区吃腊八咸粥，粥内还要加肉丝、豆腐等。准确地说，腊八粥不是在粥里放八种东西，而是七种。现在各地原料不同，但最原始的版本，应该是胡桃、松子、乳蕈、柿、粟、栗、豆。见于《武林旧事》。所以，正确的叫法是“七宝粥”。又因其

中有五种味道，称“七宝五味粥”。

③腊日：古时腊祭之日，农历十二月初八。泛指农历十二月的任何时候。

④却：推却，推辞。入：接受。疏：给予。教化：补助，资助。

⑤预赏：提前欣赏。

⑥交年：指“交年节”。宋代以农历十二月二十四日为交年节，谓旧年和新年在这一天交接。民间皆焚纸钱，诵道佛经咒，以送故迎新。

⑦送神：古代祭神，祭毕，送之离去，谓之“送神”。

⑧灶马：用木刻印刷到纸上的灶神像。

⑨财门钝驴：旧时一种剪刻而成的印刷品。新年贴于门上，用以招财。

⑩回头鹿马：旧时剪刻而成的印刷品，多为商店赠予顾客。

⑪胶牙饧：一种饴糖，用麦芽做成。

译文

到了农历十二月，京城里到处在卖撒佛花、韭黄、生菜、兰芽、勃荷、胡桃、泽州饧这一类物品。腊八这一天，人们常常会看到三人一群五人一伙的和尚或尼姑，走街串巷，齐声诵经。他们拿着银或铜做的沙罗或者盆子，在盆里放了一尊铜的或木的佛像，还并注入香水，手里拿一根杨柳枝，不时地沾了香水往佛像上轻洒，就这样挨家挨户地在居民家门口念经。京城里几个大的佛寺都在腊八这一天举行浴佛会，并且煮好七宝五味粥送给各自熟悉的施主。他们管这种粥叫“腊八粥”。在这一天，京城居民家家都用果蔬和其他配料来熬粥，让全家人喝。在腊八这一天，寺院会把面粉和油分送给各自熟悉的施主，但坚决不收取施主们送给寺院的元宵节的灯油钱。居民间相互赠送些物品。在农历十二月，景龙门那一带提前开始展出和点燃原拟在正月十五才在宝箓宫展出的元宵花灯，好让居民提前享受元宵节的欢乐。在腊月，景龙门这一带夜间灯火辉煌。腊月二十四日是交年节。京城里有很多人家在这天夜里请道士或和尚到家里念经。在这一天的夜里，各家都准备好欢送灶神的酒果，焚烧全家人的替代纸钱，把灶王爷的像贴到灶上去，还要用酒糟把灶门涂遍。人们把这叫作“醉司命”。到了这天的夜间，人们要在床下点亮一盏灯，说这是“照虚耗”。腊月里是没有什么节气的。可是那些有钱的人家每逢哪天下雪了就要开一次家宴，在院子里，用雪来塑雪狮子，夜间，就装起雪灯，以邀请自己的亲人老友来相聚。年关就在眼前，街上到处在卖彩印的门神和钟馗，还有卖桃板、桃符，以及财门钝驴、回头鹿马、天行帖子等。街上卖的蔬菜是晒干的茄瓠、马齿苋，还有卖胶牙饧的，以备除夕夜里用。每年一进入腊月，城里的穷人往往会三五个人结成一伙，装扮成女鬼或女神，敲锣打鼓，在街头巷尾挨家挨户地乞讨些小钱，老百姓把这叫作“打夜胡”，是一种除邪驱祟的法子。

除夕

至除日，禁中呈大傩仪[①]，并用皇城亲事官[②]、诸班直戴假画，绣画色衣，执金枪龙旗。教坊使孟景初身品魁伟[③]，贯全副金镀铜甲装将军。用镇殿将军二人[④]，亦介胄，装门神。教坊南河炭丑恶魁肥，装判官。又装钟馗小妹[⑤]、土地、灶神之类，共千余人，自禁中驱祟，出南薰门外转龙弯，谓之“埋祟”而罢。是夜禁中爆竹山呼，声闻于外。士庶之家，围炉团坐，达旦不寐，谓之“守岁”。凡大礼与禁中节次，但尝见习按，又不知果为如何，不无脱略，或改而正之，则幸甚。

注释

①大傩：秦汉时，于腊日前一日，民间击鼓驱除疫鬼，称为“逐除”。宫禁之中，则集童子百余人为侲子，以中黄门装扮方相及十二兽，张大声势以驱除之，称为“大傩”，又称“逐疫”，意在“逐尽阴气为阳导也”。驱傩在宋代有大傩仪、小傩仪之分。盛行于宫中的主要为大傩仪。

②亲事官：其任务是保障皇宫内的安全，负责安排皇帝的警卫、仪仗和侍从。

③教坊使：宋代教坊音乐机构中的最高领导者。

④镇殿将军：古时朝廷新年朝会时立于殿角的武装侍卫，选身躯高大者担任。

⑤钟馗小妹：钟馗因貌寝不第，愤而自尽，同乡杜平将钟馗安葬。钟馗登天，玉帝哀之，封钟馗为驱魔真君，但钟馗在天上以神通感应出，有恶人要强娶他阳间美貌的妹妹。钟馗为照顾妹妹，感报杜平的恩德，决定把妹妹嫁给杜平。于是钟馗下凡，要部下鬼卒们抬轿、搬嫁妆、提灯笼，把正要去抢亲的恶霸吓个半死。钟馗是中国神话中的神祇，为降妖伏魔的三大神祇之一，也是南方奉祀的家堂神。

译文

到了除夕那一天，大内里面就要玩一场大傩的驱邪活动。皇城里的亲事官，以及所有的班直都要被召来参与这个活动。在这个活动中，亲事官和班直们都戴上假面具，穿上各种颜色的绣花衣服，手里拿着金枪和绣有龙的旗子。孟景初是当时的教坊使，他的身材魁梧高大，于是就让他全身披上镀金的铜盔甲，打扮成“将军”。除了他之外，还需要两个人扮镇殿将军，镇殿将军也需要全身披甲。另外还需要有一个人扮门神。教坊里有一个人名叫南河炭，他长得丑，又肥胖，个子高大，于是就叫他装扮成地狱里的判官。此外还找人来装扮成钟馗妹妹、土地爷、灶王爷等，参加这个活动的总共有一千多人。这些人要把一切鬼祟从宫里驱逐出去。他们驱赶鬼祟，一直驱赶到南薰门外，然后再把鬼祟驱赶到龙弯，称之为“埋祟”，到此才算罢休。在除夕夜里，宫里爆竹声响彻云霄。宫外老远处都能听到。至于老百姓，家家户户都是围炉团坐，通宵不睡，这叫“守岁”。我这本书里所记载下来的大型典礼以及大内里面的各种礼仪活动，是我曾见到的此类活动预演时的情况，而不是正式场面。至于正式场面究竟是什么样的，那我就说不上来了。所以我的记载难免有脱漏，要是有人能把脱漏加以校正和补遗，那就真是幸事了。

图书在版编目（CIP）数据

东京梦华录译注 /（宋）孟元老著；王莹译注. —北京：北京联合出版公司，2015.7（2023.8重印）

ISBN 978-7-5502-3868-8

Ⅰ.①东… Ⅱ.①孟… ②王… Ⅲ.①开封市－地方史－史料－北宋②《东京梦华录》－译文③《东京梦华录》－注释 Ⅳ.①K296.13

中国版本图书馆CIP数据核字（2015）第143716号

东京梦华录译注

作　　者：（宋）孟元老
译　　注：王　莹
出 品 人：赵红仕
选题策划：梁明德　邵鹏军
责任编辑：王　巍
特约编辑：肖　瑶
封面设计：格林文化
版式设计：格林文化

北京联合出版公司出版
（北京市西城区德外大街83号楼9层　100088）
三河市延风印装有限公司　新华书店经销
字数149千字　960毫米×640毫米　1/16　印张19.5
2015年9月第1版　2023年8月第3次印刷
ISBN 978-7-5502-3868-8
定价：45.00元